土木典型工程思政元素注解

方桐清　徐灿灿　徐院珍
沈荣锋　张　勇　姜艳霞　著

中国矿业大学出版社
·徐州·

内 容 简 介

《土木典型工程思政元素注解》是一本将土木工程和思想政治教育相融合的书。本书从古今中外的土木工程中精选了100个典型工程案例，按类别分为10个部分。在研究和撰写过程中，作者以习近平新时代中国特色社会主义思想为指导，深度挖掘其中蕴含的思政元素，突破专业壁垒逐个进行阐释注解，旨在帮助读者深入了解土木工程本身和建设过程的价值与意义。本书既为思政教师授课提供典型工程案例，又为土木工程专业教师提供课程思政指导，同时也为广大学子提供融知识性、思想性于一体的课外读物。

图书在版编目(CIP)数据

土木典型工程思政元素注解 / 方桐清等著. —徐州：中国矿业大学出版社，2023.12

ISBN 978-7-5646-6080-2

Ⅰ. ①土… Ⅱ. ①方… Ⅲ. ①思想政治教育—高等学校—教学参考资料 Ⅳ. ①G641

中国国家版本馆 CIP 数据核字(2023)第 247385 号

书　　名 土木典型工程思政元素注解
著　　者 方桐清　徐灿灿　徐院珍　沈荣锋　张　勇　姜艳霞
责任编辑 孙　浩　史凤萍
出版发行 中国矿业大学出版社有限责任公司
（江苏省徐州市解放南路　邮编 221008）
营销热线 (0516)83885370　83884103
出版服务 (0516)83884895　83884920
网　　址 http://www.cumtp.com　**E-mail**:cumtpvip@cumtp.com
印　　刷 江苏凤凰数码印务有限公司
开　　本 787 mm×1092 mm　1/16　**印张** 23.25　**字数** 380 千字
版次印次 2023 年 12 月第 1 版　2023 年 12 月第 1 次印刷
定　　价 54.00 元

前　言

土木工程是一门集建筑、结构、材料、力学、地质、水文等多个学科于一身的综合性的专业门类，其建设过程蕴含着丰富的思政元素，涉及国家安全、生态文明、人民福祉、社会进步、经济发展、文化传承、个人幸福等方方面面。选取土木工程典型案例，结合思政专业知识进行思想性挖掘和思政元素诠释，既可为思政老师提供典型土木工程案例，也可为土木工程专业教师提供课程思政指导，同时可为土木工程学子提供与专业相关的思政类读物。

为做好案例精选和思政元素诠释，我们力图以较大的视野和较高的视角来推进本书的撰写工作。一方面，放眼全国土木工程及与中国有关的国外土木工程，从中选取信息公开、没有争议、经得住历史检验的100个典型案例；另一方面，以习近平新时代中国特色社会主义思想为指导，着眼中国精神、中国创造、中国力量，大力弘扬社会主义核心价值观，积极传播正能量。对案例的选取，我们不仅关注其建设规模，而且关注其建设过程；不仅关注其建筑形式之美，而且关注其结构创新之慧；不仅关注工程承载的文化，而且关注攻坚克难的精神。以立体的关注，凸显中华文化的博大精深，彰显中国人民的坚韧伟大，讴歌中国共产党的人民情怀、人类情怀。但愿这本书能够实现我们撰写的初衷！

本书由方桐清策划并推动实施，沈荣锋、张勇筛选、整理和修改案例，徐灿灿、徐院珍进行思政元素注解，最后由方桐清、姜艳霞审定。这是我们编写人员首次进行跨专业合作。在编写过程中，我们既有分工又有合作，多次集中研究，交叉进行修改，集体攻克难题。同时，我们充分听取了各方专家的意见和建议，参考了众多文献，得到了江苏建筑职业技术学院党委、马克思主义学院党政领导、建筑建造学院党政领导的大力支持，在此一并表示衷心感谢！

虽然我们有明确的编写初衷，但限于水平、精力、跨界融合，对案例的把握可能还存在诸多不足，对思政元素的挖掘深度可能还不够，敬请读者在使用过程中批评指正！

作　者

2023年5月18日

目　　录

第一部分　劈天摩地　发展筑高楼（建筑工程类）

第二部分　横跨江海　中国连心桥（桥梁工程类）

第八部分 特色碑塔 精神永流传（碑塔工程类）

第九部分 援建八方 大国有担当（援建工程类）

第十部分　有建无类　基建在中国（其他工程类）

第一部分

劈天摩地　发展筑高楼（建筑工程类）

中国第一高的建筑——上海中心大厦

上海中心大厦位于中国上海浦东陆家嘴金融贸易核心区，是一幢集商务、办公、酒店、商业、娱乐、观光等功能于一体的超高层建筑，建筑总高度632米，地上127层，地下5层，总建筑面积57.8万平方米，基地面积30368平方米，目前为中国第一、世界第三高楼。

上海中心大厦

作为上海浦东陆家嘴地区超高层建筑群的“收官之作”，上海中心大厦工程从打桩到主楼核心筒结构突破500米高度，上海建工集团的建设者们攻克了无数的施工难题，打造出一个个可以看得见的摩天建筑的高度和常人所看不见的施工难度的高度。

为了在软土地基上建造这座总重达85万吨的超级工程，上海建工集团对软土地基钢管桩的承载力等进行研究，经过成孔工艺、泥浆工艺及超声波与穿孔的反复测试，直到求得科学结论。建设中采用能够避免产生噪音、振动和土体挤压的世界先进的“大直径超深钻孔灌注桩后注浆”工艺，顺利完成主楼955根桩孔直径1米、桩长达86.05米的工程桩施工。

上海中心大厦主楼深基坑采用外径达123.4米的圆环形地下连续墙、6道环形支撑进行围护，这样没有任何支撑的圆形深基坑大空间，在国内是非常罕见的。上海建工集团采用世界先进的“抓铣结合和套铣接头”的新工艺，成功构筑了每幅厚达 1.2 米、深达 50 米的 66 幅地下大深度槽壁连续墙。在对水土耦合的变形进行科学分析后，通过对承压水进行有效减压降水控制，将突涌稳定性及坑底变形控制在了允许范围内。

高强度、高耐久、高流态、低水热与低收缩和高泵送混凝土成套技术在上海中心大厦工程施工中见奇效。2010 年 3 月，上海建工集团经过连续 63 个小时、动用 450 辆搅拌车、8 座搅拌站协同作战，主楼大底板达 6 万立方米的 C50 强度混凝土一次浇筑成功，混凝土内部温度理论控制与实际控制非常吻合，刷新了一项民用建筑工程领域的世界纪录。

上海中心大厦底板浇筑

上海建工集团自主研发的具有知识产权的钢平台整体液压爬升体系，在上海中心大厦主楼核心筒结构施工中发挥了独特作用。2010 年 9 月，上海中心大厦工程主楼核心筒结构跃出地面，开始向上攀升。过去的机械爬升技术，在桁架层时必须拆卸，现在不用拆了。上海建工集团运用钢平台整体液压爬升体系这一先进的工艺和技术创出了主楼核心筒结构 3 天一层楼的先进水平。

上海中心大厦工程的外幕墙呈旋转上升态势，20000 多块幕墙无一相同，从加工制作到施工安装等均面临多重世界级挑战。上海建工集团协同沈阳远大铝业工程有限公司对外幕墙安装采用了柔性分区吊挂系统，选择在支撑结构体系关键点上安装允许结构伸缩的“可滑移支座”的方案，赋予外幕墙在外界作用下能在设计允许范围内发生竖向或水平位移的空间，避免结构因应力过大而被破坏。主楼外幕墙安装于2012年8月2日正式启动，这是世界上首次在一座超高层建筑中安装14万平方米柔性幕墙，难度系数在建筑幕墙界堪称世界之最。

上海建工集团也创出了机电安装的诸多之最。如在120层、561米高的塔冠部位安装冷却塔，在116层、536米的高处安装变配电站，在124层、574米塔冠钢结构之上的高处安装风力发电机组，创出我国安装最高的能源中心、最高的变配电站和最高的风力发电机组等新纪录。此外，该大厦安装的自下而上随结构和外幕墙转体120度的V槽泛光照明电子屏，也已成为最长、最高的显示屏。

（参见上海国资委:《“上海中心”攀升500米高度 上海建工创多项施工“之最”》,国务院国有资产监督管理委员会网站,2013年4月16日。有改动）

中国人中国芯中国范　创新创造中国建筑 No. 1

了解了上海中心大厦的概况和建造过程，大家也许会有这样的感受：建一座摩天大楼，就是一次国家经济和科技乃至世界级的建筑科技水平的大展示。上海中心大厦建造过程中的众多技术创新，建造了中国超高层建筑之“芯”，创造了许多世界之“最”，尽显中国人时代之“范”。作为中国人，我骄傲！我自豪！

开发浦东是几代中国人的夙愿。早在1918年，孙中山先生在他的《建国方略》中，就明确提出要在上海以浦东为基地建设世界东方大港的构想。1949年上海解放后，时任上海市市长陈毅也曾经有过开发浦东的设想。后来的历届上海市领导也都一再将浦东开发提上议事日程。1990年4月18日，党中央、国务院宣布浦东开发开放，提出了“开发浦东，振兴上海，服务全国，面向世界”的方针，标志着浦东开发开放从20世纪80年代的上海地方战略构想上升为20世纪90年代的国家重大发展战略，也标志着中国改革开放进入一个新的阶段。2005年6月，国务院正式批准浦东新区进行综合配套改革试点。上海中心大厦在时代改革开放的东风中应运而生，她让上海乘坐摩天大厦之舟逐步驶向世界之巅。

科技创新让上海赢得了未来。上海建工集团的建设者们遇到难题不退缩，迎着困难追求卓越，不怕难、不服输、敢创新，他们攻克了上海中心大厦建造过程中遇到的无数施工难题，打造出一个个可以看得见的摩天建筑的高度和常人所看不见的施工难度的高度，创造了一项项令人叹为观止的世界之最的新纪录：高强度、高耐久、高流态、低水热与低收缩和高泵送混凝土成套技术，自主研发具有知识产权的钢平台整体液压爬升体系，安装 14 万平方米柔性幕墙的难度系数创造了建筑幕墙界的世界之最，机电安装之最，世界最大阻尼器，等等。正是这些科技上的创新，成就了上海中心大厦中国第一高楼、世界第三高楼的显赫地位。一座标志性建筑，不仅代表了一个国际化大都市，更标志着一个国家的科技水平与综合实力，尤其象征着新时代的中国人、中华民族不屈不挠、勇毅前行的精神品质。上海中心大厦的建设者们做到了！中国做到了！新的伟大奇迹正待我们去不断创造！

往下长的建筑——上海佘山世茂洲际酒店

2018 年 11 月 15 日，上海佘山世茂洲际酒店（又称“深坑酒店”）正式亮相于世。下探 88 米，作为建在废矿坑里的酒店，它一反向天空发展的建筑理念，做出开拓地表以下深度拓展建筑空间的创举。“负向施工”的坑内运输、建造、防水、抗震等都是建筑业前所未有的难题。在这个“全球人工海拔最低的超五星级深坑酒店”背后，中国建筑团队跨过了难以想象的障碍。

上海佘山世茂洲际酒店

普通项目的正常操作放在“深坑酒店”就是特殊操作，仅是一项垂直运输就让中建八局的建设者们伤透了脑筋。由于是在坑内建设，这个项目的建筑材料必须由坑外运送进坑内。此外，建筑工人沿崖壁旁的悬梯上下也相当耗时，而向外倾斜的岩壁无法为普通的升降电梯提供附着依托，建设者们大胆尝试在崖壁上寻找着力点，立起了 80 米高的立柱，在这个立柱上再搭载垂直运输电梯，进而解决了人员的上下运输问题。

如果说垂直运输只是矿坑给到建设团队的“下马威”，建筑工程必需的原材料混凝土如何垂直向下输送则“难上加难”。当时全世界范围内混凝土向上输送技术已经相当成熟，但是远距离向下输送却无例可循。若指望塔吊吊送混凝土无异于蚂蚁搬家，只怕“深坑酒店”的完工之日遥遥无期。

为了保证混凝土的输送量，中建八局的混凝土研究专家在搅拌站实验室

上海佘山世茂洲际酒店施工场景

整整用了3天研究配合比，进行了无数次的试验，终于拿出配方——混凝土向下超深77米三级接力输送技术，解决了混凝土易离析、坍落度损失大、易堵管的问题，有效攻克了技术难题。同时，结合项目特点，中建八局运用基于三维激光扫描的建筑信息模型（Building Information Modeling，BIM）技术对多项施工方案进行优化，起到了缩短工期、节约成本的作用。

深层地下空间资源的开发与利用，已成为未来城市现代化建设的重要课题。深坑酒店的建成也意味着我国“负向施工”达到了新的里程，地下空间的运用正向更加多元化与深层化方向发展。

（参见陆文军、王默玲：《“负向施工”的“深坑酒店”到底有多难？》，新华社客户端上海频道，2018年11月17日。有改动）

大国工匠不怕难　万丈深涧亦造楼

阅读上海佘山世茂洲际酒店的资料后，不知道大家是否真正认知了它的难题在哪？破解这些难题的密码又是什么？不妨从以下三个角度去认知一二。

破解难题的是大国工匠的肯担当。只听说“万丈高楼平地起”，然而第一次见到“万丈深涧可造楼”。且不说恐高的人，估计普通人站在坑沿边，都不一定敢往下看一眼。由此可知，设计者、建造者们在这万丈深涧中来回穿梭，犹如悬崖上走钢丝般，稍有不慎后果不堪设想呀！危险系数飙升，大国工匠们究竟是什么样的心理状态，我们没有经历过，不好说感同身受。但是建筑界的大国工匠们为珍惜我们的每一寸土地，为国铸造精品，承受了本可以不用承受的压力，这就是中国建筑界的大国工匠的担当！

破解难题的是设计者们的新创意。大家或许看到过矿坑造田、造湿地、造湖泊的先例，可能亲身浏览过不少矿坑改造的湿地风景区，比如习近平总书记亲自考察过的徐州潘安湖国家湿地公园，就是一个改造的成功案例，这种改造很是“自然”，也是常见的矿坑改造方式。但是，人们希望把城市的伤痕变为瑰宝，为城市创造稀缺价值，把矿坑设计改造成一座宏伟的酒店建筑，则世间少有。“深坑酒店”的勘察设计者们，真的把创意变成了奇迹。这不禁让人感慨：中华民族从来不缺人才，关键是要不拘一格降人才。而今进入了新时代，中华儿女更是尽可大显身手，有才不仅可以补苍天，亦可以补大地、造神州。“深坑酒店”的面世既是盛世使然，亦是人才难得、创意难得。因为它是极具创新之作，才被美国国家地理频道《世界伟大工程巡礼》评为“世界十大建筑奇迹”之一。

破解难题的是建设者们的爱国行动。爱国主义是具体的、现实的。把爱国挂在嘴边很容易，但要真正践行爱国的誓言可不是一句空话。爱国是指热爱祖国的河山、热爱骨肉同胞、热爱祖国的文化、热爱自己的国家。爱国首先是要热爱祖国的每一寸土地，不论它富庶还是贫瘠，更何况这一深涧是资源开发留下的城市伤痕，我们更加有责任与义务来修复它。大国工匠们顺应自然环境优势，弥合天然奇景，将其变幻为城市瑰宝，开创城市发展新思路：“深坑酒店”抽山为形、画水为瀑、取境造意，打造成了开放式的互动空间，营造出自然诗意语境与归属感。它让上海这一片土地上又开出了一朵建筑史上的奇葩。可以说，建设者们对这片土地也是爱得深沉，并用具体的、实际的行动践行着对祖国每一寸土地的挚爱！这也是我们所有人需要践行的，不能一味地攫取，需要以行动反哺祖国母亲。

高质量的窗口——上海金茂大厦

1992 年邓小平同志的南方谈话，进一步坚定了全国改革开放的信心和决心。时任对外经济贸易部部长李岚清就有了一个设想：在上海建一座大楼，成为中国经济、金融、贸易面向世界的窗口，“要造就要造摩天大楼，要建 88 层”。上海金茂大厦就这样被刻上了时代的烙印。

1993 年 2 月，上海金茂大厦项目准备在全球进行设计招标。设计任务书上明确其主要功能是办公、酒店、观光和商业零售，明确由国际评委参加的专家评审委员会投票，将比较好的方案递交给上海市和对外经济贸易部领导。

项目招标会吸引了来自美国、日本等国家的 6 家知名设计公司。5 月，各公司的设计方案都提交后，马上召开专家评审会。时任上海市市长吴邦国、对外贸易经济合作部部长吴仪都非常重视，最后，领导和专家的意见吻合，由业主董事会经表决确定了美国设计公司的设计方案。

这个设计的杰出之处在于巧妙地将世界最新建筑潮流与中国传统建筑风格结合起来。当时主设计师在上海金茂大厦的设计中融入了宝塔这个意象，但不是简单照搬，而是用最现代的玻璃幕墙等建筑材料体现。上海金茂大厦上小下大，逐节加宽，像一尊摩天宝塔，巍峨神奇。环顾仰望，上海金茂大厦似塔似碑，形体不断变化，母体不断重复。层层向上收敛的体形使得它充满中国古塔的神韵，高科技的材料又使它随着昼夜更替、阴晴变化、远近高低视点的改变而或金或银、或蓝或灰、或隐或现，拥有东方美人般的细腻感。可能正是这种特性，使得每个人在接近它时从未有压迫感。

确定了设计方案后，又出现了新的问题。这么大体量的超高层建筑，怎么建、怎么管？上海金茂大厦筹建办既听取了设计公司的建议，也考察了当时比较高的建筑上海证券大厦以及北京国贸大厦。上海金茂大厦筹建办没有采取委托管理的模式，而采取了业主自管模式，就是各个子项的招标、管理、协调都自己掌控。这么大的超高层建筑，千头万绪，不是几个人就能搞定的，于是，上海金茂大厦筹建办开始招兵买马。

筹建办的人员不在于多而在于精，否则会相互扯皮或者出现决策困难，从而影响效率。筹建办一共招聘了 20 多人，采用主任领导下的责任工程师负责制，每位工程师从设计方案到竣工一竿子负责到底。这种内行管内行近似人盯人的管理方法，迫使设计、施工、供货、监理不敢敷衍塞责或弄虚作假。

施工中的上海金茂大厦

地下工程主要是打桩、打地基，筹建办找了上海建工集团总公司负责地下工程总承包。地上工程共有50余个分包项目，都选用世界顶级承包商。

这个“多国部队”必须由有资质的“总包”负责统筹协调，为此，由上海建工集团牵头又联合了3家公司，这也对筹建办的协调工作提出了挑战。在施工管理过程中严格控制质量，不符合质量规定的必须退回重新采购！有家法国公司在建设时，购置了一家小公司的电线管，不符合用料规定。但大量的管子已经送到施工现场，上海建工集团按工程质量规定要求他们退换，法国公司很不配合，一直闹到筹建办。筹建办立场鲜明，要求法国公司必须严格按合同办事，法国公司最后只好全部退货，重新采购。

这么多家公司同时施工，如何保证质量？除了上海建工集团的掌控，筹建办又特别请上海工程监理公司及华东设计院做工程监理，专门负责工程质量的管理。不管什么时候、什么地方有施工，一定要有人旁站监督，管好工程质量。

上海金茂大厦和上海建工集团可以说是互相支持、互相成就了对方。完成摩天大楼的建造任务对上海建工集团来说的确是一种超越。这是一种双赢，中国的企业在这种历练中成长。

（参见宋杰:《浦东开发开放 30 年 | 回顾上海金茂大厦建设始末》,《中国经济周刊》2020 年 12 月 10 日。有改动）

高品质　高质量　世界瞭望中国建造的窗口

上海金茂大厦这幢摩天大楼，集现代办公楼、豪华五星级酒店、商业会展、高档宴会、观光、娱乐、商场等综合设施于一体，富有中华民族文化内涵，并融汇西方建筑艺术的智慧，成为上海最方便舒适、最灵活安全的办公、金融、商贸、娱乐和餐饮的理想活动场所之一。这座“中国塔”不仅是上海滩的地标，更是中国改革开放的标志。

在近代中国，上海外滩矗立的建筑无不是西方列强侵略我们的一个个“据点”。今日放眼上海外滩，陆家嘴地区高楼林立，那是中国独立自主、艰苦奋斗的建筑成果，上海金茂大厦正是其中最美的一座“塔”。在金茂大厦的建设过程中，可谓是汇集了“多国部队”来完成设计、施工等工程项目。这不仅让我们看到了我们国家当时在建筑设计领域的短板，也彰显了我们中国人拥有海纳百川和积极主动吸收人类优秀文明成果的胸怀与能力。设计师在上海金茂大厦的设计中融入宝塔的意象，更是彰显了中华文化的魅力。我们不仅善于引进、消化与吸收，而且坚持以我为主、为我所用，以创新的设计思想、世界最新建筑潮流来呈现中国传统建筑风格，成功设计、建造出世界级的、跨世纪的经典之作。如今，一幢幢世界级高楼、一座座巨无霸大桥与水电站等伟大工程，争先恐后地呈现在中国大地上，见证了我们改革开放以来的发展所经历的从引进、消化、吸收到创新创造的艰辛过程。

在本案例中，我们还获得两点启示：一是上海金茂大厦和上海建工集团互相支持、互相成就。这不仅是中华民族伟大团结精神的体现，也是一种典型的双赢思维，彰显了我们国家一直所倡导和秉持的合作共赢的理念。二是我们更加清楚了理想与信念的重要性。人不仅仅需要有理想，更需要有坚定的信念作为理想的支撑；而且我们的理想只有融入国家、融入时代，我们只有在时代的浪潮中激流勇进、奋力拼搏，才能中流击水、梦想成真。为了"在上海建一座大楼，成为中国经济、金融、贸易面向世界的窗口"的理想，中国建筑追梦人以为荣誉而战的信念，经过艰苦卓绝的奋斗，最终实现了上海金茂大厦的璀璨辉煌。这正是一份恰如其分的理想与信念的说明书！

一个个梦想就这样在上海这个城市绽放着绚丽的花朵，上海也因此在改革开放的前沿迅速腾飞，被无数的梦想之花装点得如梦幻般繁华。它是中华民族伟大复兴的中国梦必将实现的例证。上海一个城市如此，我们的国家亦必将如此。

最高价的建筑——上海国际饭店

上海国际饭店开业于1934年，由当时的四大银行共同投资兴建，是中国人自己筹资建造的第一幢摩天大楼和20世纪30年代亚洲最先进的酒店。上海国际饭店由匈牙利建筑设计师设计，陶馥记营造厂承包全部建筑工程。由于当时楼高惊人，故有“仰观落帽”之说，该楼高居上海之最50年，保持“远东第一高楼”纪录近30年。

20世纪初，中国民族工商业兴起，上海作为中国开埠口岸、经济中心，以南京路为标志，大商厦、大公司、大银行、大饭店相继崛起，勾勒着江海通津、国际都会大上海城廓……上海国际饭店在此历史条件下脱颖而出。

1931年，要使上海国际饭店这样一座大楼拔地而起，难度很大。首先是地基较窄，仅1176平方米地坪，要建造地下2层、地上22层、高83.8米、建筑面积15650平方米的大厦，而工期仅22个月，仅建筑材料和各项设备就重约8万吨。在热闹的静安寺路（今南京西路）和附近行人密集的道路上，大部分建筑材料和设备皆从德国等地进口，运输也是一个大问题。施工有7家中外营造厂投标，投资方一开始打算给洋商承包，因为在租界工部局控制下，外国人办事可省不少麻烦。陶馥记营造厂的老板要为中国人争口气，提出让他承包建筑，但他所开价是最高的。他说这是按实际情况开的价，以避免为了夺标而压价、中标后却降低工料质量的情况出现。投资方觉得他言之有理，又因陶馥记营造厂担任施工方的广州中山纪念堂、南京中山陵二期工程以及正在兴建的大新公司，都得到建筑界的好评，于是陶馥记营造厂以70万银元承包了此项工程。

大楼于1932年8月动工，1933年10月竣工，1934年12月1日开业，时为“远东第一楼”，雄姿拔地而起，气势非凡，被视为中国“摩天大楼”，引起社会极大关注。

从此，“远东第一高楼”的国际饭店，不仅成为大上海的一大标志，也成了上海中外军政要人、大资本家及名流雅士社会活动的场所。1935年2月18日，上海各界人士在上海国际饭店二楼举行欢送梅兰芳赴苏联演出宴会；同年，中美长途电话通话典礼也在上海国际饭店举行。抗日战争胜利后，又在上海国际饭店举行欢庆集会，使上海国际饭店声誉鹊起。1949 年 5 月 27 日，上海解放。6 月初，上海市市长陈毅在上海国际饭店举行宴会欢庆上海的解放，“远东第一楼”从此回到人民的怀抱。

现今的上海国际饭店

历史进入 20 世纪 80 年代，改革开放中，上海高楼大厦如雨后春笋般地破土而出，大宾馆、大饭店越来越多、越来越美……上海国际饭店保持半个多世纪的 83.8 米的“上海高度”，虽被 1983 年崛起的高达 92 米的上海宾馆所打破，且与现今高 420.5 米的上海金茂大厦相比矮了一大截，但这并不影响上海国际饭店再展风采、再谱新篇。综观今日上海国际饭店，可谓元老饭店换新貌，现代气息中仍有浓浓古朴典雅氛围。上海国际饭店的建筑高度可以被替代，但它将永远是上海大地的圆心。

（参见政协文史办:《四大银行联合兴建的“远东第一楼”——上海国际饭店》,文史淮安网站,2014 年 7 月 8 日。有改动）

上海国际饭店 今朝更“好看”!

说到上海国际饭店，估计老上海人都知道历史上它曾是名流汇聚之所，不少名流学者为饭店留下的诗、书、画等作品，也已成为饭店的传世之宝。作为中国人自己筹资建造的第一幢摩天大楼和20世纪30年代亚洲最先进的酒店，她从历史中走来，历经近90年，在开放中奋进，依然风采照人。

“远东第一高楼”的诞生，蕴含着民族资产阶级的爱国之情。上海国际饭店可以说是中国人的一座“争气店”。不论是投资方、兴建方，还是参与投标并中标的承建方，他们无疑都是站在维护民族尊严和热爱国家的立场上来启动和承建这一“仰观落帽”的工程的，他们希望中国人自己的建筑能在上海滩拥有一席之地。这表明作为中华民族的富裕阶层，他们没有为了自己的富贵和方便而丢掉宝贵的民族气节和民族精神。

“远东第一高楼”的社交，写照着民族资产阶级的阶级本质。上海国际饭店既是大上海的一大标志，也是在上海的中外军政要人、大资本家及名流雅士社会活动的场所，他们或在此参加活动、或出席宴会、或住宿其中，使上海国际饭店声誉鹊起。但在当时，不论它多么金碧辉煌，那也只是为资产阶级服务和供资产阶级享受的，广大人民群众最多也只是在一旁“仰观落帽”一回。

“远东第一高楼”的解放，宣告人民才是其真正的主人。1949年6月，中国人民解放军第三野战军司令员、上海市市长陈毅，在国际饭店几乎请来了所有解放大上海的功臣名将，欢庆上海的解放，“远东第一高楼”从此回到人民的怀抱，开启了为人民服务的新使命，焕发出新的光彩。

“远东第一高楼”的今天，旧貌再换新颜。上海国际饭店，高居上海之最50年，保持“远东第一高楼”纪录近30年。改革开放以来，上海高楼大厦雨后春笋般地破土而出，上海世茂国际广场333米、上海金茂大厦420.5米、上海东方明珠电视塔468米、上海环球金融中心492米、上海中心大厦632米，等等，这其中的任何一座高楼都已经超过上海国际饭店多得多。上海国际饭店不再是孤独的一枝独秀，上海这个大花园里已是满园春色、百花齐“芳”，犹如多民族的中国大家庭团结向上、傲立于世界东方。今天的上海国际饭店依然是上海大地的圆心，因为它是大上海走向现代化的第一高楼，它见证了上海的落后与崛起、发展与繁华，见证了上海的现代化进程。在历史的进程中，上海国际饭店也实现了自己的蝶变——旧貌换新颜，一起跨入中国特色社会主义新时代。上海国际饭店，今朝更“好看”！

与时俱进的建筑——上海展览中心

上海展览中心是上海重要的城市地标，这座标志性的建筑本身也是游客们津津乐道的旅游胜地。上海展览中心的前身是中苏友好大厦，建于20世纪50年代，具有俄罗斯古典主义建筑风格，见证了半个多世纪以来上海的城市变迁。

新中国成立后，为了介绍世界上第一个社会主义国家——苏联在经济、文化、建设等方面所取得的辉煌成就，中共中央决定于1955年3月在上海举办苏联经济及文化建设成就展。要举办这样一个大型展览，必须有一个与之相匹配的展览馆。

在此背景下，中苏友好大厦在上海哈同花园旧址上于1954年5月4日动工兴建，次年3月建成。大厦由苏联著名建筑师安德烈耶夫、结构工程师郭赫曼、建筑师吉斯诺娃与我国设计单位合作设计。

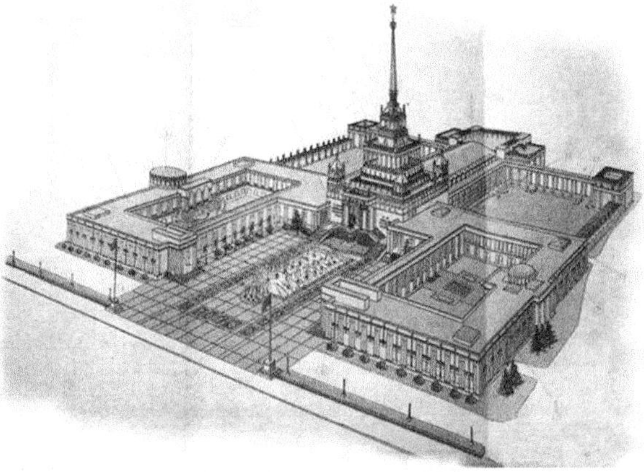

中苏友好大厦设计图

中苏友好大厦的工程施工采用了高层移动脚手架和悬空脚手架等新技术，使工期大大缩短。在建设中，104米高尖顶上的红玻璃五角星的制作有一个让人难忘的故事。这颗五角星的技术要求很高，要求在酷暑严寒与气温急遽变化的情况下，五角星不变形、不破裂。三民玻璃厂玻璃吹泡工经30多次试验，成功制成能耐热 120 ℃、耐冷一12 ℃的红玻璃。这颗红玻璃五角星也成了 20 世纪 50 年代里“夜上海”的一个标志。

1955 年 3 月初，中苏友好大厦按时完工。整个楼群呈现俄罗斯古典主义建筑风格，局部糅合了巴洛克艺术特点，上海美协的艺术家们为此设计制作了大量华丽的雕刻、花饰。作为新中国成立后上海建成的最早的会展场所，上海展览中心曾接待过党的三代领导人以及数十位外国国家元首，常年担负着市委全会、党代会、市人代会、市政协会议、八一建军节招待会、国庆招待会、春节团拜会等市重大政治任务和市委、市政府、市人大、市政协日常重要会议的服务保障工作。

1968 年，中苏友好大厦更名为上海展览馆，1984 年更名为上海展览中心，之后还入选 1949—1999 年上海十佳建筑和中华人民共和国成立五十周年十大金奖经典建筑。2001 年，上海现代建筑设计集团负责对上海展览中心进行了“修旧如故、提升功能”的修缮。2016 年，上海展览中心与人民大会堂、中国美术馆等共同被列入首批中国 20 世纪建筑遗产名录。

（参见钱雪儿：《上海展览中心的“前世今生”，见证历史变迁 》，澎湃新闻网站，2019 年 9 月 20 日。有改动）

前世今生的剧变　折射由内向外的品质

上海展览中心是新中国成立后上海最早建成的会展场所，也是上海重要的城市地标，每年这里都要举办各种展会，而这座标志性的建筑本身也成了游客们乐此不疲的旅游胜地。不知道大家会如何向游客介绍上海展览中心呢？

上海展览中心所在地——哈同花园，可以告诉游客们这里的历史。哈同花园原为英籍犹太人哈同为其妻子打造的私人花园，名为爱俪园，俗称哈同花园。这里曾经华丽、热闹非凡，既有学校也有文物馆藏与出版社，既有军政工商各界宴会也有赈济救灾会和收养的孤儿，既有民国遗老也有革命先行者，爱俪园俨然成了一个无所不包的鱼龙混杂的政治活动场所。哈同及其夫人罗迦陵相继去世后，太平洋战争让哈同花园变成废墟，几经战乱哈同花园逐渐荒废。由此可见，当时的上海，既有繁华又历经战乱，既被迫开放又饱受摧残。

上海展览中心的原名——中苏友好大厦，这里有着中苏友谊的印记。不论是中苏友好大厦名字本身，还是这座建筑建设的目的，不论是中苏友好大厦设计与建设的过程，还是中苏友好大厦的俄罗斯古典主义建筑风格，还有常年担负的政治任务与服务保障功能，无不向人们昭示着中苏友谊是那么的美好，就如同这座建筑顶端的红玻璃五角星一样，是 20 世纪 50 年代里“夜上海”的一个标志。1968 年中苏友好大厦改名为上海展览馆，表明我们更加坚定了独立自主、艰苦奋斗、探索属于我们自己的社会主义道路的决心。

上海展览中心的建设目的与风格，在诉说着我们曾经尽力学习世界上第一个社会主义国家，但事实证明那是行不通的。中央大厅上方的红色五角星熠熠生辉，似乎是在告诉人们，中国特色社会主义才能发展中国，她让科学社会主义在中国不但生根而且焕发出了新的生命力。2001 年，对上海展览中心进行了“修旧如故、提升功能”的修缮，再一次证实了建筑师所言——“好的建筑是由内而外，而不是由外而内的”。虽然苏联社会主义已经淹没在 20 世纪 90 年代，成为历史，但是她所创造的历史成就是不可否认的。苏联社会主义大厦的倾覆是由内及外的倾覆。“修旧如故”保留了建筑原有的风格，也不妨看作在提醒我们“前事不忘，后事之师”。

上下一起盖的建筑——南京青奥中心双塔楼

南京青奥中心双塔楼开建于第二届青年奥运会召开之际。这座由建筑界“解构主义大师”扎哈·哈迪德设计的建筑，充满现代化气息，其富有流动感和曲线美的造型给施工带来了很大挑战。

该工程占地1.3万平方米，总建筑面积27.3万平方米，地下3层，地上包含两座塔楼及其裙楼。塔楼1为会议酒店和酒店式公寓，建筑高度249.5米，共58层，于2016年建成；塔楼2为五星级酒店及办公用房，建筑高度314.5米，共68层；裙房为酒店配套，建筑高度27.5米，共5层。

夕阳下的南京青奥中心双塔楼

南京青奥中心双塔楼于2012年4月动工，由于在青奥会开幕前要完成外幕墙封闭及泛光照明工作，工期相当紧张。本来这样的工程至少需要3年，但在当时的情况下意味着建设者要在2年内完成700多根大截面超深工程桩、60米超深地连墙、20米深基坑土石方开挖、地下室结构、两栋超高层塔楼的主体结构外幕墙系统和泛光照明系统等所有的施工工作。

针对这种情况，技术团队开展了上百次专家讨论，与设计院反复研究，最终决定采用世界顶尖的上下同步全逆作法施工技术。一般情况下的施工程序是从地面挖土，挖到地下室底板后再往上施工，这种常规的做法比较耗时间。“全逆作法”则从地面层的楼板开始施工，把支撑地面的梁、柱先做完，这些梁、板、柱一方面作为地面结构的支撑，一方面也作为永久性的地下建筑，然后地面和地下同时施工。这种方法可以节约25%～35%的时间，并且由于减少了临时维护的结构，也减少了拆除临时维护造成的建筑垃圾。

在建设南京青奥中心双塔楼之前，全球没有300米以上建筑采用全逆作法施工的先例，因为采用这一方法不仅施工难，设计也难。为了解决这些问题，数百人的设计、施工技术团队付出了巨大努力，进行了多项技术创新。比如为了承担逆作法施工期间超高层塔楼核心筒剪力墙巨大荷载，创新采用了核心筒剪力墙地下密排桩柱体系，实现上下钢构件的一体化和连贯性，并在柱间设置约束构件，增强全逆作法施工期间密排桩柱的整体性和稳定性。

扎哈·哈迪德向来以独特的造型设计出名，流动的曲线给钢结构和外幕墙安装都带来了很大难度。裙房的GRC幕墙需要空间结构复杂的异形曲面钢结构，高大的塔楼需要巨大的外框柱和超厚的剪力墙。想要实现复杂的外立面造型，要通过BIM技术建模，深化设计，摸清楚哪里需要构件、哪里需要支点；每一块幕墙的尺寸和曲率都不一样，每一块都要工厂单独开模，安装时每一块幕墙的定向点位也都不同，必须通过图纸和定位仪器进行精细调节。

在建造过程中，中建三局全面采用绿色节能技术。南京青奥中心双塔楼的外幕墙采用的是单元式双银夹胶中空LOW-E玻璃幕墙，能有效遮蔽太阳辐射，阻止辐射热从玻璃窗进入室内，在冬季也能起到保暖作用，可有效减少空调用电和采暖能耗。

建筑外幕墙采用的GRC板材具有良好的隔音效果，还能调节室内温度、湿度的可呼吸性。当室内温度高、湿度小的时候，板材能逐渐释放出微孔中的水分；当室内温度低、湿度大的时候，板材能吸收空气中的水分。这种吸湿和释湿的循环变化起到了调节室内相对湿度的作用，能提高人体舒适度。

此外，南京青奥中心双塔楼设置了一个100多立方米的雨水收集池，回收的雨水用于绿化和道路冲洗；酒店客房用水采用集装箱式污水处理新工艺处理后也可再利用。

如今，南京青奥中心双塔楼已成为南京的新地标，这座矗立在扬子江畔的建筑如扬帆起航的巨轮，给古都增添了一抹豪迈、别致的色彩。

（参见《精雕细琢出精品——青奥双塔楼诞生记》，南京市城乡建设委员会网站，2019年2月25日。有改动）

协同创新建双塔楼　新时代古城新地标

2019年4月24日，在深圳举行的世界高层建筑与都市人居学会（CTBUH）年度高层建筑+都市人居先锋会议颁奖典礼上，南京青奥中心双塔楼包揽了最佳高层建筑奖（300～399米）、最佳室内奖、最佳建造奖三大奖项。不仅如此，青奥中心双塔楼还获得国家优质工程奖、中国钢结构金奖、华夏科技进步奖一等奖、LEED绿色建筑认证金奖，等等，妥妥的新时代的中国古城新地标！说到地标性建筑，大家可能说现在“万丈高楼平地起”很多，有啥好稀罕的？

南京青奥中心双塔楼的“稀罕”在于它“空中楼阁”的创新思维。“万丈高楼平地起”确实不再稀罕，但是南京青奥中心双塔楼却不是“万丈高楼平地起”，而是“空中”起高楼，即首创超高建筑“全逆作法”施工。因为青奥中心双塔楼于2012年4月动工，在青奥会开幕前要完成外幕墙封闭及泛光照明工作，工期相当紧张。设计师扎哈·哈迪德出众的设计也为工程的各施工单位带来了极大的建设难度，以正常的工序与技术施工，工程任务目标无法实现。这也在提醒我们，对于世界与科学的认知，不能一成不变、墨守成规，必须要因时因地不断地变革，创新是无处不在、无时不在的，任何时候我们都要解放思想、实事求是地分析问题、解决问题。如果按照既定思维认定“空中楼阁”是虚幻的，那就不会产生“上下同步全逆作法施工技术”，也不能开创全球建筑史上的先例。解放思想、创新思维，让南京青奥中心双塔楼的建设不仅缩短了三分之一的工期，还使得建筑基坑变形小、对相邻建筑物的影响小、节省支护结构的支撑费用，也收获了明显的经济效益。这样的中华民族“空中楼阁”创新思维不令人稀罕吗？它凸显了中华民族伟大的梦想精神、创造精神。

充满中国智慧的南京青奥中心双塔楼已先后获得全国建筑业绿色施工示范工程、AAA级安全文明标准化工地等50余项荣誉。这些荣誉，再次彰显了中国“基建狂魔”的超牛水平与国际地位。我们不仅能建高楼，还能建造新型结构和亮化工程独具特色、绿色节能舒适、美轮美奂、充满活力的世界级的高楼。南京青奥中心双塔楼矗立在扬子江畔，犹如六朝古都扬帆起航，不仅让古城增添了一抹时尚、豪迈、别致的色彩，也象征着中华民族这艘古老而又崭新的巨轮日益驶近世界舞台的中央，焕发出更加强劲的生命力。这是因为中国共产党领导人民开创了一条中国特色的社会主义道路，激活了中华民族伟大的创造精神、伟大的奋斗精神、伟大的团结精神和伟大的梦想精神，振奋起了全民族的精气神，使我们无往而不胜。

辛酸厚重的建筑——江汉关大楼

江汉关大楼是1924年1月建成的，而江汉关却早在汉口开埠的第二年即1862年就已经设立。起初江汉关的办公地点设在毗邻英租界的汉口河街，由几间简陋的仓库改造而成，条件很是艰苦，交通也非常不便。初开关那几年，因业务量不大，由仓库改造的办公房勉强还能凑合使用。1865年后，随着汉口地区进出口贸易的日益增多，特别是在往后的二三十年里，海关陆续新增了邮政、港务、气象、检疫等诸多职能，原有的办公房越来越不能满足日常办公的需求，且房屋陈旧、梁架腐朽，几成危房。1907年6月28日的一份地方报纸就曾刊载这样一段新闻："本镇江汉关设立以来已四十余年，所有房屋木料多半腐坏，久欲改造因欠项支绌不果。兹忽于昨大公事房倒塌一处，幸在白昼尚未能伤人，然亦险矣。"

江汉关大楼

为了改善江汉关的办公条件，满足江汉关的工作需要，从1899年起，江汉关几任税务司都为海关迁址之事费心劳神。1908年1月，江汉关始由河街迁往工部局办公。但这并不是我们现在看到的江汉关，直到1924年，在工部局原址上兴建的江汉关大楼才终于建成。

为何修建江汉关大楼会如此费劲呢？问题就出在大楼地基的互换上。由于此事关乎三方利益，所涉及的地基、价格等问题又错综复杂，一时半会儿很难达成三方都认可的方案。就这样，谈判时断时续，前前后后持续了11年。1920年，这场马拉松式的谈判终于走到了终点。三方正式达成协议，各自房地产实行置换转让，江汉关大楼的修建进入了倒计时。

1922年11月4日，英租界的东南一隅，江汉关大楼的工地前，人声鼎沸，热闹非凡。这一天，是江汉关成立60周年的纪念日，也是江汉关大楼奠基之日。经过20个月的紧张施工，江汉关大楼于1924年1月21日正式落成。在如今的江汉关大门左侧，当年奠基后立的石碑还保存完好，上面刻有“中华民国十一年十一月四日总税务司安格联爵士奠此基石”的字样。

江汉关大楼上的钟楼为典型的英伦风格，是按照英国式样进行设计的。大钟的各个部件分别摆放在不同楼层，大钟的乐曲取自英国伦敦议会大厦钟楼所奏的《威斯敏斯特》的旋律，浑厚而悠扬，一直陪伴着武汉人走过了近一个世纪，成为武汉重要的城市符号和文化元素。2001年6月25日，江汉关大楼被国务院批准列入第五批全国重点文物保护单位。

（根据江汉关博物馆网站资料整理）

百余年的蜕变与发展　新时代的警示与激励

近一百年来，江汉关大楼一直矗立在汉口沿江大道与武汉最繁华的街道——江汉路的交会处。作为近代武汉城市象征的标志性建筑，如今它已经变身为江汉关博物馆，展示着百年来江汉关的兴衰荣辱，展示着武汉这座城市的沧桑巨变。

面对今日繁华，我们不能忘记历史的屈辱。从1907年6月28日的新闻报道中我们看到，清政府虽然设立江汉关40余年，但是江汉关却没有像样的办公处所，久欲改造因欠项支绌不果，终极原因是什么？从1840年鸦片战争开始，我们历经帝国主义侵略、殖民、掠夺，我们屡屡割地赔款，原本泱泱中华终究落得无地无银改善办公处所的地步。面对今日的繁华，怎能忘记曾经的苦难与屈辱？如果青年一代忘记历史的屈辱，不思前情、安于现状，暂时躺平似乎可以，但是当下百年未有之大变局告诉我们躺赢是不可能的。中国社会主义事业是需要由一代又一代年轻人来传承的，我们的青年只有铭记历史的屈辱，激励自己奋发向上，不断强大自己，做一个合格的接班人，才能让历史成为永远的历史，才能撑得起未来，才能对得起祖国。

江汉关大楼是武汉饱受西方列强掠夺的标志。在我们自己的土地上，从1909年起，一场地基置换的马拉松式的谈判，于1920年才走到了终点，历经11年的曲折和艰难，这无疑是我们整个中华民族的耻辱，小小一栋楼承载了太多的辛酸与苦难。江汉关大楼不论是其奠基仪式，还是设计风格、抑或其建筑材料，我们自己都不是主角，无一不是打上了被侵略、被掠夺的烙印。今天想来不可思议，但那就是曾经的屈辱历史，那就是我们曾经被西方列强霸凌、饱受磨难的标志。

江汉关大楼也是武汉这座城市近百年来蜕变与发展的见证。在屈辱中建立，从历史中走来，时光荏苒，岁月如梭，今天的江汉关大楼已华丽转身，变身成为江汉关博物馆，展示着百年来江汉关的兴衰荣辱，展示着武汉这座城市的沧桑巨变。当你徜徉在这座处处充满着异国建筑文化符号的大楼里，回看过往种种，除了能感受得到历史的斑驳与厚重，还应该能听到江汉关大楼上钟楼里的钟声，它已经响奏了近百年，人们已经把它变成武汉重要的城市符号和文化元素。这里务必要提醒一句的是：那更是这座城市百年沧桑的见证，也是一种自立自强的“警钟长鸣”。

熔铸中国心的建筑——香港中银大厦

中华人民共和国香港特别行政区，是亚洲乃至全球重要的金融中心。在这里，最不缺的就是各式商业摩天大楼。其中外形最别致、游人在香港必打卡的一栋，就是香港中银大厦。

香港中银大厦

香港中银大厦位于香港中环，属于香港商业区中心地带。在大厦建造前，该地段的建筑是美利楼（现已整座搬迁至香港岛东南部的赤柱）。中银大厦从 1982 年就开始规划设计。虽然当时香港尚未回归，但港英政府以远低于市价的 11 亿元港币将中环地段的 6700 平方米旧美利楼地段售予中国银行，这也被认为是港英政府向中国表示友好的行为之一。

大厦的设计师是著名的贝聿铭先生。贝聿铭祖籍江苏苏州，1935 年远赴美国留学，之后在国外发展工作。尽管贝聿铭在美国住了几十年，但他一直强调“我仍是一个十足的中国人”。因此，在面对中国银行的邀请时，他没有犹豫就接了下来。

虽然当时我国已经开始改革开放，但在资金方面其实并不富余。当时中国银行北京总部负责香港中银大厦的出资，预算在 1.3 亿美元左右。尽管建筑的预算超支并非个例，贝聿铭以前也总能说服甲方掏钱，但在设计香港中银大厦时，他很清楚不能超支，“决定要在这个预算内造出最棒的建筑”。

一开始，香港中银大厦的原选址其实不算优秀：四周被高架道路拘束着不说，地皮还比其他的商业地皮多了一角。如果按照原始的地形，楼建起来之后，正面正好对着一个公用停车场。于是贝聿铭提出和政府换地的解决方案，拿原定场地的一角换另一角。如此一来，整个工地就变成了平行四边形，给新楼的两边留出了三角形的绿地。经过这一神来之笔，中银大厦不仅和市区的结构呈现平行吻合，也成功地让建筑正面朝向了维多利亚港。

香港在太平洋台风的影响范围内，香港中银大厦既要保证楼高又要确保安全，就得在大厦结构上下功夫。大厦的平面是一个方形。工程师莱斯利·罗伯森（Leslie Robertson）和贝聿铭携手设计了一个创新性的超级合成桁架：这一桁架为八榀巨型桁架，其中四榀沿方形平面的周边布置，另四榀沿对角线方向布置。在巨型桁架平面内还设置若干吊杆，将楼层荷载通过巨型桁架斜杆传给角柱。大厦四角的四个角柱（即建筑平面四个凸角处的框架柱）承担了整个建筑的自重。角柱采用型钢混凝土结构，将抗拉的型钢同抗压的混凝土结合，形成抗弯折能力很强的钢筋混凝土结构构件；拿它做柱子，就可以抵抗很强的侧向力，也就是我们所熟知的飓风、地震的力。就像我们平时在公交车上会叉开腿站立以保持身体的稳定，大厦的重量向四个角柱分散也是同样的道理。

在香港这种寸土寸金的商业区，中银大厦在两侧留出了绿地面积，游客行人都可以参观欣赏。两个庭院采用下沉式设计，庭院内有小型瀑布、流水、铜塑、花草盆栽等。在这里开辟出一方天地作为庭院，大厦有了更浓的人情味，不再是生硬的高高在上的建筑，让人感觉到生机和亲切。从实用性来说，流水设计一方面对于交通噪音有一定的消弭作用；另一方面也寓意水流是生生不息的，隐喻财源广进，为中国银行带来佳运。

（参见《最别致的银行大厦，曾经的亚洲最高摩天大楼》，科普中国网站，2022 年 7 月 29 日。有改动）

拳拳赤子心　心心照归途

在最不缺各式商业摩天大楼的香港，人们关注打卡香港中银大厦，其原因不一定是建筑本身，可能更多的是它背后的历史和政治意义。

香港中银大厦建设的时代背景，昭示了中国维护国家主权的坚定决心。1982 年 9 月 24 日，英国首相撒切尔夫人访华，中英首次揭开了香港前途谈判之幕。经过两年多的谈判，1984 年 12 月 19 日，两国政府代表在北京正式签署《中华人民共和国政府和大不列颠及北爱尔兰联合王国政府关于香港问题的联合声明》，宣布中国将于 1997 年 7 月 1 日对香港恢复行使主权，设立香港特别行政区。1985 年 5 月 27 日，中英两国政府在北京互换批准书，中英联合声明正式生效。中银大厦自 1982 年年底开始规划设计，1985 年 4 月开始动工，结合前文相关中英香港回归问题谈判的年份来看，当时香港的前途还处于中英谈判阶段。但是，中银大厦在中英谈判还未开始时就已经动工了，由此可见，中国共产党领导的中国对于维护自己的主权完整、收回香港的决心和信心是毋庸置疑的，是以必胜的信念开始中英对话的，这突出了我们党勇于斗争和敢于胜利的伟大精神。

中银大厦的设计师与设计行为，表明了中华民族伟大复兴的历史必然性。设计师虽是美籍华人，但他始终强调自己是一个十足的中国人。在面对中国银行的邀请时，他毅然决定在祖国预算不富余的情况下为祖国造出最棒的建筑、象征香港美好的未来前景的建筑。这正是中华儿女为实现民族伟大复兴的中国梦而勠力同心的体现，也告诉我们中国梦是全体中华儿女的梦想。中银大厦的设计样式与理念也说明中华儿女不论身处何方，中华文化的基因都会熠熠生辉，如下沉式庭院、以竹子（节节高）的形象意念作为建筑主题、外形极富想象力，无不反映着中华文明的睿智与意境。而且，作为地标性建筑，它所承载的不仅是建筑本身的文化内涵，还包括城市的文化气质。地标性建筑的“标识性”具有视觉和象征双重意义，其显性标识通过形状、颜色、规模和周边地形等可视的表象直接表现出来，其隐性标识则通过不可视的象征意义表现出来，如对社会、文化、经济等方面的作用。中银大厦的“尖刀锐气”带来的一系列蝴蝶效应，也印证了这种不可视的中华文化的生命力和强大能量，它再次证明中华民族的复兴是历史的必然。

刷新深圳速度的建筑——深圳地王大厦

深圳地王大厦

陆建新是全国道德模范、全国劳动模范、全国五一劳动奖章获得者。1982 年国庆节刚过，从湖北武汉坐了 20 多个小时火车的陆建新，拎着行李初次站在罗湖火车站的东广场上。低矮的楼房、简陋的工地、泥泞的道路——时隔多年，这样一幅景象还时常在陆建新脑海里浮现。

那年陆建新 18 岁，从南京建筑工程学院（现南京工业大学）工程测量专业毕业，被分配到湖北荆门的中建三局一公司。当年 7 月，公司组织了一支队伍南下深圳参加深圳国贸大厦的建设工作，陆建新在国庆节时收到来信，被征调加入建设队伍，主要负责工程测量工作。

当时陆建新只知道深圳毗邻香港，于是就把深圳想象成了港片里香港街头那样车水马龙、灯红酒绿，而当陆建新站在罗湖火车站东广场时，却发现一切和想象的不一样。步行 10 多分钟，就到了深圳国贸大厦建设工地的宿舍——一排用竹子搭的简易房，陆建新他们戏称其为“竹楼宾馆”。

当时，陆建新在深圳国贸大厦建设工地旁边的一栋楼上看到了一幅标语：时间就是金钱，效率就是生命。这句话对初到深圳的陆建新冲击非常大，因为它与陆建新此前接受的理念大不相同。也是这句话，抚平了陆建新初到深圳的失落，让他在此后的工程建设中忘我拼搏。现在看来，这句话可以看作“深圳速度”的动力所在。

深圳国贸大厦“三天一层楼”的建设速度让陆建新第一次深刻感受了“深圳速度”，而深圳地王大厦的建设再一次刷新了“深圳速度”。20 世纪 80 年代，全国第一高楼深圳国贸大厦让深圳吸引了全国人民的目光。1992 年，乘着邓小平南方谈话的春风，深圳经济特区迎来二次创业的机遇。深圳市政府在全国率先组织土地使用权国际招标，蔡屋围一块总面积 18734 平方米的地块最终拍得 1.42 亿美元，成为当时的“地王”——深圳地王大厦的名称也因此而来，使深圳再次成为全国瞩目的焦点。

深圳地王大厦是深圳第二座超高层钢结构大楼。在参与建设深圳地王大厦之前，1986 年，陆建新参与了深圳发展中心大厦的建设，这是国内的第一栋超高层钢结构大楼。钢结构大楼的优点很明显，那就是工厂制造、现场拼装，钢结构吊装好后马上可以浇筑混凝土，这样大厦建设的进程就能缩短。1994 年 5 月 27 日，深圳地王大厦的钢结构开始施工，384 米高的主楼钢结构施工仅用 379 天就完成了，最快时施工速度达到两天半一个结构层，刷新了深圳国贸大厦“三天一层楼”的“深圳速度”。

深圳地王大厦建设的钢结构框架

建设深圳发展中心大厦时，施工团队首次建设钢结构建筑。当时特地引进了非常先进的“二氧化碳气体保护焊”，为了学这个技术，他们还专门派了13名工人到国外学了3个月，回来后在八卦岭办培训班，把公司所有的电焊工都教会了。等到深圳地王大厦建设时，他们就已经有了足够的电焊工技术人员。这个技术因为比传统技术减少了焊缝清渣等程序，速度上快了3～4倍，而且焊出来的质量相当好，这也是深圳地王大厦建设能够“提速”的重要保障。

“80年代看国贸，90年代看地王。”20世纪80年代，深圳国贸大厦创下“三天一层楼”的纪录，在当时中国建筑史上绝无仅有，深圳国贸大厦成为特区精神和深圳奇迹的一个载体。当深圳地王大厦以“两天半一层楼”的建设速度刷新当年深圳国贸大厦创下的“深圳速度”时，深圳地王大厦也成了深圳人津津乐道的一个新的精神载体。

有位文人曾经写道：“建造地王大厦的两年多时间里，人们没有听到过喧嚣和噪音，没有看见过肮脏和杂乱。它四周的马路在凌晨时分总是被冲洗得洁净如初。人们说，这就是深圳，只有深圳才有这样的效率，也只有深圳才有这种文明。”

（参见申卫峰：《陆建新：地王大厦建设刷新“深圳速度”》，《深圳特区报》2022年10月28日。有改动）

地王大厦建设新速度　刷新深圳精神新高度

在本案例中，深圳地王大厦建设的参与者，见证了深圳从小渔村发展到国际大都市的变迁，见证了《春天的故事》在深圳唱响。在深圳，人们曾说“80年代看国贸，90年代看地王”。因为，深圳国贸大厦曾创下“三天一层楼”的建筑速度的纪录，在当时建筑史上绝无仅有，从而深圳国贸大厦也成为特区精神和深圳奇迹的载体。1994年，深圳又开始刷新“深圳速度”，深圳地王大厦成了特区精神新载体和深圳建设新奇迹。

改革开放让深圳真正开始探索中国特色社会主义道路。1980年8月26日，第五届全国人大常委会第十五次会议决定，同意在广东省深圳、珠海、汕头和福建省厦门设置经济特区，批准了《广东省经济特区条例》。深圳与香港隔江相望，在利用外资发展经济上，具有得天独厚的地理位置和条件，从而成为我国改革开放的“试验场”。1984年年初，邓小平视察深圳、珠海、厦门等经济特区并题词，充分肯定特区建设的成就。他指出：“我们建立经济特区，实行开放政策，有个指导思想要明确，就是不是收，而是放。”[①]“特区是个窗口，是技术的窗口，管理的窗口，知识的窗口，也是对外政策的窗口。”[②]在中央决策的推动下，来自四面八方的特区建设者披荆斩棘、艰苦创业，由此深圳坚定不移地走上了中国特色社会主义道路，以“杀出一条血路”的勇气，不忘初心、不辱使命、敢为人先，在改革开放的伟大历史进程中谱写了勇立潮头、开拓进取的壮丽篇章，把渔村建设成为生机勃勃的崭新城市。

深圳地王大厦就是改革开放的成果，是特区精神的结晶。在改革开放之初，我们的技术、管理等相对落后，但是特区人就是敢闯敢试、敢为人先，深圳地王大厦就是我们在对外开放中学习国外先进技术并为我所用的典范，也是特区精神的新载体和深圳奇迹。如深圳地王大厦顶层的观光项目，发掘了深圳和香港两地的人文地理景观和历史文化、都市文化的底蕴，运用国际旅游休闲的新颖高技术手法，以“深港之窗”作主题形象展示，将时间纬度和空间纬度融为一体，将深圳和香港的区域性历史文化、现代都市商业休闲文化、高空观光的高科技文化融合在一起，开创了国内高层观光的旅游新境界，在国内具有独创性和首创性。

深圳的发展是改革开放中家国命运与共的真实写照。当改革开放的春风吹拂深圳大地时，千千万万有理想、有抱负、敢于创新的中华儿女，饱含激情奔向深圳，把自己的青春、梦想和汗水，融入深圳经济特区的发展之中，融入中国特色社会主义建设的探索之中，成为时代的弄潮儿，与深圳一起感受并践行“时间就是金钱，效率就是生命”的拼搏。许多像陆建新一样的懵懂青年，在改革开放的大潮中，历经现实与理想的洗礼，成长为全国道德模范、全国劳动模范、大国工匠、全国五一劳动奖章获得者，并带动千千万万家庭走向了小康和富裕的生活；同时，昔日的小渔村也变成了国际化的大都市，成为灯火辉煌的人间天堂；多个经济特区的发展，给中国特色社会主义的发展提供了宝贵的经验，从而带动了一个国家的发展，家国命运共同体的赞歌在中华大地上唱响。

---

① 《邓小平文选》(第三卷)，人民出版社 1993 年版，第 51 页。

② 《邓小平文选》(第三卷)，人民出版社 1993 年版，第 51～52 页。

特区精神是改革开放中中国精神的特写。优秀的中华文化孕育了中国精神，富有中国精神的深圳人民在改革开放的实践中，用自己智慧和勤劳的双手让深圳速度一次次被刷新，才有了深圳国贸大厦、深圳发展中心大厦、深圳地王大厦等冲天的建筑奇迹。同时，深圳人民在实践中创造了敢闯敢试、敢为人先、埋头苦干的特区精神。

2014 年，习近平总书记在参加广东代表团审议时，就谈到了“开荒牛精神”，他要求广东勇于先行先试，大胆实践探索，在全面深化改革中走在前列。2020 年 10 月，习近平总书记出席深圳经济特区建立 40 周年庆祝大会，再提“拓荒牛”，要求经济特区广大干部群众永葆“闯”的精神、“创”的劲头、“干”的作风。深圳地王大厦不仅仅是深圳建筑的新高度，更是深圳人在精神上的一个新台阶。我们相信，深圳“拓荒牛”的精神会创造更加美好的未来。

独具匠心的建筑——北京新保利大厦

新保利大厦位于北京市东城区东四十条桥西南角，占地面积18800平方米，是中国保利集团的新总部和保利艺术博物馆的所在地，由北京新保利大厦房地产开发有限公司开发，美国SOM设计公司与北京特种工程设计研究院联合设计，中国建筑股份有限公司承建。该大厦总建筑面积109997平方米，建筑总高度105.2米，钢框架-钢筋混凝土筒体混合结构，涵盖悬挑结构、悬索结构、大跨度桁架结构等多项复杂技术。该建筑设计新颖，功能先进，注重环保与节能，是一座集甲级写字楼、博物馆、商业于一体的绿色智能化大厦，被誉为“北京新地标”。

世界首席柔索玻璃幕墙：90米高、70米宽单层双向点式柔索幕墙，版幅之巨雄居世界首席；幕墙采用强韧钢索连接，此技术国内首次采用。

国内首例竖向遮光百叶：外立面采用国内首例竖向遮光百叶，保证冬季的日照与夏季的阴凉，并使外立面充满质感。

北京新保利大厦

于27、28层种植耐寒常青植物，创造四季美景；立体流水雕塑：大厦前设立30米高立体流水雕塑，璀璨水幕辉映90米高摩天玻璃幕墙，营造动静相宜的视觉美学。

大堂内悬浮式特式吊楼，建筑手法国内首创，悬挑23.98米、高约50米、重约5000吨，其质量、体量在世界建筑的同等结构中首屈一指，且无一立柱支撑；钢索安装张拉完成后，吊楼最终位移量仅为30毫米，控制精度极高。其设计灵感源于中国古代灯笼造型。

以抢救圆明园国宝而闻名的保利艺术博物馆设于吊楼内，集中展示从海外抢救保护的一大批祖国珍贵文物，传承与弘扬中华悠久的历史与灿烂的文化。

（根据网络资料整理）

实践新时代新发展理念　成就绿色智能化大厦

新保利大厦是一座设计新颖、功能先进的绿色智能化大厦，集甲级写字楼、博物馆、商业于一体，也是国内建筑业的领先者，具有非凡魅力和独特价值。[①] 它体现了北京城市的雄伟气势和儒家文化的平和浑然，尽管北京已经有许多地标建筑，但新保利大厦仍然以自身的卓越之处脱颖而出，被誉为北京城市的超级新地标。

科技创新填补技术空白。新保利大厦以“中国精神、国际视野、世界水准”的理念为指导，是一座精心打造的大型公用建筑，集高、难、新、特等多项技术于一体。该大厦不仅在设计上有创新突破，在施工上也开创了国内先河。同时，该大厦拥有多个世界领先的技术和设备，填补了建筑业多项技术空白，充分体现了现代建筑科技的最高水平。换言之，它不是一个普通的建筑项目，而是一座具有划时代意义的建筑杰作，是现代科技创新和时代进步的缩影。例如，新保利大厦采用了90米高、70米宽的单层双向点式柔索幕墙，而且这是国内首次使用强韧钢索连接的幕墙。该幕墙的版幅之巨居于世界首位，代表了当今世界最高的技术水准。作为世界上第一个内凹式柔索玻璃幕墙，该大厦的三个不同斜面交界中心与镶嵌在幕墙上的特色吊楼水波型

---

① 王广伟、刘永晖：《浅析北京新保利大厦》，载《建筑与设备》2011年第1期，第43～45页。

的玻璃外观完美结合。这种幕墙既曲又直、灵动流畅，将建筑的恢宏气势、历史文脉和现代科技展现得淋漓尽致。

担当尽责，共赢绿色未来。多项复杂技术集聚一身，北京新保利大厦注定不会是一个平凡的项目。与新保利大厦一样，保利艺术博物馆也从属于保利集团，一直以来致力于传承和弘扬中华民族优秀传统文化艺术。为了推进企业文化建设和履行企业的社会责任，保利集团积极参与抢救和保护流散在海外的中国珍贵文物，其中包括珍贵文物圆明园国宝猴首、牛首、虎首等。此外，新保利大厦十分注重环保与节能。比如，新保利大厦的西侧和南侧玻璃幕墙外部采用了国内首例竖向石材遮阳百叶，与幕墙保持一定距离形成“双立面”幕墙大厦，呈现出两种完全不同的外立面。百叶的排列按照北京地区的自然规律进行设计，与内层玻璃幕墙形成一定的角度，以确保在冬季最大限度地获得日照、在夏季最大限度地遮阳，从而实现了节能环保的目的。

总之，新保利大厦这种“绿色发展”的理念不仅代表了建筑领域的发展趋势，也是我国实现高质量发展的必然要求，值得学习与推广。

别出心裁的建筑——CCTV 新楼

中央电视台新总部大楼，即 CCTV 新楼，于 2007 年 12 月 24 日被美国《时代》周刊评选为 2007 年世界十大建筑奇迹之一；2007 年 7 月 10 日，英国《泰晤士报》列其为“世界最具挑战的工程”；2013 年 11 月 7 日，获世界高层都市建筑学会（CTBUH）“2013 年度全球最佳高层建筑奖”；2014 年 4 月，入围十大当代建筑。

CCTV 新楼位于北京市朝阳区东三环中路 32 号，地处北京商务中心区（CBD），比邻北京国贸大厦。大楼占地面积 18.7 万平方米，总建筑面积约 55 万平方米，其中主楼由两栋分别为 52 层 234 米高和 44 层 194 米高的塔楼组成，设 10 层裙楼，并在 162 米高空大跨度外伸，与高 14 层、重 1.8 万吨的钢结构大悬臂相交对接，总用钢量达 14 万吨。北配楼高 159 米，主楼为 30 层，裙楼为 5 层。大楼于 2004 年 10 月 21 日动工建设，2012 年 5 月 16 日全部竣工交付使用。大楼占地面积超过 50 万平方米，造价 4.6 亿欧元，是仅次于美国五角大楼的世界第二大办公楼。

CCTV 新楼与比萨斜塔

两座竖立的塔楼向内倾斜 60°，分别在顶部和底部被横向的结构连接起来，呈闭合的环形。大家都知道的比萨斜塔，由于地基的缘故加上重力的作用，平均每年以1.5毫米的速度倾斜。那么，原本就呈倾斜状的CCTV新楼会不会出现类似比萨斜塔的情况呢？它能够承受住巨大的重力作用而长久屹立吗？

结构分析：这两座塔楼的结构类似，每座塔楼的结构都被分成了两部分：一个与地面垂直的核心筒，一个倾斜的外框筒。

塔楼内部的核心筒与地面是垂直的，它坐落在地下27米深处的巨大钢筋混凝土底板上，而底板的厚度高达7米，下面还连接着1200多根深达50米的桩基，足以保证楼体基础的稳固。

倾斜的外框筒则通过钢结构与直立的核心筒在水平方向上相连接。整个建筑是一个连续的环形结构，可以巧妙地把建筑所受到的各种力沿着这个环形结构传导到地下。

整栋建筑中最难实现的地方莫过于在高空中形成的仿佛空中楼阁般的巨大拐角。在这个设计中，塔楼空中连接部分的重心是完全悬挑在两栋塔楼的几何中心连线之外的，这是真正意义上的空中楼阁。

塔楼连接部分的结构借鉴了桥梁建筑技术，不同的是，如果把这部分看作“桥”，它将是一座大得出奇、非常笨重的桥。这个桥的某些部分有整整11层楼高，桥上还包括一段伸出75米的悬臂，前端没有任何支撑。

北京建筑行业对建造这个设计方案并无现成的规范可用，于是，北京市政府组织13位结构专家成立了一个特别小组。在设计竞赛两年后，CCTV新楼获准开工建设。接下来，专家组做了一个3层楼高的复制品用来研究。它被放在一个能模拟地震的液压平台上，上面安装了数百个传感器用来监控“塔楼”上1万多条钢梁的位移，并测量在不同情况下哪个部位承受的压力最大。在科学实验的基础上，CCTV新楼昂首北京。

（根据网络资料整理）

敢于突破走新路　科学拨开争议谜

随着全新的建筑技术不断研发，一些建筑形态独特、创新性十足的建筑物如雨后春笋般涌现，其中包括被戏称为“大裤衩”的CCTV新楼。这座建筑因其独特的外观，无论是从方案公布到施工建设，还是从项目竣工直至今天，一直备受争议，舆论评价褒贬不一。有些人持怀疑态度，而另一些人则感到惊奇。可以说，在世界建筑史上，没有哪座建筑像 CCTV 新楼这样，“拧巴”成一个矛盾体。

高超的现代建筑科技是人类挑战自我、寻求发展的一种表现。CCTV 新楼摒弃了传统的高耸入云、方正稳重的摩天楼风格，其独特的扭曲环状外形和复杂结构，设计标准极高，施工难度和科技含量也远高于一般建筑。许多杰出的艺术家和建筑师都认为 CCTV 新楼的独特设计使其成为全球顶尖的地标建筑，但也有许多人认为其过于奇异，是对传统建筑观念的一次挑战。实际上，这座大楼之所以采用如此奇特的设计，是有一定的道理与用意的。其主要目的是倡导环保意识，节约建筑材料。这种类似大裤衩的建筑结构相比传统的建筑方式，可以大大降低建造所需的材料和资金。随着时代的进步，高层建筑所面临的问题逐渐凸显。它们需要占用大量土地和资源，造成生态环境的破坏；同时，高层建筑的存在也对周围建筑、街道和其他公共设施带来压迫和控制感。相较于过去只是追求土地和空间的节约，人们对高层建筑的认知已经发生了改变，这也导致高层建筑在一定程度上逐渐失去了存在的意义。对此，库哈斯作为大厦设计师，反思了高层建筑的现状并考虑了未来的发展方向。他认为摩天大楼不应该孤立于城市之中，而应融入周围环境，以此来激活当地区域。从这个意义上讲，CCTV 新楼突破了传统，是对当代摩天大楼的新诠释。

现代化并不意味着要抛弃传统，因为传统是我们永不可失去的根基。CCTV 新楼既是一座现代化的建筑和地标，也是当代中国改革创新精神的鲜明体现，它代表了一种突破陈规、勇于探索、敢于创新的思想观念。CCTV 新楼展现出的并非设计者和决策者的保守态度，而是对未来的雄心壮志。在高楼林立的 CBD 区，这座建筑似乎代表着当代中国的意志：勇于尝试，毫不畏惧，充满自信。CCTV 新楼的设计成功地摆脱了传统建筑观念的束缚，并充分体现出中华民族对优良传统的继承弘扬。总之，在传统与现代不断相互碰撞的时代，如何保持发展的动态平衡是每个人都需要学习的一门艺术。

北京当代万国城——MOMA

北京当代万国城MOMA，即当代万国城四期，简称“当代MOMA”，是位于东直门的庞大建筑群，共计10栋楼，通过空中连廊连接，曾入选北京十大名楼。美国《时代》周刊评选的2007年世界十大建筑奇迹，当代MOMA位列其中，中国仅北京就拥有三处（另两处分别是鸟巢、中央电视台新总部大楼）。

当代MOMA

当代MOMA有共计10栋楼，通过空中连廊连接，建筑总占地约6万平方米，总建筑面积约22万平方米，其中住宅为13.5万平方米，配套商业面积达8.5万平方米，包括多厅艺术影院、画廊、图书馆等文化展览设施，还包括精品酒店、国际幼儿园、顶级餐饮、顶级俱乐部及健身房、游泳池等生活设施与休闲设施。

当代MOMA，共有18栋住宅楼、1栋五星级酒店（含顶层公寓）、2个会所、1个电影院及其他配套设施。当代MOMA由国内外多位著名设计大师主持规划设计工作，并由日本秋山宽负责园林景观设计，建筑吸收了当今国际先进的建筑艺术，体现民族风格，具有时代特色。

许多历史建筑均具有非常厚重结实的墙体，这些墙体不仅给建筑提供强有力的支撑，而且有着巨大的热量储存能力。当代 MOMA 也不例外，其混凝土温度控制系统采用相似的工作原理，让楼板成了能量储存体。

夏季，室内额外的热量通过循环流动的水不断转移出去，然后建筑内就会慢慢变得凉爽。在管道内循环的冷却水可以采用大约 15～18 ℃的温度来工作，这个温度比较适中。因此，相较于传统空调，这套系统效率更高，不仅大大提高了冷却水的效率，也降低了长期运行的能源费用。

（根据网络资料整理）

开放的城中城　绿色节能可持续

奢侈品虽然珍贵，但比它更难得的东西是“匠心”，它体现在面面俱到的细致和工匠精神上。“世界十大建筑奇迹”“世界七大工程奇迹之一”“中国十大新建筑奇迹”这些头衔可并非浪得虚名，从当代 MOMA 未来城的社区配套就能看出匠心品质。这种匠心精神不仅注重细节，更追求开放交流、绿色节能的生活方式。

发扬开放交流的精神，促进邻里交流。当代 MOMA 旨在创造一个 21 世纪可渗透的城市空间，从各方向吸引并向公众开放。一方面，将斯蒂芬·霍尔的永续设计理念融入当代 MOMA 的景观建筑之中，打造一个与生命周期和四季轮回相一致的整体生态景观，从而消除人流量对广场空间的潜在影响，使整个景观真正融为一体。另一方面，以著名画家马蒂斯的《舞者》为创作灵感，并以北京“胡同”和“四合院”为改造元素，开创性地设计出空中连廊这一精彩公共空间。这种开放性的设计既满足了现代人的居住需求，也传承了中国优秀传统文化中邻里之间互帮互助、相互关怀的精神。此外，当代 MOMA 不仅创造了一个特色鲜明的地标性建筑，还探索了一种未来城市生活的新模式，将生活、工作、娱乐、休闲结合起来，创造出一个立体的公共空间，这必然会加强邻里之间的联系与交流。总之，通过这种独特的设计，当代 MOMA 展现了一种全新的当代社区精神，让居民更加紧密地联系在一起。

借助科技的力量，实现绿色、节能、可持续发展。当代 MOMA 不仅构建了一种新的社区生活模式，而且大规模地使用了可再生的绿色能源，可谓是既省地又节能。在具体的社区建设中，有许多方面体现了可持续发展的理念。一方面，将“永续建筑”的理念应用到建筑本身的建设和施工中，主要包括恒温恒湿、新风换气、地源热泵、中水处理系统等。这些系统设置反映了建筑可持续性的细节，更多的是从居住者的切身感官出发，确保每个人都能在房间里感受到舒适的环境。恒温恒湿和新风换气系统从物理角度为居民提供了这样的舒适享受。另一方面，当代 MOMA 的这些系统设计也遵循了资源保护和因地制宜的可持续性要求。从可持续的角度来看，当代 MOMA 对土地的适当高密度（集约）开发利用和可再生绿色能源的大规模使用是大城市未来发展的方向，是真正意义上的“节能节地”项目。事实上，可持续社区的建设是一个持续改进的过程，渗透到社区生活的方方面面。从国家和城市的规划布局，到社区建设的具体实践，再到社区居民意识的提升，每个角色都为实现可持续社区的目标贡献了自己的力量。从建筑的角度来看，我们可以隐约看到工匠精神的传承和推广。从社会角度来看，它为中国 21 世纪的住房建设树立了新的典范。总之，这是对可持续社区的一次很有意义的探索和实践。

住宅“新”典范——百子湾公租房

百子湾公租房（燕保·百湾家园）为 MAD 建筑事务所首个社会保障性住房作品。该项目位于北京市东四环外广渠路，紧邻地铁 7 号线化工站，遥望 CBD。项目占地 9.39 万平方米，总建筑面积 47.33 万平方米，共有 12 栋住宅楼，总住户达 4000 户。项目于 2019 年建成后，屡次被媒体和网友称为“最美公租房”。

MAD 建筑事务所从 2014 年开始就进行社会住宅研究，并以“社会住宅的社会性”为议题，调研各国社会住宅的历史发展和设计。同年，受北京市保障性住房建设投资中心邀请，MAD 建筑事务所承担百子湾公租房的设计工作。作为事务所首个社会住宅项目，设计团队希望能够在具体实践中突破常规，用设计推动中国社会住宅创新，让空间和建筑服务于人，让庞大的社区消融于城市和居民的生活。团队希望依托百子湾公租房项目，唤醒住宅的社会性，解决城市快速发展中关于居住的一系列具体问题。

百子湾公租房

打开社区围墙，引入城市道路。12 栋住宅楼共分成 6 个组团，一个大地块被拆分成 6 个小街区。首层临街空间作为生活服务配套，引入便利店、咖啡店、餐厅、幼儿园、便民诊所、书店、养老机构等一系列丰富的功能载体。社区生活融入城市，城市尺度更加宜人。

首层功能还给城市后，设计团队将二层留给社区居民内部使用，形成一系列立体的屋顶绿化。一条环形跑步道将 6 个街区再重新环抱成一个整体，变成一个巨大的公园，串联着健身房、羽毛球场、儿童游乐场、生态农场、社区服务中心等多种面向住户的社区功能。

在较高容积率和户型较小的前提下，为尽可能使每个房间满足东西南各向的日照，设计采用三岔式的楼型，将走廊设置在北边，保证每家每户都有阳光照射，同时走廊也提供了保暖功能。

建筑平面呈 Y 字形，且顶层退台式的设计让建筑群形成高低错落的“山”形。楼与楼的连接组成一团团半围合式空间，宜人的尺度为空间带来了家的亲切感及归属感。建筑简洁的白色立面、起伏的山形屋顶丰富了城市天际线。

百子湾公租房项目达到了 80％以上的产业化生产，建筑结构单元、室内采用装配式装修体系，皆为工厂预制，高效环保。建筑模块都是工厂事先做好再运输到项目基地安置，减少工地施工带来的污染。装配式建造可以降低造价，并提高住宅建设质量。

社区内有两栋示范性超低能耗建筑（又被称为“被动式住宅”）。此类住宅采暖制冷能耗低，建筑节能率达到 90％以上。建筑室内温湿度适宜，具有良好的气密性和隔声效果；高效的热回收新风系统设计，可同时提升室内的空气品质。

百子湾公租房提出保障房社区融入城市生活的理念，通过立体社区引入街道，同时实现最大化绿化空间和公共配套，并将朴素美学和人性化的社区空间作为住房精神的核心，侧重人文关怀，是迈向理想居住的一种探索。

（参见《MAD 新作：百子湾公租房，何为“新”住宅？》，有方网，2021 年 10 月 22 日。有改动）

为了人民生活美好　敢为人先创新探索

保障性住房自问世以来，一直是为解决住房短缺等社会问题而存在的。初期，大多数保障性住房的区位条件较差、成本较低，是高密度集中式住房，主要功能是满足基本居住需求。但是，当提到北京的百子湾公租房（燕保·百湾家园）时，人们往往会称之为“最美公租房”，这究竟是为什么呢？

居住关系到人们的生活尊严和社会公平。无论是普通住宅社区，还是城市中的大剧院、美术馆，一个建筑项目的成败最终都归结为对人的关注和关怀，因为人是居住的核心。因此，MAD 的愿景是在实际项目中打破常规，通过设计推动中国社会住房的创新，让空间和建筑服务于人，将庞大的社区融入城市和居民的生活，唤起住房的社会价值，解决城市快速发展中有关居住方面的一系列实际问题。百子湾公租房提倡将保障房社区融入城市生活，通过建立立体社区，最大限度完善绿化空间和公共配套设施，将朴素美学和人性化的社区空间作为住房精神的核心，这是朝着理想居住方式探索的一种大胆尝试。

保障性住房是关系到人民幸福的大事，它解决了人民在住房方面的“急难愁盼”问题。中国现代住宅区规划起源于 20 世纪 50 年代的计划经济时期。受到苏联“微型住区”的影响，中国城市住房的基本形式是尺度大且封闭的“单位大院”，这种大院的模式一直延续至今。随着改革开放的深入，20 世纪 90 年代的住宅在商品化浪潮推动下，逐渐成为一种批量化生产的定制商品。未来，党和政府将大力推动保障性住房的发展，以更好地满足人民对美好生活的向往。

千年商都新名片——广州塔

广州塔建筑总高度600米，其中主塔体高450米，天线桅杆高150米，因其独特的设计造型，与珠江交相辉映，成为新中轴线上的亮丽景观。

夜幕下的广州塔

广州塔清新脱俗的造型，一面世便吸引了全世界的眼光。与以往设计师对中国文化理解时固执地运用符号化传统元素不同，设计师马克·海默尔和芭芭拉·库伊特夫妇以更加亲和的状态诠释了东方神韵。广州塔的原型是一个有着修长的身躯、美到极致的女性，而这样独特的灵感却来源于人体髋骨。设计师马克·海默尔为塑造女性优美的曲线和柔软的质感，把一些弹性橡皮绳绑在两个椭圆形的木盘之间，模拟三维立体造型。当旋转顶部椭圆至45度的时候，一个奇妙的麻花形状出现了，那个犹如扭腰回眸的窈窕淑女便是广州塔的雏形。

广州塔柔美的风格，完全契合了岭南水乡的文化气韵。她的独特不仅体现在创意上，还很好地结合了审美、材料、结构、人体工程学和使用功能。也正是融合了多种要素，才使得她在施工过程中困难重重。方案初成时，专家、学者纷纷感慨：这是一项不可能完成的建筑。今天，站在广州塔前，在饱览这座城市新地标之美的同时，也不难想象出工程建设过程的艰苦卓绝。

广州塔的“根”深扎在40米的地底，直径达3.8米的人工挖孔扩底灌注桩直达微风化岩；她苗条的“躯体”浇筑了高强度高性能的混凝土，直接泵送高程达450米，当初创下了国内混凝土泵送最高纪录；她柔韧的“筋骨”由5万吨厚钢板焊接而成，钢管立柱底部直径2.0米渐变到顶部的1.2米，安装精度达1/2000，误差不超过5毫米。

亮丽的“外衣”采用高强度钢化夹胶玻璃制造，为营造动感的曲线美，椭圆形弧面上的每一块三角形玻璃尺寸无一相同……镂空、开放的钢结构，塔身自下而上逆时针扭转45度，使结构呈三维倾斜状态，每一个截面都在变化，一万多个构件无一相同，使得施工测量、变形控制的难度极大。

由于结构的高度和形体上的特殊性，钢结构施工的吊装、测量、焊接、变形控制等方面都存在很多的难题，钢结构的施工工艺技术则成了广州塔工程的最大特色和难点。

广州塔的落成将世人的梦想变成了现实。破解所有难题的关键在于创新的科技和超前的思维。绿色环保概念的融入，让她有别于其他著名高塔，成为新型观光高塔的典范。毫不夸张地说，广州塔的落成刷新了多项历史纪录，是21世纪建筑史上一个新的里程碑。

（根据广州塔官网资料整理）

千年商都新名片　清新脱俗新面貌

广州是国务院颁布的全国第一批历史文化名城之一，是中国历史上第一个使东西方文化相互交融的地方。广州塔不仅是广州城市的新地标，不仅改写了多项历史纪录，成为21世纪建筑史一个新的里程碑，更肩负着传承广州2000多年历史文化底蕴的责任，承载着向全世界传播“广州概念”的历史重任。

中国建筑人以实力打造了广州新名片。广州塔融合了多种要素，不仅体现在创意上，也体现在审美、材料、结构、人体工程学和使用功能上。因此，专家、学者纷纷感慨：这是一项不可能完成的建筑，甚至认为广州塔的造型设计是“灾难性”设计。但是中国建筑人，用创新的科技、超前的思维、绿色环保的理念，破解了所有难题，契合岭南的水乡文化与气韵，让广州塔完美地矗立在珠江之畔，宛如窈窕淑女扭腰回眸，给千年商都打造了一张新名片，硬生生地把“不可能”变成了可能，把“灾难性”设计变成真正的艺术性新地标。中国建筑人面对挑战，再次取得完胜。

广州塔是广东改革精神的新高塔。广州塔作为迎接亚运会举行的城市新名片，不仅为亚运会转播提供了硬件支持，也提升了广州的文化设施水平，并成为市民和国内外游客休闲旅游观光的必游之地，激发了城市活力。同时，通过创新经营，广州将广州塔打造成一个能与市民对话的平台，让它更接地气、更有人情味，进而传递城市正能量。广州塔上观望的不仅是广州城市风光，更是广州人的城市记忆。在这个城市窗口，不仅能感受这个城市的脉搏，更能感受这个城市的时代变迁。这个窗口体现了广州改革开放的雄心壮志和这个城市积极向上的精神风貌，丈量着改革开放精神的高塔。

广州塔深植文化内涵，是实现区域共建共融共享发展的高塔。经营管理创新赋予了建筑更丰富的文化内涵，围绕“广州塔＋”战略，实现跨界融合，进一步丰富广州塔的品牌内涵。作为海上丝绸之路起点的广州，高塔的落成也激发了千年商都的新活力：广州塔成为整个广州旅游业一个全新的标志，在推动广州市旅游业的发展方面起到标杆与引领的作用。广州塔的落成，整合了内外部资源，联动珠江及周边“商、旅、文”资源，推动了区域共建共融共享发展，展现了广州城市的新面貌、新形象和新未来。

红色革命的发源地——北京大学红楼

落成于1918年的北京大学红楼（简称北大红楼）已是“百岁高龄”，文物众多。那里的一砖一石、一门一窗，甚至是踩上去吱吱作响的木地板，都承载着珍贵而厚重的红色记忆。如何最大限度保护、恢复北大红楼的历史风貌，又做到对百年建筑的最小干预，成为摆在项目团队面前的巨大挑战。

北京大学红楼

老建筑的每一块砖每一片瓦都不能损坏，从进驻现场开始大家就下定决心，拿出“绣花”的细致功夫，让施工不伤害到文物本体，从而达到最小干预的效果，尽最大努力还原建筑百年风貌，让步入北大红楼的观众身临其境感受一百年前的历史氛围，寻访厚重的红色记忆。

党员先锋队的技术骨干翻阅大量资料，进场前对老楼的不同部位“量身定制”了详细的施工保护方案。北大红楼的石构件主要分布于门头石柱、石质台阶、窗台等部位，项目团队用海绵布进行封护，在海绵布外侧再用木板材料作硬质围挡，避免施工中由于搬运重物对石构件造成损伤；对木地板用阻燃毯、防火布进行四层包裹，为木扶手包裹上2厘米厚的橡塑海绵、外面再铺设一层阻燃板增加防护。项目团队就像对待襁褓中的孩子一样，用所有能想到的保护材料把北大红楼的关键部位小心翼翼地包起来，避免可能造成的一切“伤害”。

这座百年建筑由红砖砌筑、红瓦铺顶，因此被称为“红楼”。北大红楼屋面红瓦为比利时公司在中国生产的挂烧平瓦，因为年代久远已经不可求了，整个屋面有上万片瓦，年久受损的瓦需要更换，尽管所占比例很小，但需要让新瓦与目前屋面的旧瓦颜色相匹配。工程使用了2008年北大红楼维修时留下的瓦，那批瓦由国内干烧制法制成，最大限度接近原样。一些有微残损但不影响使用的红瓦，不再进行更换，尽可能留存岁月痕迹。

“技的赋能”：覆盖智能监控，护航“红色记忆”。

北大红楼是一座近代建筑，结构为外墙和隔墙承重，屋顶为三角桁架无曲线两坡屋顶，项目团队深入研究了历次修缮工程的做法。修缮前，北大红楼还接受了一次全面系统的健康“体检”，专业人员对地基、墙体、木屋架的稳定性和安全性开展专项检测，尽可能摸清建筑的保存现状等情况。

按照“现状整修、局部加固”的总体思路，项目团队对开裂、损朽等存在安全隐患的木架构进行替换或加固，对表面酥碱微风化、弱风化的墙体并不更换，而是仅对其表面酥碱处进行封护，以延缓病害发展。

除匠心修缮、精雕细刻外，现代科技也在北大红楼修缮工程中发挥了重要作用。利用现代科技信息技术，准确完整地记录了此次保护修缮的工程信息，为北大红楼未来的修缮工作提供参考。

为确保北大红楼能经历风雨的考验，项目团队应用BIM技术，按设计图纸重新调整塌陷、下滑的瓦件，解决了屋顶漏水的问题。同时，对北大红楼屋面2017年做的防水进行打点、勾抹、补强，清理屋檐排水沟杂物；对屋檐排水沟外沿开裂起翘的防水卷材进行修整、黏合；用防水漆对老虎窗做防水处理。

为更好保护馆内展出的历史图片、文物、文献等“红色记忆”，中建电子项目团队为北大红楼“量身定制”了一套安防综合管理平台，实现视频监控、报警、门禁、对讲等多系统的统一管理与联动，以智能化、信息化手段，让这座百年建筑融入现代安防科技，为文物提供更加安全的陈列环境。

安防系统经过改造升级后，整个建筑物内外共安装了数百个监控点和触发报警点，保证场馆内部360度无监控死角。

“神的还原”：保护红色资源，传承红色基因。

为让修缮后的北大红楼“形神兼备”，项目团队深入学习了北大红楼所承载的光荣历史、蕴含的革命精神、彰显的时代价值，不断增强对革命旧址修缮保护重要性的认识。

在建党百年之际对北大红楼进行保护修缮意义重大，项目团队每一位成员都怀着一颗敬畏之心和赤诚之心，经过团结奋战，如期优质完成了保护修缮任务，确保了后续布展工作顺利进行。

（参见李博：《北大红楼修缮“形神兼备” 红色革命旧址焕发时代光彩》，人民网北京频道，2021 年 7 月 11 日。有改动）

红楼揭开红色序章　精心保护红色基因

北大红楼因由红砖砌筑、红瓦铺顶，故被惯称为红楼。走进红楼，我们就会发现它不仅是一座红色的建筑，更承载着红色历史和红色精神。中国共产党人创作了一部宏大壮丽的历史，经过南湖红船、瑞金红色政权的建立，最终在天安门城楼上举行开国大典，这一切都是从北大红楼这个革命的发源地开始的！

北大红楼是一个时代的地标，涌起了太多风云激荡的历史浪花。在一位开明而又有担当的校长的带领下，一批热血沸腾的学生和一群特立独行的教授实践了“兼容并包”的大学教育理念，奠定了北大的传统和精神，使得北大红楼成为新文化运动和五四运动的重要地点。在这里，中国共产党的两位主要创始人“南陈北李”（陈独秀、李大钊）曾一同工作；以马克思主义为代表的新思潮在这里广泛传播；毛泽东、邓中夏等信仰马克思主义的先进知识分子在这里成长。所有这些都预示着，北大红楼注定要与中国共产党的建立紧密相连。此外，北大红楼还见证了中国传统教育向现代教育的历史变革。近代中国浴火重生的一个重要标志就是从传统科举制度向近代高等教育制度的转变。1918 年建成的北京大学红楼，恰好见证了中国教育制度这一历史性变革的发展过程，成为中国教育思想史上的重要里程碑。

百余年前，红色序章在这里揭开。习近平总书记指出：“北大红楼同建党紧密相关，北大是新文化运动的中心和五四运动的策源地，最早在我国传播马克思主义思想，也是我们党在北京早期革命活动的历史见证地，在建党过程中具有重要地位。”[①] 当年，北大红楼聚集了许多学者和新兴人物来授课，也集中了新潮社、国民杂志社等众多改革团体，进步刊物《新潮》《国民》《每周评论》等也在地下室的红楼印刷厂印刷出版，这也成为李大钊、陈独秀、毛泽东等早期中国共产党党员传播马克思主义和民主科学进步思想的重要场所。这座红色建筑作为新文化运动中心、五四运动策源地、马克思主义早期传播的主要阵地和建党的重要起点，蕴藏着丰厚的历史内涵。它见证了中国共产党在北京早期革命活动的历程，也见证了中国共产党从成立到崛起的历史进程。红楼预示了历史和人民选择马克思主义和中国共产党的必然性。总之，红楼见证了中国历史上许多重大事件，留下了一批先进知识分子为追求救国强国真理所做出的贡献。在中国共产党的创建过程中，以陈独秀、李大钊为代表的北大师生发挥了历史性的巨大作用。红楼见证了这一页光辉的历史，永载史册。

百余年后，红色基因在这里传承。如今，我们可以从红楼的“五四游行筹备室”中感受到当年青年学生的爱国情怀和革命热情。值得一提的是，五四运动让德先生和赛先生的思想在中国大地上广泛传播，唤起了长久沉睡的东方雄狮。我们应该保护和充分利用北大红楼的红色资源，讲述好红色故事，传承红色血脉。习近平总书记指出：“世界上没有哪个党像我们这样，遭遇过如此多的艰难险阻，经历过如此多的生死考验，付出过如此多的惨烈牺牲。”[②] 北大红楼历经沧桑，见证了无数革命先烈为救国救民慷慨赴死的英雄事迹，积淀了深刻的革命思想，孕育了伟大的革命精神，这些都将永久流传，激励着一代又一代的中华儿女前行。未来，我们必须视天下兴亡为己任，为中华民族的伟大复兴而努力奋斗。

---

① 习近平：《用好红色资源　赓续红色血脉　努力创造无愧于历史和人民的新业绩》，新华网，2021年9月30日。

② 习近平：《习近平谈治国理政》（第四卷），外文出版社2022年版，第514页。

第二部分

横跨江海　中国连心桥（桥梁工程类）

中国人的圆梦桥——港珠澳大桥

2018 年 10 月 24 日 9 时，港珠澳大桥正式通车运营。这座世界上总体跨度最长的跨海大桥，是中国桥梁建设史上技术最为复杂、环保要求最高、建设标准最高的“超级工程”，被英国《卫报》誉为“现代世界七大奇迹”之一。

港珠澳大桥

伶仃洋航道是世界上最重要的贸易通道之一，每天有 4000 多艘船经过这里。为了保证大型船只的顺利通行，大桥桥面设计要求必须比海平面高出 70 多米，相应的桥塔的高度要在 200 米以上。设计师有着高超的智慧，他们提出了一个大胆的设计思路，将大桥会影响船只和飞行通行的部分埋入海底，变成海底隧道，这个方案创造性地将大桥建成“桥梁＋人工岛＋海底隧道”的组合，使大型船只与飞机都能不受干扰地安全通行。

然而，海底隧道沉管安装是世界级难题。

开工之前，岛隧工程项目总工程师带领团队与荷兰某世界顶级隧道工程咨询公司接触。几经谈判，对方最终同意提供沉管浮运安装施工技术咨询，但狮子口一开就是 1.5 亿欧元的咨询费，并且只派出 26 名咨询人员。

对方开出的 1.5 亿欧元让总工程师还以为自己的耳朵出了问题。对方耸耸肩表示确定是 1.5 亿欧元，表情无奈地摊摊手。他们认为中国没有能力做这件事，当然得接受这样的价格。在当时，1.5亿欧元相当于15亿元人民币。

总工程师想用3亿元人民币谈一个框架，就是拿风险最大的这一部分合作。荷兰人耸耸肩，摊开两手打算给我们唱首祈祷的歌。荷兰公司吃定：中国的技术不可能建成港珠澳大桥！

断了念想的中国科技人员只能自起炉灶。2010年2月，交通部汇聚国内外相关领域著名专家成立了港珠澳大桥技术专家组，成员囊括7位院士和2位外籍专家；同年9月，港珠澳大桥跨海集群工程建设关键技术5个课题、19个子课题被列为国家科技部“科技支撑计划”项目。

海底隧道需要构筑两个人工岛“转换”。钢圆筒快速成岛技术，是工程师们发明的先进技术，比传统的抛石成岛技术快了2年，这种技术不仅可以减少对海床的挖泥作业，而且可以降低对海洋环境的破坏。钢圆筒体积庞大，每个都有14层楼那么高，重量相当于一架空客A380飞机。用哪个模具也做不出这样的大家伙，这可怎么办呢？

工程师决定用小钢板组成钢圆筒，先生产72块小钢板，然后把它们焊接成若干块大钢板，最后将大钢板放在特制的内胆上，拼接成钢圆筒。拼接的大钢板误差控制在3厘米以内，再加上工人高水平的焊接，这样做出来的钢圆筒就不会出现漏水或者漏沙的问题了。

沉管地基加固的新技术叫挤密砂桩技术，即采用专用砂桩船，通过振动沉管设备和管腔加压装置，把砂强制压入水下的软弱地基中，迅速起到置换、挤密、排水、垫层的作用，增加地基的强度和刚度，加快地基的固结，减少沉降。

“这项技术起源于日本。”国内最早研究挤密砂桩技术的专家说。谈起往事，他还是有些愤愤不平。当时他们跟日本洽谈，想要购买这套东西，但是日本人说船可以卖，里面的控制系统不卖，他们要做工程日本人可以帮他们去做。这哪行呢，专家心想我们怎么能受制于人家？

直径的控制、下砂量的控制、置换率的控制、标高的控制，都需要一套完备的控制系统去实现。中交三航局的研发团队经过一年多的研究，终于研发出一套具有独立知识产权的控制系统，彻底打破了外国人对挤密砂桩技术的封锁。

之后，一大批中国自主研发的高性能“大国重器”横空出世：整平船

“津平 1”、起重船“振华 30”、清淤船“捷龙”轮、抓斗船“金雄”轮……在港珠澳大桥的建设中你方唱罢我登台！

2016 年 3 月，总工程师应荷兰某世界顶级隧道工程咨询公司的邀请，再次来到阿姆斯特丹。令他惊愕的是，就在他们走进集团大门时，一面鲜艳的五星红旗在雄壮的中国国歌声中缓缓升起，这家公司以一种特别的方式来表达对港珠澳大桥建设者的致敬。而邀请方正是当年开出 1.5 亿欧元天价的那家公司。

（参见曾平标：《中国桥——港珠澳大桥兴建始末》,《中国作家》(纪实)，2018 年第 4 期，第 158～209 页。有改动）

自主创新建大桥　中国圆梦“我能行”

近代中国遭受了人类历史上少有的劫难，曾一度让国人丧失了泱泱华夏的自信，更有甚者把“西方比我们行”奉为圭臬，这也使一些西方国家对我们更加充满傲慢与偏见。本案例中，项目总工程师本来是秉持合作共赢的理念，带领他的团队与荷兰某世界顶级隧道工程咨询公司接触，结果面临的是漫天要价，再次凸显了西方的傲慢与偏见。不过，港珠澳大桥的建成通车，我们国人应该大声地、骄傲地告诉西方国家和那些媚外的国人：中国人可以说“我行”，中国人有理由自信，中国有能力走向复兴，中国也一定能够圆梦！

中华民族用自力更生、艰苦创业的优良传统战胜了西方的傲慢和偏见。尽管西方的傲慢与偏见至今没有发生根本性的改变，但事实说明西方国家正在犯一个天大的错误：他们不知道中国早已今非昔比，中国人的“四个自信”早已写进中国人的骨子里。中国曾经在西方围堵封锁的境况下，依然实现了“两弹一星”的突围。在本案例中，海底隧道沉管安装虽然是世界级难题，但是断了念想的中国科技人员坚定地迎难而上，发扬了自力更生、艰苦创业的优良传统。他们大胆地自起炉灶，下决心要跳出来自荷兰、日本等发达国家的技术封锁。结果，他们再次以系列成果证明了中国可以说“我行”，如人工岛钢圆筒振沉、沉管地基加固的新技术、整平船“津平 1”、起重船“振华 30”、清淤船“捷龙”轮、抓斗船“金雄”轮等等一系列新技术和大国重器，纷纷在港珠澳大桥的建设中你方唱罢我登台。港珠澳大桥，是中国桥梁建设史上技术最为复杂、环保要求最高、建设标准最高的最长跨海大桥，是被英国《卫报》誉为“现代世界七大奇迹”之一的“超级工程”。在港珠澳大桥开通仪式上，习近平总书记强调：“港珠澳大桥的建设创下多项世界之最，非常了不起，体现了一个国家逢山开路、遇水架桥的奋斗精神，体现了我国综合国力、自主创新能力，体现了勇创世界一流的民族志气。这是一座圆梦桥、同心桥、自信桥、复兴桥。”①

总书记的讲话把港珠澳大桥界定为“圆梦桥、同心桥、自信桥、复兴桥”，无疑再准确不过了。香港、澳门曾经被殖民者占有、统治了一个多世纪。如今，我们收回了主权，让海外游子回家与祖国母亲团圆了，港珠澳大桥更是犹如海上长城，把香港和澳门牢牢地与祖国母亲维系在一起。我们不仅圆梦、同心、同为一体，我们也有自信能实现中华民族的伟大复兴。当大桥的建设者应邀再次来到阿姆斯特丹时，荷兰某世界顶级隧道工程咨询公司以一种特殊的方式，即一面鲜艳的五星红旗在雄壮的中国国歌声中缓缓升起，来表达他们对港珠澳大桥建设者的致敬。事实再次证明，中国可以说“我行”！这一事实也再次告诉我们：我们中国人有能力实现我们民族的伟大复兴，我们要自信；同时，我们必须清醒地认识到只有我们自立自强，才能赢得世界的尊重。

由此可见，港珠澳大桥，不仅是世界桥梁史上的奇迹，也是中华民族伟大复兴进程中的见证桥，是具有重大的政治和历史意义的中国桥。大桥的建成通车，更加坚定了我们对中国特色社会主义的道路自信、理论自信、制度自信、文化自信，也更加说明社会主义是干出来的，新时代是干出来的，我们的民族伟大复兴也必将是干出来的。

---

① 《习近平出席开通仪式并宣布港珠澳大桥正式开通　韩正出席并致辞》，新华社，2018 年 10 月 24 日。

鱼米水乡的长龙——丹昆特大桥

世界造桥的纪录一直被刷新着，但自中国的丹昆特大桥建成，“世界最长桥梁”的称号便一直为丹昆特大桥所拥有，该大桥东起苏州昆山市，西到镇江丹阳市，全长164.851千米，是美国庞恰特雷恩湖桥的4倍还多。

丹昆特大桥

在京沪高铁上修建了这么长的一段纯桥梁，肯定不是为了破吉尼斯世界纪录。事实上，以桥代路恰恰是高速铁路修建的先进理念，而京沪高铁跨过阳澄湖，修桥和环保如何统筹兼顾呢？

阳澄湖坐落在苏州市东北部，湖区面积119平方千米，是京沪高铁无法绕过的一道障碍。得益于独特的水生态环境，这里出产的大闸蟹享誉全国。也正因如此，阳澄湖的水质保护成了丹昆特大桥阳澄湖段修建的重点工作之一。

桥梁的建设需要坚固的施工操作平台，其中比较传统的湖泊桥梁施工方法是栈桥法，即在大桥设计沿线架设栈桥用于人、材、机的运输和施工操作。然而，如果采用栈桥方案，桥墩和钻孔桩施工会产生大量的泥浆，施工机械漏油、混凝土浇筑泄漏等问题也难免会发生，这些有害物质都会直接进入湖中，对阳澄湖的水体造成较大负面影响。此外，栈桥本身的建设和拆除也会对湖水造成很大的污染。因此，丹昆特大桥阳澄湖段的施工方案最终被确立为“筑坝围堰”施工法。这种方法是在大桥线路的周围用钢管桩圈出一圈范围，隔绝围堰内外的湖水，之后将围堰内的湖水抽干，以围堰内的湖底为依托进行施工。这样就将水上作业变为陆地作业，油类、泥浆和混凝土的泄漏都可以被限制在陆地上，并在围堰拆除之前清理干净，不会进入湖水中造成污染。围堰内施工产生的污水和施工人员产生的生活污水，进行“三级沉淀”后闭路循环使用，或用特定容器收集后定期用驳船运送到岸上集中处理，不会和阳澄湖中的水发生直接接触。

为确保万无一失，在围堰外侧一段距离内的湖水中还专门设置了水文监测布点，监测湖水中的各项污染物指标和湖水的流速、流向，并对湖泊水动力学采用三维数值试验进行研究，结合地理可视化技术建立数学模型，对湖水中的污染情况进行模拟。实际监测和模拟结果发现，围堰周边和湖中其他区域内的水质几乎完全相同，说明围堰内的施工没有对湖水的水质造成太大影响。此外，湖水中的植物和底栖动物也在施工过程中受到了精心保护，在包括围堰建造、施工和拆除的全过程中都没有受到影响。

事实上，不仅仅是阳澄湖段，由于丹昆特大桥全线处于人口密集区，因此对于高铁周边的环境要求都很高。丹昆特大桥沿线全部人工栽培了线状绿地，将高铁景观设计与绿道设计相结合，进而形成整体性和系统性的高铁沿线景观。在保护周边动物种群的正常栖息之外，还避免了对沿线居民的干扰，同时提高了美观度，让高铁线路本身成为亮丽的风景线。

（参见《牛！世界最长大桥由中国建造，第二仅是其四分之一》，网易网，2018 年 4 月 2 日。有改动）

实践新发展理念　成就丹昆特大桥

正如案例中所言：世界造桥的纪录一直被刷新着，但自中国的丹昆特大桥建成，“世界最长桥梁”的称号便一直为丹昆特大桥所拥有。不知道大家从这个最长大桥的故事中，除了感受到世界第一长桥的自豪外，还有什么其他感受吗？

在这个故事中，其实更加突出的是中国的新发展理念。2013 年 9 月 7 日，在哈萨克斯坦纳扎尔巴耶夫大学发表演讲时，习近平总书记明确提出绿水青山就是金山银山，强调建设生态文明、建设美丽中国是我们的一项战略任务，要给子孙后代留下天蓝、地绿、水净的美好家园。2015 年 10 月 29 日，习近平总书记在党的十八届五中全会上指出："理念是行动的先导，一定的发展实践都是由一定的发展理念来引领的。发展理念是否对头，从根本上决定着发展成效乃至成败。"① 丹昆特大桥的阳澄湖段施工方案最终被确立为"筑坝围堰"施工法，就是贯彻了习近平总书记的"两山"理念，目的就是保护阳澄湖的水生态环境。这也正说明绿色发展理念已经深入中国各行各业，人们已经自觉地参与到生态文明建设之中了。新时代"五位一体"总体布局是一个有机整体，经济建设是根本，政治建设是保障，文化建设是灵魂，社会建设是条件，而生态文明建设是基础。丹昆特大桥在生态文明建设方面，正是坚持人与自然和谐共生的理念，形成了节约资源和保护环境的空间格局、产业结构、生产方式、生活方式，还自然以宁静、和谐、美丽。

同时，丹昆特大桥的建设贯彻了整体性、系统性思维。"筑坝围堰"施工法贯彻了新发展理念，大桥沿线全部人工栽培了线状绿地，将高铁景观设计与绿道设计相结合，形成了整体性和系统性的高铁沿线景观，完美地贯彻了生态文明建设的绿色发展理念。这不仅保护了周边动物种群的正常栖息，还避免了对沿线居民的干扰，同时提高了美观度，让高铁线路本身成为一道亮丽的风景线。

因此，丹昆特大桥不仅以长度和杰出的工程质量载入史册，更是以建设者们贯彻新发展理念、开展生态文明建设、实现鱼米之乡绿色可持续发展的实践载入史册。

---

① 习近平：《论把握新发展阶段、贯彻新发展理念、构建新发展格局》，中央文献出版社 2021 年版，第 333 页。

天堑变通途——杭瑞高速北盘江大桥

在乌蒙山脉深处，一座大桥横跨在峡谷之上，缩千里为咫尺，将贵州与云南紧紧连在了一起。这座大桥就是享誉中外的桥梁明星——杭瑞高速贵州毕节至都格（黔滇界）公路北盘江大桥。

北盘江大桥，长1341.4米，桥面至枯水期水面的高度差达565米，接近上海中心大厦的主体高度，位居世界之首；大桥东、西两个主桥墩高度分别为269米和247米；主桥为七跨连续钢桁梁斜拉桥，跨径达720米，目前在世界同类型桥梁中排名第二。

杭瑞高速北盘江大桥

在遍布山地丘陵的贵州省修建道路，桥梁是必须要迈过的一关。而在北盘江峡谷地区建造一座世界级水准的桥梁，面临的挑战和困难就更大了。这些困难和挑战主要表现在北盘江两岸地势陡峭、地形变化急剧、局部风环境复杂，同时，霜冻、大雾、暴雨、暴雪、酸雨等气象灾害频发，再加上峡谷地形场地狭窄，运输及施工条件极差，修建难度可想而知。

虽然面临众多设计难题，但中交公路规划设计院没有被吓住，他们选择迎难而上。经数次勘查现场，统筹考虑塔基安全、施工方便等要求后，确定了北盘江大桥的跨径应该在 670 米以上。这一数字超出了梁式桥、拱桥、混凝土斜拉桥的适用跨径范围。综合考虑桥位所处地形条件、施工可实施性等因素，适合北盘江大桥的建设方案只能在钢桁梁斜拉桥、钢桁梁悬索桥两个方案中比较选择。

此前，西部地区高速公路跨越深山峡谷的大跨径桥梁基本都选择了悬索桥方案，中交公路规划设计院也在悬索桥的设计上积累了丰富经验，似乎悬索桥是必然的选择。

但是，北盘江大桥的建设地处在深度石漠化山区，采用以往的方案面临诸多困难和局限——两岸均为高达 500 米的高陡边坡，岸边均为悬崖峭壁，且分布了一些溶蚀裂隙带，悬索桥型锚碇的大开挖对边坡稳定和安全影响较大。同时，桥址区基岩地层为可溶性的碳酸盐岩地层，地下水活动频繁，这对桥梁地基的安全形成严峻考验，很难找到适合悬索桥的锚碇位置。

为此，中交公路规划设计院组织精兵强将，组建了一支强大的桥梁设计队伍，经过多轮比对论证，最终决定采用主跨径 720 米的钢桁梁斜拉桥。

主体方案确立后，选择合理的施工方案被提上了日程。据介绍，北盘江大桥桥位地势险要，两岸索塔坐落于悬崖边，主梁架设成为最大难点。

关键时刻，设计团队迎难而上，经过查阅大量资料，精心对比，在一次次挑战自我、否定自我的过程中，敏锐地抓住“主桥两岸端部设计标高与山坡顶部地面标高接近”的细节，创造性地提出在边跨增设一个辅助墩，边跨采用顶推的施工方案——边跨钢桁梁顶推与索塔同步施工，边跨钢梁就位后，主跨采用桥面吊机进行拼装。这种施工方法在斜拉桥施工中属首次应用，可以大大降低山区高支架施工风险，施工工期也比悬索桥方案缩短了半年时间，更重要的是对桥下水域无污染，不会破坏岸坡稳定性。

设计蓝图落实了，2012 年 12 月 27 日，北盘江大桥正式动工建设。但在建设初期，如何建立完备的基础设施又成为新的“拦路虎”。北盘江大桥项目驻地位于海拔 1500 米的山顶，不通水、不通电、不通路，基础设施条件极为恶劣。施工团队通过“在半山腰修建蓄水池，利用水泵将北盘江的水逐级引至山顶”的办法解决了用水难题，依靠人工这一最原始的办法来运输重达 1 吨多的变压器，逐个解决了“三通”难题。

2016 年 9 月 10 日，北盘江大桥实现合龙，当年 12 月 29 日顺利通车，标志着贯穿我国东中西部7省、全长3404千米的杭瑞高速公路建设取得了重大进展，贵州又新增1条出省通道，云南宣威城区至贵州六盘水的车程从此前的5个小时缩短为1个多小时，实现了“一桥横贯东西，天堑变通途”。黔川滇三省交界区域快速融入了全国高速公路网。

（参见《世界第一高桥见证中国质量——千里咫尺　云贵一家》,《经济日报》2019年5月8日。有改动）

架桥通达八方　圆梦时代答卷

路，是文明的血脉、梦想的翅膀、人生的半径。有路才有希望，有路才有未来。老百姓有一句口口相传的朴素话语：“要想富，先修路”。在贵州，道路是大山的渴望，路要变平，只有一个办法：撸起袖子加油干！所以人们常说：“世界路桥看中国，中国路桥看贵州”。那我们究竟要看的是什么呢？

一要看贵州人修路所写下的中国故事。贵州人修路，真实地写满了奋斗的故事：晴隆县“二十四道拐”；老支书留下一双磨不破的“鞋”；背“背篓”、卖苦力、修路路；“大发渠”；等等。如今，贵州已建有近2.4万座雄伟壮美的大桥，悬索、斜拉、拱式、梁式、廊式等各类桥型横跨山山水水，各显雄姿，争奇斗艳。贵州被专家誉为“世界桥梁博物馆”，许多独创性技术填补了世界建桥史的空白。贵州人修路的故事，已经被写进了世界桥梁史。

二要看桥梁在贵州发展史上的意义。在贵州这个“开门见山”的地方，修路可不是件容易的事，桥梁是必须要迈过的一关，在北盘江峡谷地区建造一座世界级水准的桥梁，面临的挑战和困难就更大了：设计难关、“三通”基建难关、攻克技术难关，等等，困难重重。本案例中，北盘江的大桥建设从设计、基建“三通”、施工技术等，无处不是坎，经过中交公路规划设计院、中交第二航务工程局有限公司和贵州省公路工程集团有限公司、山西省交通科学研究院等整个建设团队的不懈努力，新时代的新地标——北盘江大桥实现通车，创造了桥梁史上的“世界新高度”——第一高桥。北盘江大桥建成通车，实现了中国西南地区交通干线的大贯通。它贯通了我国东中西部7省、全长3404千米的杭瑞高速公路，贵州新增了1条出省通道，云南宣威城区至贵州六盘水的车程也从此前的5个小时缩短为1个多小时，真正实现了“一桥横贯东西，天堑变通途”，黔川滇三省交界区域快速融入了全国高速公路网。现在，在贵州“天无三日晴，地无三尺平，人无三分银”的日子真的翻篇儿了！毕节的大白萝卜、安龙县的食用菌、江口县的梵净抹茶等，纷纷走向海外，遵义大棚的各类蔬菜源源不断地运往上海、成都等大都市。这就是北盘江大桥的意义：让人们走出大山、融入外面的世界、成就精彩未来。

三要看贵州脱贫攻坚的精神旗帜。党的十八大以来，贵州坚持以脱贫攻坚统揽经济社会发展全局，牢牢守住发展和生态两条底线，深入开展大扶贫、大数据、大生态三大战略行动，创造了令人瞩目的成就，书写了激动人心、雄阔豪迈的奋斗篇章，涌现了一大批模范、最美奋斗者、最美教师等先进典型人物，不断弘扬“团结奋进、拼搏创新、苦干实干、后发赶超”新时代贵州精神，在物质和精神两个层面均实现了深层次、根本性的“千年之变”，成为“党和国家事业大踏步前进的一个缩影”。脱贫攻坚是前无古人的伟大事业，只有干出来的精彩，没有等出来的辉煌！贵州以“愚公移山”般的坚定，以高质量脱贫交出时代答卷，以高质量发展书写跨越篇章，完美地实现了华丽的蜕变。

由此可见，北盘江大桥是贵州发展的新高度，是中国发展的新高度，也是世界发展的新高度。

跨越铸就梦想——杭州湾跨海大桥

作为中国60大地标和世界12大奇迹桥梁之一，杭州湾跨海大桥南起宁波慈溪，北至嘉兴海盐，全长36千米，平均每2秒钟就有一辆车驶过。

货物流、资金流、信息流在这座桥上快速汇聚和扩散。它圆了宁波人的世纪大桥梦，与上海东海大桥、舟山连岛工程一起，让上海港与宁波舟山港成为组合式港口群，也让高端产业项目和创新要素加速流向长三角南翼，迸发澎湃活力。

杭州湾跨海大桥

翻开地图，在长三角的版图上，上海、宁波、绍兴、杭州、嘉兴围绕杭州湾呈V字形排列。从地理位置上来看，宁波和上海刚好位于杭州湾V字的两头。跨越这道天堑，是两地百姓数个世纪以来的热切期盼。

宁波当地人说，20世纪初，无论是“宁波帮”大户还是普通老百姓，去上海滩谋发展打天下，都不得不依靠慢吞吞的航船跨越茫无涯际的杭州湾，还随时面临着命丧大海的危险。如果不走水路，从一头到另一头，必须绕道杭州。这一绕，路程上增加了120多千米，时间上至少多花一个半小时。

直到20世纪90年代初，一个大胆的设想横空出世——如果能在杭州湾上建条通道，变“V”为“A”，宁波去上海就不用再绕道杭州，而是可以直接对接大上海。

但是，这长达36千米的一横，却被不少人视为“痴人说梦”。1992—1993年，杭州湾跨海大桥正式启动可行性研究。会议上，甚至有专家直接断言——“我看要研究的是不可行性”。

这些声音并没有阻碍宁波人圆梦的决心。如果世界上还没有造此番规模跨海大桥的经验，那就先在学术范围内进行研究。

2002年，全长36千米的杭州湾跨海大桥由当时的国家计委批准立项。2003年11月14日下午1时30分不到，随着工程指挥人员一声令下，早就锚泊在海面上的中港二航局“航工桩7号”打桩船打下第一锤。

好事多磨。这一横的书写，比想象中还要困难。杭州湾与南美洲的亚马孙河口、印度的恒河口并称为世界三大强潮海湾，潮差大、潮流急、风浪大、冲刷深。

在当时大桥测控中心项目负责人的记忆里，风浪大的时候，行驶在杭州湾海面上的船只，一头高高翘起，另一头直接扎进水里。除此之外，36千米长的大桥，中间没有岛屿可以利用，大多数施工区域远离海岸。

测量定位是打桩的前提，如果出现一个小失误，就意味着可能要推倒重来。所以它是否高效，决定着全桥的工期进度。当时为了解决这一难题，技术人员们常常围坐在一起商量对策，在思想的火花飞溅中，一个想法渐渐尘埃落定。

他们最终确定利用GPS-RTK（卫星实时动态定位）技术进行海域施工测量定位，开发出GPS工程参考站系统。这一系统能够24小时连续不间断运行，实时平面定位精度达到3～5厘米，实时高程定位精度达到5～10厘米。它的出现，不仅填补了我国在这一技术领域的空白，也为后来大桥顺利打下5513根整桩螺旋钢管桩奠定了根基。

2008年5月1日，是杭州湾跨海大桥正式通车的日子，宁波人永远也不会忘记这一天。杭州湾跨海大桥之后，舟山、青岛、广东等地纷纷开启了对“海洋桥梁”的探索，舟山跨海大桥、青岛海湾大桥、嘉绍跨海大桥、港珠澳大桥等项目组纷纷前来“取经”，杭州湾跨海大桥成了中国跨海大桥的“教科书”。

（参见《全长36千米的杭州湾跨海大桥建成通车，他坦言：造这座桥太难了》，中国好故事网站，2019年9月9日。有改动）

跨海大桥“教科书”　跨越“梦想”新通道

迎着改革开放的东风，宁波迅速崛起，跻身于东部沿海经济实力最为强劲的城市。作为港口城市的宁波，虽然与上海一直有着千丝万缕的联系，但在地理空间上似乎是“孤悬一隅”。于是，连接上海、全面融入长三角，变成几代宁波人的梦想。现在，走进海天一洲大桥展示馆，首先映入眼帘的就是这样一句话：这是一座跨越梦想的大桥。杭州湾跨海大桥一通，宁波人的梦想照进了现实。

杭州湾跨海大桥创造了中国跨海大桥的“教科书”。它不仅使人流、物流、资金流、信息流在这座桥上快速汇聚和扩散，更让我们自豪的是杭州湾跨海大桥是我国自行设计建造的跨海大桥。它留下了 250 多项技术革新成果、9 大自主核心技术、5 项填补世界建桥史空白的创新成果和多项世界第一，为舟山跨海大桥、青岛海湾大桥、嘉绍跨海大桥、港珠澳大桥等后起之作输出了宝贵的经验；同时，杭州湾跨海大桥开启了我国对“海洋桥梁”的探索。它的探索起点是：建设者们口中的“无规范、无标准、无装备、无经验”，加上外方专家变换修建地址建议。中国桥梁建设者却开启了惊世一横的探索，杭州湾跨海大桥成了中国由“桥梁大国”迈向“桥梁强国”的起点，名副其实地成了中国跨海大桥的“教科书”。

杭州湾跨海大桥打通了经济发展战略通道。一方面，它有利于实施环杭州湾区域发展战略。它直接促进宁波、嘉兴经济社会的发展，带动周边地区杭州、绍兴、台州、舟山、温州等地的发展；它助力并丰富了杭州湾跨海大桥“经济圈”，不仅让区域经济发展如虎添翼，也为社会进一步腾飞注入了新活力，它的“朋友圈”越来越强大。同时，杭州湾跨海大桥也促进了长三角城市群区域一体化的进程和发展。它有利于促进江、浙、沪的旅游发展，有利于杭州湾地区扩大开放，推动长江三角洲地区合作与交流，提高浙江省对内改革对外开放的水平，增强城市的综合实力和国际竞争力。

杭州湾跨海大桥成就了新的社会交通战略图。杭州湾跨海大桥是沈海高速公路浙江段的“黄金通道”，它让宁波、上海两地构筑起“2 小时交通圈”，宁波从昔日的“孤悬一隅”一跃成为交通枢纽，与长三角城市群更紧密地联结起来。杭州湾跨海大桥从民生上极大地改善了通行条件，有利于旅游业的发展和国防建设，有利于舒缓杭州过境交通压力，缓解上海、杭州、宁波高速公路流量的压力，完善长江三角洲区域公路网布局及国道主干线。

简言之，基础设施在区域一体化中具有战略性、基础性、先导性作用。气势浩荡的“卧波银龙”，蕴含吴越文化，怀抱自主科技，实现长三角地区互联互通，提升区位优势和枢纽功能，提高了长三角一体化水平，切实助力了长三角高质量发展。

世界桥梁"奥运金牌"——苏通大桥

2008年6月30日，世界上跨径最大的斜拉桥苏通大桥正式通车，我国北方的沈阳至南通高速公路，从此与南方的苏州到海口高速公路线连在一起，在我国东部沿海形成了一条从北贯通到南的国道快速主动脉。

1937年，在日军战机的轰炸下，中国第一座现代大桥钱塘江大桥建成。这座由中国现代桥梁鼻祖茅以升先生设计的桥梁通车后，从桥上走过的第一批人是10万从日本侵略铁蹄下逃难的民众和撤退下来的中国军队。89天后，为了阻断侵略日军的进攻步伐，茅以升忍痛执行命令，炸掉了他亲手建造的大桥。

新中国成立后尤其是改革开放以来，中国经济的快速发展呼唤便捷快速的交通运输大通道。我国在江河上，在崇山峻岭中，在岛屿与岛屿之间，修起了一座座桥梁。往日"近在咫尺"的天堑，随着座座桥梁的贯通变成通途。

在如此宽的江面上建桥，在世界建桥史上没有先例。

苏通大桥

能不能像杭州湾跨海大桥那样，在水中修起座座桥墩？答案是否定的。长江中下游航运繁忙，在南通段，每天江面上有5000艘船只通航，其中不乏5万吨级巨轮。在此段修桥，绝不能多修桥墩，否则影响黄金水道的运输。专家们反复论证发现，建设斜拉桥并让桥塔一跨达到1088米、桥高60多米，是满足5万吨级巨轮通航需求的唯一选择。国际上认为，斜拉桥1000米跨径已达极限，苏通大桥突破了这一极限，主跨长度达1088米，这是中国桥梁建设者摘取的一块世界桥梁建设的“奥运金牌”。世界第一跨的选择，意味着向当今世界桥梁建设技术标准极限发起了挑战，现有技术根本无法覆盖这座桥的建设难题。

2002年10月30日上午，苏通大桥奠基仪式在南通破土动工，数万名施工大军进驻工地。按照设计方案，拉住斜拉桥钢丝的两个主桥塔墩，必须把131根桩打到水下。2003年7月31日，已打入江中的12根长60米、直径为1.4米的平台钢管桩在狂风大作、潮涌浪翻的作用下被拦腰折断！

长江在上游的镇江润扬大桥处流速为每秒1米，奔流到南通后流速变为每秒4米。必须使用更粗大的钢管，才能抗住水流的冲击，但国内外的桥梁建筑都没有相关记载。

经反复实验，专家们最终选定直径2.8米的钻孔灌注桩钢护筒。大桥建设者在一块足球场大小的面积上，终于打下131根钢护筒，每根护筒之间的距离2～3米。每根桩都一次成功，未经修补，没有缺陷。

像这样的难关，建设者攻克了一道又一道。北主塔承台是承受桥塔、传递全桥荷载的关键部位，工人们要将总重量近7000吨的钢筋，按照横平、竖直、斜到位的要求，在套箱里，像“扎灯笼”那样扎成8个棱、9个斜面的骨架，在电脑上都要费很大工夫才能布设到位。工人们把12米长、120千克重、直径4厘米的螺纹钢筋一根根按标记摆放到位，沿着斜坡面一层层地往上绑扎。一根根接起来有900千米长的钢筋，硬是被中国工人在2个月的时间里扎成世界上最大的“灯笼”。

在苏通大桥通车之际，一位技术组专家来到苏通大桥，感慨万千：“茅以升先生要是能看到今天的大桥多好啊！”

（参见《写在苏通大桥通车之际：世界桥梁建设的“奥运金牌”》，新华社，2008年6月30日。有改动）

桥梁“奥运金牌”　终于“回归”中国

桥起源于中国，我们的造桥技术曾领先世界上千年，我们本就拥有桥梁建设的“奥运金牌”。虽然清末之后我国现代桥梁建设水平曾远远落后于世界，但是随着中华民族的觉醒和新中国的诞生，再到新时代新的历史方位，中国桥梁工程建设成绩斐然：最高、最长、最美、最难建的大桥都在中国建成了，但回头看中国桥梁工程建设所走过的不平凡的历程，也确实让人感慨。

钱塘江大桥上的中国，以爱国主义为核心的民族精神熠熠生辉。钱塘江大桥是在日本侵略者的炮火中修建的，为抗日战争的胜利做出了杰出贡献。在这条万里长江上，茅以升建了桥、又炸了桥，炸了又复，他是过家家吗？不，他建桥、炸桥、复桥，都是为了他心中的国和人民。茅老先生炸桥时就留下“斗地风云突变色，炸桥挥泪断通途，五行缺火真来火，不复原桥不丈夫”的誓言[①]。抗战胜利后，茅以升又主持修复了大桥，践行了自己的誓言。由此可见，他建桥是为了报效祖国，他炸桥是为了保护同胞和祖国大好山河，他修复大桥还是为了建设国家。他建设祖国的理想与抱负，随着我们这个国家的命运一起颠沛。以茅以升先生为首的我国桥梁工程界的先驱，在钱塘江大桥建设中所显示出的伟大的爱国主义精神，敢为人先的科技创新精神，排除艰难险阻、勇往直前的奋斗精神，永远是鼓舞我们为祖国的繁荣富强不懈奋斗的宝贵精神财富。

桥梁建设史上的“奥运金牌”失而复得、“回归”中国，标志着中国梦的蓝图上又绽放了一朵复兴花。苏通大桥是一座矗立在万里长江上的中华民族由弱小走向富强的标志性工程，它的建设与通车有着深远的战略意义。苏通大桥工程之艰巨，规模之宏伟，技术之高精，代表了当时世界桥梁建设的最高水平，被称为世界桥梁的“珠穆朗玛峰”。大桥建成后，时任国家交通部总工程师的著名桥梁专家凤懋润曾说：“苏通大桥，是我国改革开放 30 周年来重大基础设施建设的杰出成果，是中国从桥梁大国向桥梁强国迈进的标志性工程。”[②] 我们的大桥建设者日益刷新世界桥梁史上的纪录，苏通大桥的世界第一跨，虽然是现实逼迫中国建桥人做出的不得已的选择，但是中国建桥人向世界桥梁建设技术标准极限发起的挑战却大获成功。我国桥梁建设者的梦想，一个个在中华大地上开出了绚烂的花朵，他们可以尽情地把自己的梦想

---

① 吴红梅：《茅以升：人生如征途　渡桥曰“奋斗”》，《新华日报》2019 年 10 月 22 日。

② 张军：《苏通大桥：世界第一座跨径超千米斜拉桥》，学习强国，2022 年 6 月 8 日。

融入新时代中国特色社会主义现代化强国建设的洪流之中、融入实现中华民族伟大复兴的中国梦之中，芬芳绽放。可以说，苏通大桥的通车，可以告慰茅老先生等老一辈桥梁建设者了，他们的精神在传承，民族伟大复兴的蓝图上又开出一朵复兴的花！

鲜艳的中国红——南京长江大桥

武汉长江大桥修通后，党中央就下定决心突破南京长江天堑。突破南京长江天堑有一个技术问题，长江江底有一层泥沙覆盖层，桥墩必须穿越松散的泥沙层与江底岩层融为一体，大桥才能稳固。在修建武汉长江大桥时，工程师们和苏联专家一起研发了一种叫管柱钻孔法的施工方法，将一根根像筷子一样的混凝土管柱插入江底，再在管柱上修建桥墩。到了修建南京长江大桥的时候，工程师们想复制武汉成功的经验，却发现这里水流比武汉复杂得多，“筷子”插不稳。

南京长江大桥

后来我们想了一个办法，准备一个结实的桶埋入江底，然后在这个桶上面修建桥墩，托起大桥。这个桶的学名叫沉井，面积和一个标准篮球场差不多大。为探测它能否在江底岩层上站稳，潜水员穿着笨重的工程潜水服潜到水下进行人工勘查。60 米水深是潜水员下潜的极限深度，但修南京长江大桥的平均水下深度已经达到 72 米，最深的地方超过 74 米。经过反复研讨方案，大桥工程指挥部最后决定从潜水员中选几个人，通过一场地狱式的魔鬼训练，让他们突破生理极限。当时选人的标准十分苛刻，除了身体条件和技术水平外，还有一个标准——不能结婚。

这个工作为什么说不能要结婚的呢？因为人早上出去，晚上不一定回来。因为在水下工作，看不到，只能靠手摸，施工地方东西多得很，要是把人缠到里面就上不来了。

南京长江大桥沉井

通过一段时间的魔鬼训练，潜水员们的身体逐渐突破极限，适应了高压环境。他们一次次身犯险境，靠双手以厘米为单位，帮着工程师校正沉井的位置，让一座座桥墩在湍急的长江水流中陆续出水。

接下来，工程师们从长江南北两岸同时像拼积木一样用热铆工艺拼接钢梁，让飞架南北的大桥，在长江上空握手。

当时，成熟铆工是工地最缺乏的工种。为了解决这个问题，大桥工程指挥部从全国调集了大量成熟铆工，又组织了将近 100 名年轻人突击训练，扩充铆工队伍。参加训练的年轻人除了要掌握热铆工艺的技术外，还要练成一个绝活，那就是能远距离抛接 1200 摄氏度的铆钉。想要熟练地接住滚烫的热铆钉，唯一的方式是增加练习次数，让身体形成条件反射。热铆钉接多了，烫伤在所难免。但为了练成绝活，大家加班加点练习。

1967 年 8 月 22 日，中国人在困难时期没有依靠任何外援，全部采用国产材料自主勘探设计施工的大桥终于在长江上握手了。大桥合龙后，确定了在

1968年9月底让火车通过大桥的任务目标，以此向新中国成立19周年献礼。

但直到1968年9月5日，修建桥头堡的施工图纸才全部完成。此时距离铁路通车仅剩下不到1个月的时间。解放军指战员进驻大桥工地，和工人们一起抢修桥头堡。在大家的努力下，终于如期完成任务，三面红旗矗立在大桥桥头，露出了鲜艳的中国红。

（参见《突破天堑！这是中国人自行设计建造的第一座长江大桥》，中国好故事网站，2021年12月2日。有改动）

鲜艳的中国红　中国人的本色红

20世纪初开通的沪宁铁路和津浦铁路在南京被隔断在长江两岸无法贯通，过江客货都要乘船摆渡，严重影响了运输效率。国民政府曾重金聘请美国桥梁专家约翰·华特尔来对下关、浦口进行建桥考察，但他给出的结论是“水深流急，不宜建桥”，于是，国民政府的铁道部成立专门委员会，转而设计活动式栈桥轮渡方案。但是，新中国的第一代桥梁工人，没有被美国专家所吓倒，用自己的聪明才智证明美国桥梁专家华特尔的结论是错误的。就此一事足以说明，在中国只有中国共产党和社会主义才能救中国，只有中国共产党和社会主义才能发展中国。

中国共产党领导的人民坚信艰苦奋斗才是实现梦想的重要条件。中国共产党领导的人民从来没有被困难吓倒过。新中国成立后，为解决京沪铁路因长江轮渡对经济发展“卡脖子”的问题，修建一座过江桥梁就成为当务之急。虽然在建设过程中，无数难题横亘在前，但是新中国的建设者们没有丝毫退缩，硬是把一个个“不可能”变成了“可能”。为了实现用沉井的办法建桥墩，新中国的潜水员以“苟利国家生死以，岂因祸福避趋之”的报国情怀，不仅致力于地狱式魔鬼训练来突破生理极限，还甘愿放弃对婚姻的美好向往、随时准备着为建设大桥不惜牺牲生命，可谓是“生命诚可贵、爱情价更高，若为建大桥，两者皆可抛”。他们一次次身犯险境，靠双手以厘米为单位，帮着工程师校正沉井的位置，让一座座桥墩在湍急的长江水流中陆续出水。在新中国最缺乏成熟铆工时，却有百名年轻人愿意参加突击训练的队伍：参加训练的年轻人除了要掌握热铆工艺的技术外，还要能远距离抛接1200摄氏度的铆钉。为了能练成接住滚烫的热铆钉的绝活，他们不怕烫伤，加班加点地增加练习次数，让身体形成条件反射。就这样克服重重困难，中国人民依靠自己的力量自行设计、自行建造了当时国内最大的铁路、公路两用大桥。

中国共产党领导社会主义中国走上了独立自主的道路。南京长江大桥建成通车，成为沟通南北的交通大动脉，标志着我国的桥梁建设达到世界先进水平，开创了中国“自力更生”建设大型桥梁的新纪元，成为中国人民“自力更生的典范”和“社会主义建设的伟大成就”，具有极大的经济、政治和战略意义，故称之为“争气桥”。它不仅证明约翰·华特尔做出“不可能”的结论是错误的，更重要的是证明以约翰·华特尔为代表的西方不懂社会主义中国和她的人民。他们不懂几千年的中华文明养育的中华儿女究竟拥有什么样的智慧，他们不懂新中国的人民对于建设社会主义国家究竟拥有什么样的热情，他们不懂中国共产党为什么行。在社会主义中国，我们有独立的主权，有独立的思考，有远大的理想，我们勤劳勇敢、艰苦奋斗、自力更生、敢于创新，走出了属于我们自己的和平发展道路，也必将不断创造属于我们自己的奇迹，不再仰视别人。2021 年 6 月 3 日，南京长江大桥获评江苏省首批 100 个红色地名，成为社会主义中国走向自强的标志之一。

世界铁路桥之最——南京大胜关长江大桥

有这样一座桥，被称为南京最牛长江大桥，是被DISCOVERY记录的大桥。并且2015年获得被誉为桥梁界“诺贝尔奖”的国际桥协杰出结构工程奖，它就是南京大胜关长江大桥。

南京大胜关长江大桥

谈及在长江上建桥，这对于目前已经处于世界桥梁建设领先水平的中国而言难度不大，因为这些桥梁几乎都是公路桥，虽然在桥梁的构架上有所不同，但几乎都是采用大跨的方式，用最长的一段跨越尽可能长的江面。不过，这种方法对于既要满足时速250千米以上高速通过的动车，又要让时速只有80千米的地铁安全通过的要求而言显然是不够的。所以，南京大胜关长江大桥最终采用的是目前大家见到的有众多桥墩构成的搭建方式。

由于建桥位置江面宽度达到1.6千米，桥下每天还有3000多艘各类船只需要通行，所处水深也达到51米，几乎相当于正常的17层高楼，在这些综合条件下建桥难度可想而知。最终，聪明的建设工人采取了被称为“潜水箱”的建设方式。即使用单个重量达到6000吨、口径宽度80米的实心钢围成一个“大铁桶”沉进江面，达到既能尽可能接近河床又能和江面流水隔离，形成一个开放式施工场地的效果。之后，工人们在大铁桶底部打上数量不等的钢套，伸进河床底部的淤泥层，并沿着河床的基岩钻挖深洞，最后浇灌混凝土粘连，让包括大铁桶、钢套在内的基础结构形成一个完整的桥墩用来支持特殊需要。就这样，随着一个个潜水箱被如法炮制，能承载 8 万吨钢结构和 6 条火车道的粗壮桥墩建成了。

在不少外行人看来，既然桥墩建成，铺装桥面会相对简单，更别说上部只需要连接的拱形钢梁结构了。但往往看似容易的东西实际操作起来并不简单。因为上部钢梁结构施工季节的原因，在白天高温、江水蒸腾的影响下，巨大的分段式钢梁接头的固定螺丝孔因为热胀冷缩对不上。经过实验和论证，建设工人只能采用夜间温度降下来后再施工的办法。如此虽然能解决问题，但是施工难度和时间自然受到影响。就这样，一座长江铁路桥光拧螺丝就拧了 14 个月。

直到今天，南京大胜关长江大桥依然是拥有铁轨线最多、荷载最大、跨度最长的高速铁路桥。这座大桥登上 DISCOVERY，同时获得了 2015 年度国家科学技术进步奖特等奖。虽然只是作为世界众多杰出工程中的一个片段出现，但已然是南京最牛长江大桥的最好注解。

（参见《南京大胜关长江大桥 去年获桥梁界的“诺贝尔奖”》，中国工程科技知识中心网站，2016 年 10 月 8 日。有改动）

南京大胜关长江大桥 中国高速腾飞的桥梁

长江亦称“天堑”，奔腾不息的江水让人难以逾越，更别说火车跨越长江了。孙中山先生在他的《实业计划》中，曾设想在南京与浦口之间筑一穿越长江的隧道，铺以铁路，使南北铁路交通得以贯通。可惜一代伟人却如杜甫诗云：“出师未捷身先死，长使英雄泪满襟。”如今，我们可以告慰先生的在天之灵了，中国共产党领导人民把先生的《建国方略》正一一变成现实。改革开放的新中国也早已今非昔比，我们不仅在长江江底开通了隧道，还给火车又造了一座桥——南京大胜关长江大桥。

南京大胜关长江大桥，是见证我国高速发展在桥梁史上的丰碑。已经成为展示中国发展、中国成就的亮丽名片的高铁是我国经济飞速发展的缩影，但要让它高速通过长江天堑给中国桥梁建造者提出了一道难题。不过作为施工方的中铁大桥局集团有限公司（简称“大桥局”）没有被困难吓住，而是勇往直前，担起并出色地完成了历史使命。大桥于 2006 年 9 月 14 日正式开工建设，2011 年 1 月 11 日正式投入使用，建成时是世界首座六线铁路大桥，是世界上跨度最大的高速铁路桥，也是世界上设计荷载最大的高速铁路桥。因此，这座大桥的建设工程是代表当时世界桥梁建造技术最高水平的标志性工程，曾获 2012 年第 29 届国际桥梁协会乔治·理查德森奖、2013 年度中国建设工程鲁班奖、2014 年第十二届中国土木工程詹天佑奖、2015 年度国家科学技术进步奖特等奖。更值得骄傲的是它是第一座获得国际桥协杰出结构工程奖的铁路桥。

南京大胜关长江大桥，让人们见证了大桥局红色基因的力量。它根植于百年红色基因，以“振兴民族工业为己任，以打造工业制造品牌为动力”。站在历史的新方位，大桥局更是立足新发展阶段，贯彻新发展理念，融入新发展格局，实现高质量发展，全力奏响“红桥”最强音，用强国愿、工匠心书写着百年梦想。用大桥局自己话说，大桥局的发展史是一部奋斗史，是中国桥梁工业的奋斗史，是中国民族工业的奋斗史。正是有了像大桥局那样的桥梁建设者的奋斗，才有了中国高速腾飞的桥梁；正是中国全体人民的奋斗，才有了中国高速发展与繁荣。只要我们坚持中国共产党的领导，坚持红色初心，齐心协力，撸起袖子加油干，中华民族的伟大复兴的蓝图必然实现。

中国现代第一桥——钱塘江大桥

20 世纪 30 年代，著名桥梁专家茅以升主持修建了中国人自己设计并建造的第一座现代化铁路公路两用特大桥——钱塘江大桥，粉碎了外国专家“中国人无法在钱塘江上建桥”的断言。

钱塘江大桥通车已 80 余年。大桥多次“体检”结果显示，主体结构基本稳定。这座传奇大桥，为什么会被誉为全中国的骄傲？今天我们就来说说它背后的故事。

1975 年 9 月，浙江省档案馆收到了一份极其珍贵的礼物——钱塘江大桥档案。这些档案，茅以升悉心保存了 40 余年。他曾说：“过去我为人民修建了钱塘江大桥，现在我又把大桥的全部资料献给国家，这才能说真正完成了国家和人民交给我的历史任务。”

回顾茅老辉煌的人生历程，从儿时因木桥倒塌而立志造出最结实的桥，到求学时博士论文中的科学创见被称为“茅氏定律”，再到“中国现代桥梁之父”，一个“桥”字贯穿始终。

在战火纷飞的年代，钱塘江大桥饱经沧桑与磨难，经历了四次大的爆炸破坏。

茅老捐赠的珍贵档案中，价值极高的钱塘江大桥工程图纸和报告详细记录了根据复杂地质特征创新性提出的修桥方法，其中最具代表性的就是以“射水法”穿越 41 米厚的泥沙快速打桩、以“沉箱法”对抗湍急江流、以“浮运法”借助潮起潮落架设钢梁等，为后世提供了宝贵的参考借鉴。

其中有一套图纸非常特殊。它与建桥无关，标题中都含“装药”两字。原来，为应对动荡局势，茅以升在建桥时就已经设计好炸桥方法。不过，未雨绸缪的他可能也不曾想到，这一天竟然来得如此之快。1937 年，大桥快要竣工之际，上海“八·一三”战争爆发，为保证军火物资，建桥的工人们冒着烽火夜以继日地加速赶工。1937 年 9 月 26 日，第一列火车终于从桥上通过。然而，11 月 16 日下午，茅以升就接到了“炸毁钱塘江大桥”的指令。“如果杭州不保，钱塘江大桥就等于是给日本人造的了！”

12 月 23 日，日军先头部队抵达杭州，茅以升忍痛亲手炸毁了集两年半心

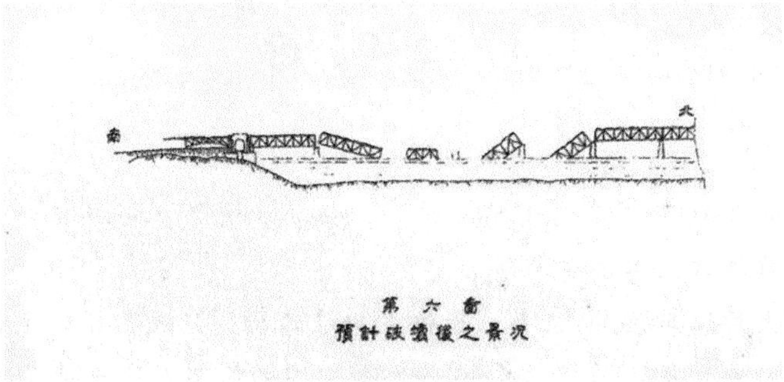

大桥被破坏情况设想

血建成的大桥。随着一声巨响，这条 1453 米的卧江长龙被从六处截断。历经 925 天夜以继日的紧张施工、耗资 160 万美元的钱塘江大桥，仅仅存在了 89 天。大桥炸毁的那天晚上，茅以升在书桌前写下了八个字：“抗战必胜，此桥必复！”

抗战胜利后，茅以升实践誓言，主持修复了大桥。而后，他又写下回忆录《钱塘回忆——建桥、炸桥、修桥》，讲述了这座传奇之桥的故事与他的无限深情。

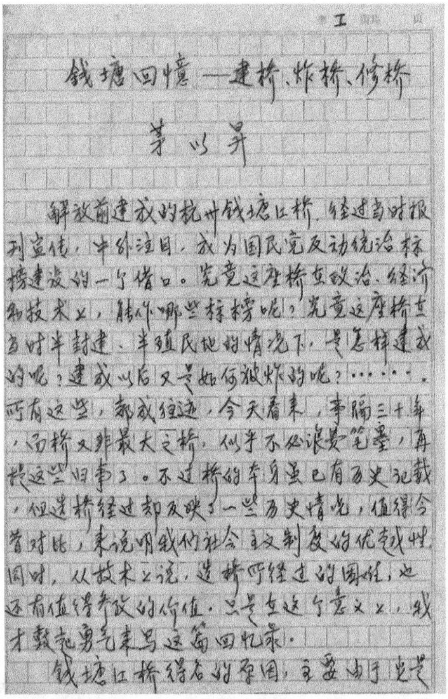
钱塘回忆——建桥、炸桥、修桥

茅以升

解放前建成的杭州钱塘江桥，经过当时报刊宣传，中外注目，成为国民党反动统治标榜建设的一个借口。究竟这座桥在政治、经济和技术上，能作哪些标榜呢？究竟这座桥在当时半封建、半殖民地的情况下，是怎样建成的呢？建成以后又是如何被炸的呢？……所有这些，都成往迹，今天看来，事隔三十年，而桥又非最大之桥，似乎不必浪费笔墨，再提这些旧事了。不过桥的本身虽已有历史记载，但建桥经过却反映了一些历史情况，值得今昔对比，来说明我们社会主义制度的优越性。同时，从技术上说，建桥所经过的困难，也还有值得参考的价值。只是在这个意义上，我才鼓起勇气来写这篇回忆录。

钱塘江桥得名的原因，主要由于

《钱塘回忆——建桥、炸桥、修桥》手稿

与第一次炸桥相比，第二次炸桥相关的历史故事也许更鲜为人知。1949 年 5 月 3 日，中国人民解放军抢占钱塘江大桥之际，桥上传来巨大的爆炸声。原来，国民党军企图炸毁大桥南逃。奇怪的是，这次爆炸虽也火光漫天，大桥钢梁却安然无恙，要害部分完好无损。经过抢修，公路在杭州解放的第二天就通汽车，铁路经过两天一夜的抢修也恢复通车。奇迹背后，是杭州地下党组织连续数日的卓越斗争。这次保护行动，极大配合了人民解放军抢占钱塘江大桥的战斗，为杭州解放乃至全中国解放作出了不可磨灭的贡献。

硝烟虽已远去，但如今的钱塘江大桥，在杭州乃至浙江人民的心中依然占据着极其重要的地位。比如运输。虽然一座座跨江大桥拔地而起，但钱塘江大桥仍然承载着日均通行数万辆汽车和百余对列车的枢纽作用，被誉为永远的“一桥”。比如文旅。对杭城市民和广大游客而言，钱塘江大桥是备受瞩目的打卡点。落日西下，漫步桥上，近可俯瞰钱塘江水，远可眺望六和塔，充分感受霞光与江水交相辉映带来的独特韵味。比如教育。作为全国重点文物保护单位，它已成为展示杭州历史文化风貌、展现中国桥梁建设风骨的独特标杆。

（参见《“传奇大桥”钱塘江大桥通车85周年，经历四次大爆炸，背后饱含无限深情》，搜狐网，2022年9月30日。有改动）

建炸修 不为“桥”

钱塘江在我国家喻户晓，钱塘江大桥虽然不一定妇孺皆知，但却充满了传奇，传奇的背后则是无垠的爱国热忱和奋进精神。这种精神历久弥新，激励着无数中国桥梁建设者怀揣“赤子之心”、沿着“奋斗之桥”续写更多令人骄傲的辉煌故事，使得中国桥梁占据了世界桥梁史上“三最”——最长大桥、最难大桥、最高大桥。钱塘江大桥被誉为永远的“一桥”，因为它是饱含无限深情的桥，而且中国现代桥梁之父茅以升的爱国深情是具体的、是深刻的。

我们再次推崇茅以升，那是因为茅以升学习桥梁不仅是因为对专业的热爱，更是因为他爱自己的骨肉同胞。茅以升在儿时看到自己的骨肉同胞因木桥倒塌而丧命，从而立志造出最结实的桥，正是这份对骨肉同胞的热爱，让他从此开启了学桥、造桥、研究桥的人生之路。钱塘江自古凶险，老杭州人常用“在钱塘江上造桥”来借喻某件事的不可能性，也曾有外国桥梁专家断言“中国人无法在钱塘江上建桥”。1937 年 9 月，钱塘江大桥的建成竣工，不仅打破了外国专家的断言，也破除了民间的一句歇后语“钱塘江造桥——办不到”，从而在那个积贫积弱的年代不仅缝补了破碎的民族自尊心，也极大地鼓舞了国人的自信心。

茅以升建桥、炸桥、修桥都是因为热爱自己的国家、热爱自己国家的大好河山。茅以升的《钱塘回忆——建桥、炸桥、修桥》，记录了他与钱塘江大桥的故事：建桥是为了建设国家，炸桥是为了保卫国家，修桥与保桥还是为了国家。在那个动荡不安的年代，为了这个国家他煞费苦心，在设计桥梁的时候就在桥上安装了炸药，这可能是世界桥梁史上闻所未闻的设计，但这才是茅以升深入骨髓的爱国之情的所在。更加残酷的是竣工 89 天后，茅以升亲手炸毁了这条 1453 米的卧江长龙，其心中的悲痛也化成八个字“抗战必胜，此桥必复！”和一首诗“斗地风云突变色，炸桥挥泪断通途。五行缺火真来火，不复原桥不丈夫。”抗战胜利后，茅以升实践誓言，主持修复了大桥，正所谓“君子一言九鼎，言必行、行必果”。钱塘江大桥通车已 80 余年。大桥多次“体检”结果显示，主体结构基本稳定，也再次兑现了他学桥的初心——为国为民造最结实的桥。他以自己的一言一行，真诚地热爱着他的国家与同胞，保护着这一片大好河山。

茅以升研究桥梁是因为他热爱自己国家的灿烂文化。茅以升一生深耕桥梁工程技术，而且毫无保留地把价值极高的钱塘江大桥工程图纸和报告的珍贵档案捐赠给国家，为后世提供了宝贵的参考借鉴，这是一笔丰厚的科学技术财富。同时，他对“桥”中蕴含的深刻哲理与文学意蕴，也有独到的见解，那是茅老深爱的中国人独有的文化内涵。如茅以升曾言：“人的一生，不知要走过多少桥，在桥上跨过多少山和水，欣赏过多少桥的山光水色，领略过多少桥的诗情画意。”茅以升还在《桥梁远景图》中，描绘了各种各样的桥。毛泽东曾称赞茅以升不仅是科学家，还是个文学家。

无论是作为科学家还是文学家，最能体现茅以升“中国桥魂”价值的，还是这座让他牵挂一生并被无数人誉为“中国骄傲”的钱塘江大桥，因为此桥包含着他于民于国的无限深情。

大美新疆的明珠——果子沟大桥

果子沟大桥全称果子沟双塔双索面钢桁梁斜拉桥，该桥地上部分建设于2007年8月22日开始浇筑。果子沟大桥是国道045线赛里木湖至果子沟口高速公路建设项目控制性工程之一，桥梁全长700米，桥面距谷底净高达200米，主塔高度分别为209米和215.5米，大桥主桥全部采用钢桁梁结构，使用国内特殊专用桥梁钢材17000吨，并采用高强螺栓连接，安装精度控制在2毫米以内。大桥是新疆公路第一座斜拉桥，也是国内第一座公路双塔双索面钢桁梁斜拉桥。

大桥由中交第二航务局承建。建设者们克服气候条件恶劣、有效施工期短、施工场地狭窄等重重困难，在大桥桩基础、主墩承台顺利完成之后攻克了主塔施工的第三道难关，高达209米和215.5米的双塔按计划工期顺利封顶，双塔共浇筑混凝土2万余立方米。

桥塔为阶梯形钢筋混凝土结构，塔高设置4道横梁，构造复杂，塔柱与横梁异步施工难度大。为确保施工过程安全、合理，采用空间有限元法模拟桥塔施工阶段，计算分析塔柱的应力和位移。结果表明：塔柱各施工阶段预偏量设置合理；斜塔柱施工过程中2道临时横撑及在梁端加顶力降低了斜塔柱根部混凝土开裂的可能性，保证塔柱与横梁异步施工过程中整体斜塔柱的线形、应力和稳定性满足设计与施工要求。

2011年9月30日，果子沟大桥正式通车。

果子沟大桥作为新疆第一座斜拉桥、第一高桥，是新疆最大最重要的桥梁，同时也是全国首座公路钢桁梁斜拉桥，它集新技术、新结构、新工艺、新设备“四新”于一身，是新疆公路建设史上一次重大突破。在新疆首次使用大体积混凝土温度控制技术、塔梁异步施工工艺、液压爬膜、自行式移动模架等国内领先技术，为山区高速公路施工积累了宝贵的经验。

该工程建成通车后，将解决伊犁河谷的出行难问题，使伊犁州县能够全天候通达乌鲁木齐，对边疆地区的稳定和经济发展具有重大意义。

果子沟大桥在设计施工中秉承“以最小限度破坏、最大限度恢复”的环保理念，在克服地质灾害频发影响通行的同时，边施工边进行环保恢复工作。大桥桥身与果子沟的美景浑然一体，为果子沟国家级风景区再添一道美丽风

果子沟大桥

景线。

果子沟素有“伊利第一美景”之称，全长 28 千米。果子沟以野果多而得名。说果子沟美冠全疆是因为它有三绝三美：

一绝是造型美。优美的 S 弯造型是果子沟大桥的外在之美，所谓 S 弯就是连续的拐弯道，大多是公路、河流因山路连绵不绝所形成的 S 弯。这种 S 弯壮观、大方、自然，符合大众审美，深受人们喜爱。

二绝是环境美。到了春夏，果子沟是新疆西部最美丽的山谷，时间会从每年 5 月下旬持续到 9 月份，沟内峰峦耸峙、峡谷回转、松桦繁茂、果树丛生、野花竞放、风光秀丽。另外，这里的空气质量高、透视效果好，登上果子沟的任一座斜坡都可以拍到林带和山脊漫无边际的层次。大桥造在这样的美景中，则是美上加美！

三绝是观看角度美。果子沟大桥有一个很大的特点就是便于观看。从赛里木湖出来翻过一个山头在公路上就能看到大桥；登上附近的山头就能一览无余地看到大桥全貌；如果顺着公路走，大桥始终在你的视线之内，在桥下面也有一条公路穿过，可以从下而上看大桥。

（根据网络资料整理）

人工空中巨龙　添彩大美新疆

近年来，我国修建了许多令人瞩目的大桥，在国外也赢得了“世界基建狂魔”的称号。果子沟大桥作为国内首座双塔双索面大跨度公路钢桁梁斜拉桥，是“世界基建狂魔”的代表作之一，它汇集了新技术、新结构、新工艺和新设备的创新，也是新疆公路建设历史上的一项重大突破和桥梁建设史上的一大奇迹，为山区特大型桥梁建设提供了新的思路。

科技推动人与自然和谐相处。果子沟长期以来一直被视为难以跨越的天险。其山势峻峭、峰峦叠嶂、悬崖陡峭，稍有不慎就有生命危险。果子沟大桥需要建造在两座高耸的山峰之间，复杂的地势形成了几乎不可能完成的弧形，且频繁发生自然灾害，使项目的建设异常艰难。此外，新疆地区昼夜温差巨大，任何在该地区建造的工程都必须具备强大的抗寒能力。然而，果子沟大桥在这方面的设计却达到了极致，建设者采用了一种低合金特殊钢材构成钢桁梁，即使在零下 40 摄氏度的极端环境下，仍然具备良好的抗冲击能力，最大限度地保证了桥梁的安全性。在设计与施工人员的不懈努力下，果子沟大桥以“最小限度破坏、最大限度恢复”的环保理念为设计施工原则，不仅克服了地质灾害对通行的影响，而且在施工过程中边建设边进行环境保护和修复工作。此外，这也有助于巩固国家的生态安全屏障，促进西部地区的可持续发展，从而保障和改善民生，实现西部地区的民族团结和边疆稳定。这样的做法将建设者们的智慧和辛勤劳动与大自然的美景融为一体，使桥梁本身成为果子沟国家级风景区的一道亮丽风景线。

完善西部地区基础设施建设，促进东西部区域协调发展。对于处于交通劣势的西部地区而言，果子沟大桥的建成给当地带来了极大的便利。它不仅有效地解决伊犁河谷出行困难的问题，还使伊犁地区与乌鲁木齐之间实现全天候畅通，进而缓解西部地区发展不平衡不充分的局面，对于维护边疆稳定和促进经济发展具有重要的意义。同时，这对于西部大开发战略也非常有益，不仅可以促进陆海内外的联系和东西方向的互通，提升西部地区的开放水平，还可以增强内生增长动力，推动西部地区实现高质量发展。

风口上的超级工程——平潭海峡公铁两用大桥

作为新建福州至平潭铁路、长乐至平潭高速公路的关键性控制工程，平潭海峡公铁两用大桥也是合（肥）福（州）铁路的延伸、（北）京福（州）通道的重要组成部分。该桥由中铁大桥院设计，中铁大桥局承建，上层设计为时速100千米的6车道高速公路，下层设计为时速200千米的双线Ⅰ级铁路，始于长乐，终于平潭，将人屿岛、长屿岛、小练岛、大练岛串联到一起。

行驶在大桥上，可以看到无论是公路面还是铁路面两侧，都安装了高高的风屏障。这些风屏障是保障汽车和火车安全行驶的重要工程。大桥所在地是与百慕大、好望角齐名的世界三大风口海域之一，在非台风情况下，阵风都有可能达到10级或以上。风屏障能有效削减风力，6级风通过它在桥面上一般就只有3级风的强度了。

大桥跨海远景

在刚开始施工阶段，工程就遇到了一个大难题——第一根钢管桩桩头打进坚硬的岩床1米深左右时，就被挤压致严重变形，海底硬度堪比钢铁的光板岩让大桥基础施工非常棘手。

后来经过几个月不断测算，项目团队研发出国内首创的深水裸岩区埋植式海上平台技术，即根据海底岩面地形定制4根长短不一的钢管桩，工程师和建设者们用打桩船将钢管桩放到预定位置，快速联结，形成一个临时“板凳”。接着下放预制的圆柱形钢筋笼，并灌注混凝土让钢管桩“黏”在海底岩石上。以此“小板凳”为起始小平台，再向外扩展为7人足球场大小的施工平台，总面积约6万平方米，施工高峰期有600余名作业人员同时在平台上生活与工作。

只有插稳根基，大桥才能站得稳。打桩阶段，中铁大桥局不仅启用世界一流的海上巨型打桩设备——多功能全回旋式起重兼打桩船“海力801”插打钢管桩，还自主研发了世界最先进的KTY5000型液压动力头钻机，让近5米的钻孔桩最终“站”成一根根“定海神针”。

大桥最重的钢桁梁长96.25米、宽36.8米，相当于8个篮球场；高15.35米，相当于5层楼高；设计重量达3150吨，加上吊具起吊重量近3400吨，相当于2260辆小汽车的重量。由于钢梁重量大，轮廓尺寸超宽超高，重心顺桥向不对称，海上吊装受风浪影响摆动大，精确就位难度巨大，对架梁装备也十分严苛。

为降低海上施工安全风险，中铁大桥局历时3年、耗资数亿元打造了“大桥海鸥号”自航双臂架变幅式起重船，其起重能力达3600吨，主钩起升高度达110米——相当于39层楼高。这是国内起重量最大、起升高度最高的双臂架起重船，堪称海上桥梁施工的巨无霸和超级大力士。

2017年3月5日，“大桥海鸥号”将平潭桥大小练岛水道桥边墩S06号墩围堰（重约900吨）顺利下放到位，完成服役以来的“首秀”。2018年1月22日，该船将吊重3400吨的钢桁梁成功架设到墩顶，刷新了世界桥梁整孔钢桁梁架设的最重纪录。

大节段钢桁梁整孔吊装架设技术将现场施工变为工厂施工，大大降低了现场施工难度，也提高了现场“窗口”时间的利用率。“大桥海鸥号”让这项技术变为现实，可以说是填补了我国斜拉桥大节段钢桁梁整孔吊装架设的技术空白，实现了钢桁梁桥梁架设施工由单片架设到整节间架设再到整孔架设的一个飞跃。

在大桥建设过程中，一系列新结构、新材料、新工艺、新装备，成功解决了在恶劣复杂海洋环境条件下桥梁建设的系列难题，但如何抢抓大风天气中的“天窗点”，依然是现场施工最重要的课题之一。

为了精准指导工程建设，中铁大桥局结合国家和地方的预报，专门自主研发了一套环境综合监测系统，对桥址海域的天气和海况进行实时监测。项目开建以来，中铁大桥局根据现场作业需求，在施工区域周边布置了 5 台风速仪、2 台波浪仪、1 台海流计，以对桥址处风环境、波浪要素、海流进行实时监测，同时利用云计算中心制作展示网页，实时发布各种监测数据。实践证明，这些监测及预测数据为施工人员充分利用“天窗”时间提供了重要依据。

（参见阎友华:《平潭海峡公铁两用大桥:穿越世界级风口的超级工程》,《中国建材报》2020 年 12 月 28 日。有改动）

海峡落长虹　书写新奇迹

长虹卧波圆岛梦，史海钩沉忆沧桑！作为中国和世界上最长的跨海峡公铁两用大桥，平潭海峡公铁两用大桥是 30 多万平潭人民实现梦想的象征。它犹如一条长虹，横跨海面，使原本孤岛的平潭与陆地紧密相连，结束了当地人靠摆渡进出岛的不便，也给平潭的发展带来了新机遇。

在世界级风口创造奇迹。平潭海峡公铁两用大桥被普遍认为是我国建造难度最高的桥梁之一。无论是地质条件的复杂性，还是海况的恶劣程度，其都远超过已建成的东海大桥、杭州湾跨海大桥、青岛海湾大桥以及当时在建的港珠澳大桥。在相当一段时间内，人们普遍认为，想要在平潭海峡上建造一座跨海大桥几乎是不可能的任务，因为该海峡是世界三大风口海域之一，与百慕大三角和好望角齐名，被称为“建桥禁区”。这里每年有超过 300 天的大风达到 6 级以上，超过 200 天的大风达到 7 级以上，最大浪高近 10 米。千万年来，海峡大风和海涌不断地淘刷海底，使海底岩层变得松散，只剩下了堪比钢铁硬度的光板岩。由于海床几乎全部是裸露的光板岩，其强度达到 213 兆帕，非常坚硬，因此建造大桥的难度和风险都极高。面对如此困难，建设队伍每天只能前进 20 厘米，但他们为解决难题付出了全力，最终凭借着坚定不移的意志如期突破了“建桥禁区”，成功地钻入 1865 根桩，其中最费神的一根甚至用了 1 年 6 个月的时间。换句话说，建设者们在面对困难时没有放弃，他们展现了协作力、组织动员力、统一步调和令人信服的建设执行力，更体现了跨越天堑、超越自我的精神。

中国桥梁成就美好梦想。平潭海峡公铁两用大桥背后蕴含了平潭县打造“半小时生活圈”美好愿景的梦想。这个岛屿位于福建东部，形状酷似神兽麒麟，横跨于台湾海峡上。虽然这里地理位置特殊，海岛资源丰富，风景秀丽，但是由于长期受到交通瓶颈的制约，平潭县的建设和经济发展受到了严重的影响。历经风沙治理、通水、通路、通电等一系列艰难的过程，一代又一代的平潭人不断克服困难，为岛屿的发展不懈努力。这些历史印记深深地烙印在老一辈平潭人民的心中。回溯至 20 世纪 90 年代，平潭县还是国家级贫困县，那时贫困的阴云笼罩着当地人民。然而，向海而生、坚毅勤劳的平潭人民始终没有放弃，他们在克服各种困难后获得了新生。如今，平潭已经成为对台交流的重要枢纽，从一个闭塞落后的地方转型为一个充满活力的新兴城市。近年来，随着“平潭国际旅游岛”的建设，平潭岛已经成为人们关注的焦点，也是祖国大地上新兴的一颗璀璨之星。平潭海峡公铁两用大桥在这一完美蜕变中发挥了极其重要的作用。该桥建成通车后，不仅解决了平潭岛缺乏铁路交通的历史问题，还使平潭、长乐和福州老城区之间形成了“半小时生活圈”，同时也为大陆离台湾最近的岛屿——平潭岛成为海峡两岸经贸合作、文化交流和人员往来的重要通道，以更好地服务“一带一路”建设等发挥了重要的作用。

最长跨海高铁大桥——杭州湾跨海铁路大桥

2022年11月30日，通苏嘉甬高铁浙江段开工仪式在宁波前湾新区举行，这标志着世界最长跨海高速铁路桥——杭州湾跨海铁路大桥正式开建。大桥位于既有杭州湾跨海大桥（该桥为公路桥）上游，全长29.2千米，设计时速350千米/小时，起自嘉兴市海盐县，进入杭州湾，跨至宁波市前湾新区。未来，坐上火车，不到10分钟就能飞驰过海。

杭州湾跨海铁路大桥是南通至宁波高铁控制性工程，是长三角城市群骨干线路的重要组成部分，由沪杭客专公司建设管理、中国铁设和中铁大桥院设计、中咨管理监理、中铁大桥局等单位承建。建成后，将成为全世界最长、建设标准最高的跨海高速铁路桥梁。

杭州湾跨海铁路大桥效果图

大桥共有北、中、南三座航道桥和跨大堤、海中、浅滩区引桥，属超长超大的高速铁路桥梁集群工程，其中北航道桥主跨为450米，是世界最大跨度无砟轨道斜拉桥，中航道桥主跨为2×448米，为世界最大跨度无砟轨道三塔斜拉桥。

大桥全程按无砟轨道设计。列车在时速350千米的速度下运行，若轨道稍有不平顺就会影响乘坐的舒适度，因此无砟轨道对大跨度桥梁线形要求极高，桥梁建造精度需控制在毫米级，设计施工技术难度很大。

目前我国已建成的无砟轨道桥梁跨度最大仅为300余米，杭州湾跨海铁路大桥最大主跨达450米，海况十分复杂，加之列车时速高，需要桥梁刚度大、变形小才能保证列车高速通行时的舒适、安全、平稳。

面对挑战，设计单位对结构体系开展了大量计算及研究工作，采取中塔纵向固定、边塔纵向弹性约束等一系列创新设计，以减小主梁位移、变形，增加桥梁刚度，提升列车行驶舒适性。

杭州湾是世界三大强潮海湾之一，海域宽、风大、浪高、潮差大、流急，建桥条件受水文、气象、地质等自然环境的影响大。“天下奇观”钱塘潮海湾潮差最大可达9米，流速极快。此外，杭州湾湾底泥沙层较厚，质地松软，水深也较浅，北航道桥在低潮位时水深仅有2米左右，会导致大船易搁浅、小船稳不住等情况。

杭州湾跨海铁路大桥施工现场

这是世界级的海上工程，施工所需的大型机械设备、工程船舶众多，受水文气象条件影响，有效作业时间短、施工组织难度大、安全风险高。此外，大桥穿越钱塘江河口海洋生态红线区，为保护鱼类洄游通道及鸟类资源，生态环保要求也很高。为解决大桥建设难题，中铁大桥局专门成立科研攻关团队，就强涌潮区海域160米孔深大直径钻孔桩施工技术、强涌潮大流速海域埋置式大直径超长倾斜钢桩施工技术、海上施工安全风险监测技术等8项内容展开攻关。这些技术的攻克不仅能解决复杂环境下大跨度无砟轨道桥梁的建设难题，还将为今后高速铁路桥梁建设提供可靠的经验借鉴。

（根据网络资料整理）

调查研究解难题 科学精神越天堑

每年农历八月十八，杭州湾会迎来壮观的海潮，被称为钱塘江大潮，海水涌入呈现惊险景象。这个喇叭形的海湾曾经是工程师们望而却步的难题。在杭州湾跨海大桥建成之前，这里一直被视为不可逾越的天堑。因此，杭州湾跨海铁路大桥的建成不仅方便了沿线居民的出行，也是全球铁路桥梁建设的里程碑。

大桥的建设面临着巨大的困难和挑战。杭州湾属于世界三大强潮海湾之一，也是我国潮水落差最高的地方，最大可以达到 8.93 米，造就了水流很急、风力很大的环境，具有“海域宽、风大、浪高、潮差大、流速大”等特点，加上水深条件不够理想、地质较差、存在浅层气影响等恶劣的外部建设条件，给本就难度很大的高速铁路跨海桥梁设计带来了更多的挑战。此外，杭州湾跨海铁路大桥设计时速达到 350 千米，时速高也给建设上带来更多难点。

调查研究既是人类破解难题的重要法宝，也是科学精神的重要体现。在杭州湾铁路跨海大桥的设计与建设过程中，调查研究发挥了至关重要的作用。一方面，调查研究是工程前期准备阶段的必要步骤。大桥位于世界著名的钱塘江天文大潮起潮点外侧边缘，地理环境复杂，水深潮汐变化大，地质条件较为特殊。在工程前期，设计团队对桥址进行了详细的地质勘测和水文气象调查，以确保对地质情况的全面了解，这为设计阶段提供了必要而可靠的数据支持，有助于建筑设计团队更准确地把握工程所面临的环境和地质风险，从而为增强整个工程的安全性和稳定性打下牢固基础。另一方面，调查研究能够为工程建设的可持续性提供依据。大桥穿越钱塘江河口海洋生态红线区，为保护鱼类洄游通道及鸟类资源，生态环保要求也很高。对此，设计团队对杭州湾及其周边生态环境进行了系统调查与评估，制定了科学的环保措施，以减少对自然环境的破坏，从而实现工程建设的可持续发展。此外，这种依靠调查研究来解决问题的方式，也是对科学精神的一种反映。从一定程度上而言，调查研究所追求的客观、真实正是科学精神所强调的重要内容。总之，调查研究是建设杭州湾铁路大桥的基础和保障，通过对各种因素的深入研究，为工程的设计、规划和实施提供了坚实的支持，这不仅有助于确保工程的顺利进行，也发扬了科学的求实精神。

屹立千年的黑科技——赵州桥

赵州桥，是根据地名命名的。北齐天宝二年（551 年），改殷州为赵州，赵州之名始于此，40 年后建成赵郡河石桥，赵州之名经历了近千年，故以地名为桥名，俗称赵州桥，或曰赵州石桥。

赵州桥是一座单孔割圆式敞肩石拱桥，因桥两端肩部各有 2 个小孔，故又称敞肩桥。

赵州桥桥身全长 64.4 米，拱顶宽 9 米，拱脚宽 9.6 米，跨径 37.02 米，拱矢 7.23 米。主拱的两端各有 2 个小拱，小拱净跨为 2.85 米和 3.81 米。桥体由 28 道并列券拱砌筑，并用勾石、收分、蜂腰、伏石“腰铁”连接加固，提高了整体性。桥面两侧有 42 块栏板和望柱，雕刻精美，栏板上雕的“斗子卷叶”和“行龙”，半圆雕刻、比例适度、线条流畅。赵州桥是我国造桥史上的杰作，占有十分重要的历史地位，对全世界后代桥梁建筑有着深远的影响。

赵州桥

赵州桥施工时采用纵向并列砌置法，就是整个大桥由 28 道各自独立的拱券沿宽度方向并列组合在一起，每道券独立砌置，可灵活地针对每一道拱券进行施工。每砌置完一道拱券时，只需移动鹰架（施工时用以撑托结构构件的临时支架）再继续砌置另一道相邻拱。这种砌置方法利于修缮，如果一道拱券的石块损坏，只需要替换成新石，而不必对整个桥进行调整。

为加强各道拱券间的横向联系，使 28 道拱组成一个有机整体连接紧密牢固，赵州桥建造采用了一系列技术措施：

每一拱券采用“下宽上窄、略有收分”方法，使每个拱券向里倾斜、相互挤靠，增强其横向联系，防止拱石向外倾倒；在桥的宽度上也采用“少量收分”方法，从桥两端到桥顶逐渐收缩桥的宽度，加强桥的稳定性。

在主券上均匀沿桥宽方向设置 5 个铁拉杆，穿过 28 道拱券，每个拉杆的两端有半圆形杆头露在石外以夹住 28 道拱券，增强其横向联系；4 个小拱上也各有一根铁拉杆起同样作用。

在靠外侧的几道拱石上和两端小拱上盖有护拱石一层，以保护拱石；在护拱石的两侧设有勾石 6 块，勾住主拱石使其连接牢固。

为使相邻拱石紧密贴合，在主孔两侧外券相邻拱石之间设有起连接作用的“腰铁”，各道券之间的相邻石块也都在拱背设有“腰铁”，把拱石连锁起来；每块拱石的侧面凿有细密斜纹以增大摩擦力，加强各券横向联系。

赵州桥是世界上现存年代久远、跨度最大、保存最完整的单孔坦弧敞肩石拱桥，其建造工艺独特，在世界桥梁史上首创“敞肩拱”结构形式，具有较高的科学研究价值；雕作刀法苍劲有力，艺术风格新颖豪放，显示了隋代浑厚、严整、俊逸的石雕风貌，桥体饰纹雕刻精细，具有较高的艺术价值。

（根据网络资料整理）

千年不倒“桥坚强”　民族智慧泽后生

世界上有许多种不同类型的桥梁，如木桥、石桥、浮桥、钢结构桥……举世闻名的“桥坚强”——赵州桥则是我们引以为自豪的民族智慧的见证。赵州桥是世界上现存跨度最大、保存最完整的单孔石拱桥，1400 多年的历史堪称奇迹。该桥建造工艺独特，桥体饰纹雕刻精细，充分展现了古代劳动人民的智慧，体现了中华民族精益求精的大国工匠精神。

赵州桥为什么屹立千年不倒？实际上，赵州桥曾经历过无数次洪水冲击、风雨侵蚀以及 8 次地震的考验，但仍然屹立不倒，这主要归功于其科学的设计原理和巧妙的施工技术。特别是采用拱上加拱的“敞肩拱”结构，不仅节省了石料，减轻了桥的自重，还使桥体不易被洪水冲塌。正是这些科技的支撑，赵州桥才有了今天我们所见的跨度。总的来说，赵州桥这种奇巧的建筑结构具备较高的科学性，是中国古代建筑的杰出之作，标志着中国的造桥技术达到了新的水平。自赵州桥建成以来，许多地方纷纷效仿，赵州附近和周边省份先后涌现了许多仿制品，如永通桥、济美桥、凌空桥、古丁桥等，但这些古桥在规模和水平上均无法超越赵州桥。历朝历代也都有人到此参观学习，参观者无不对它的巧妙构造和精湛技艺赞叹不已。唐代张嘉贞称赞它"造型独特，神秘莫测"。

赵州桥在世界桥梁史上同样具有划时代的地位。据考证，在世界范围内像这样的敞肩拱桥，欧洲到 19 世纪中期才开始出现。1883 年，法国修建了亚哥河上的安东尼特石拱桥和卢森堡大石桥，这是欧洲最早的敞肩拱桥。但与赵州桥相比，晚了近 1300 年。纽约现代艺术博物馆曾这样描述赵州桥："该桥结构合理，造型优美，外观独具匠心。相比之下，大多数西方桥梁显得笨重、缺乏艺术性。"1991 年 10 月，赵州桥被美国土木工程师学会选定为世界第十二处"国际土木工程历史古迹"，并在桥头立了纪念铜牌。这标志着赵州桥与其他著名历史古迹如埃及金字塔、巴拿马运河、巴黎埃菲尔铁塔享有同等国际地位。

老子曰："天下大事，必作于细。"精益求精、精雕细琢和认真负责的态度是工匠精神中最难能可贵的品质。我们常常惊叹于古人的智慧和他们在工艺技术方面所取得的成就，这些常常远超我们的想象。赵州桥的出现并不是一个孤立的事件，而是当时科学技术发展的一个标志，显示出数学、力学、测量、机械等领域的发展已经达到了很高的水平，赵州桥是这些先进技术的聚合体。面对赵州桥独特的设计，梁思成不禁发出这样的赞叹："这真是一种极具现代进步的工程精神，令人惊异。"至今，许多国家的年轻建筑工程师仍会慕名而来，来到这里参观、考察。在他们的心中，赵州桥不仅是一个令人惊叹的旅游景点，更是古代前辈留下的珍贵宝藏。事实上，中华民族一直是一个充满智慧、不甘落后的民族。自古以来，中国工匠创造了无数的奇迹和壮丽的景观。李春的设计理念和技术创新，不仅体现了大国工匠的创新精神，也表达了古人用朴素的科技手段追求极致的执着精神。赵州桥是我们民族智慧的结晶，是我们中国人引以为自豪的资本。

最大跨径预应力斜拉桥——培森柳江特大桥

2023 年 6 月 30 日，“世界最大跨径公路预应力混凝土部分斜拉桥”广西培森柳江特大桥全线通车。

培森柳江特大桥施工现场

培森柳江特大桥是贺州至巴马高速公路的组成部分，为控制性工程，由广西北部湾投资集团直属企业广西新发展交通集团有限公司投资建设，广西路建工程集团有限公司承建。大桥位于来宾市象州县境内，桥长 2578.9 米，大桥左幅桥长 2538.50 米、右幅桥长 2578.97 米，主桥设计跨径为 145 米＋280 米＋145 米，是目前世界上最大跨径公路预应力混凝土部分斜拉桥。

自 2020 年 3 月开工建设以来，项目聚焦“品质建造、快速建造、智能建造、绿色建造”建造目标，开展了“基于 BIM 的主箱梁快速建造技术研究”等 10 项关键技术研究，促成了一批具有高技术含量和高价值的科技成果落地转化，有力破解了工程痛点难点堵点，实现了“高品质绿色快速建造”的既定目标。

该桥象州岸墩址区卵漂石厚且岩溶高度发育，溶洞之间相互重叠、串通，单个溶洞的胸腔高度最大达25米，地质情况极其复杂，建设难度在广西大桥建设史上十分罕见。面对难题，项目通过创新研发外围稳固的高精度零干扰堰模一体围堰结构，仅用时30余天即完成特大桥象州岸主墩承台施工，缩短工期近1个月。承建还引进了广西首台260型全套管全回转钻机，较传统工艺预计节约1/4工期。

培森柳江特大桥主桥悬臂浇筑施工是该桥施工控制中技术难度最大、安全风险最高的关键工序。在施工过程中，项目创新挂篮模板系统设计及施工方法，研发出标准化、轻型化、模块化且装拆方便的模架结构，创新采用铝模板代替钢模板，采用装配式内模吊架代替传统钢管支架法施工，有效减少模板损耗、提升结构尺寸精度和外观质量，提高施工效率。

在斜拉索安装过程中，项目通过BIM技术、优化安装工艺工序，实现索导管快速精准定位；采用三维坐标法两岸协同测量，准确定位各分丝管索鞍坐标，在主墩索塔上“穿针引线”，实现了全桥184个索导管和斜拉索完全对中，将安装精度误差控制在5毫米内。

2023年6月30日，大桥实现贺州至巴马高速公路（象州至来宾段）全线通车，从来宾市金秀县城到来宾市区可缩短40分钟车程，有效缩短各县（区）之间的时空距离，推动沿线经济发展和乡村振兴。

（参见《广西路建集团培森柳江特大桥建成通车》，人民网，2023年6月30日。有改动）

技术创新科学组织　铸就高品质高速度大跨度

培森柳江特大桥是贺巴高速公路全线贯通的关键，建成后其主跨度将问鼎同类桥梁“世界第一跨度”。拥有世界最大跨度的培森柳江特大桥，在建设过程中展现出来的中国品质和速度更加令人惊叹！

培森柳江特大桥实现了高品质与高速度的高度统一。品质和速度是衡量建筑工程成功与否的重要参考要素。在建设项目管理的诸多要素中，质量和进度是最受关注的。对施工单位而言，处理好质量和速度的关系至关重要。合理的速度，卓越的质量，才能保证施工单位的长远发展，树立良好的企业形象。由于过去出现了一些快速完工的“豆腐渣工程”，人们普遍认为建筑工程的施工速度与质量是一种相对立的关系。很多人认为，如果施工速度过快，工程质量就难以保证。然而事实并非如此，工程建设过程中的质量与速度是辩证统一的关系，两者之间相互制约、相互影响。质量是速度的必要条件，速度必须以质量为基础。应该说，没有质量，就没有速度。如果一味追求施工速度，忽视施工质量，就会给施工留下安全隐患。一旦出现施工质量问题，就必须返工复工，这不仅耗费施工单位人力和物力，也影响了正常的施工进度。总之，如果只关心速度而轻视质量，那么速度也会化为乌有，只有做好质量，才能谈论速度。当然，也不能以工程质量为借口，放慢施工速度，造成不必要的资源浪费。相比之下，培森柳江特大桥真正做到了高品质与高速度的高度统一：施工单位仅用了 3 年的时间，就建成了主跨度问鼎同类建筑“世界第一跨度”的桥梁。同时，在施工期间，为保质保量、安全高效地推进建设任务，项目不仅对挂篮系统进行了改良，进一步保障高空作业安全。同时，还创新采用轻型化的装配式铝模板及装配式内模吊架，有效提高工作效率，减少损耗，缩短工期。此外，更是通过优化混凝土质量及泵管布置，进一步提升了箱梁外观质量，真正做到“内实外美”。

技术的创新应用和科学的施工组织是实现中国品质和中国速度的关键。培森柳江特大桥的高品质、高速度施工离不开技术创新和应用，更离不开科学的组织安排。首先是技术的创新应用。培森柳江特大桥建设过程中的多项关键技术取得重大突破，彰显了“守正创新、敢做善成”精神的新作为、新担当。例如，施工单位探索了部分斜拉桥快速建造技术、解决了宽幅箱梁常见的腹板质量通病，提升了特殊地质条件下桥梁建设水平，积累了一批“高品质绿色建造”科研成果，为部分斜拉桥的推广应用提供了典型案例和理论基础，对该桥型在复杂岩溶地质山区的推广应用起到极大的促进和示范作用。其次是科学的施工组织。这座特大桥梁的施工时间紧迫，任务繁重，即使是春节这样万家团聚的日子，施工队伍的施工热情也丝毫不减。现场施工管理人员和劳务队人员主动留守工地，指挥部、项目分部等岗位人员各司其职，为现场正常施工生产提供支持和保障，确保施工的高效有序进行。盛夏时节，烈日灼人，他们战高温、斗酷暑，抢工期、赶进度，奋力推进施工进程。总之，科学的施工组织下，建设者们挥汗如雨，他们忙碌的身影与施工现场党旗交相辉映，展现出优良的组织作风。

第三部分

穿山钻地　隧道赴共享（隧道工程类）

公路史上的建设奇迹——川藏公路

川藏公路，原名康藏公路，其工程的巨大和艰险，是世界公路修建史上前所未有的。它横贯“世界屋脊”，翻越14座大山，穿过10多条湍急的河流，跨过无数的流沙、冰川、森林、地震区和沼泽地，平均海拔3000米以上。广大解放军战士、各民族民工、干部和工程技术人员，凭双手，用钢钎、铁锤、铁镐和炸药，在被称为人类的“禁区”上开拓出一条长达2250千米的公路，谱写了一曲曲雄壮动人的颂歌。解放军某师的筑路英雄们说：“康藏公路每前进一步，都是我们的光荣和幸福。”“让高山低头，叫河水让路”，这是筑路大军艰苦创业的真实写照。

据亲历者回忆，战士们凭着坚毅和勇敢，硬是在山羊都不能立足的绝壁上凿岩开路。3年多当中，他们冒着零下30多摄氏度的严寒，奋战在海拔4300多米的雀儿山，从几十里以外运来木柴烘烧冻土；在高达数十米乃至数百米的绝壁上，开凿出桥头和路基；在数百里的雪线上与高原历史上少见的山洪冰川拼搏，任何困难都阻挡不住筑路大军劈山开路的步伐。在二郎山、雀儿山、加皮拉山、达马拉山、色季拉山等14座海拔四五千米的山峰上，英雄们用生命和汗水写下了壮丽的诗篇。在汹涌澎湃的澜沧江、怒江、大渡河上，勇士们战胜了每秒6～8米的激流，在自古传为不可逾越的深山峡谷间架起了230多座桥梁，修建涵洞2860多个，结束了西藏千百年来只靠牛皮船摆渡，靠藤索、竹索过河的落后历史。

筑路战士在悬崖峭壁上悬空打炮眼

筑路大军的生活是极其艰苦的。修路期间，他们一直没有住过房子，白天在冰雪泥浆中劳动，晚上住在寒冷潮湿的简易帐篷中。初到高原，由于空气稀薄，严重缺氧，有时连饭都煮不熟，新鲜蔬菜更是长期吃不上。可是战士们没有叫苦，他们唱歌、讲故事、开联欢会、读小说，乐观而自信地劳动和生活着。在康藏公路修建的日日夜夜中，先后涌现出6000多名各类人民功臣和模范工作者、200多个先进集体，他们中有8次立功的模范班长邓子修，有创造“山”字形挖土法的二级模范、特等功臣、某部副连长方福印，有怒江探险英雄崔锡明和强渡怒江的勇士李文炎等一大批英雄模范人物。还有不少同志为修路献出了自己最宝贵的生命，如筑路英雄、模范共产党员张福林，技术员陈荣竣等。他们的英名将永远镌刻在人们的心碑上。

勤劳勇敢的各族民工除了直接参加筑路外，还组织了庞大的牦牛运输队，日夜不停地翻山越岭，给筑路工地运送各种物资达60万驮。藏族民工队长扎西多吉，女民工曲美巴贞、央尼、白珠等，都是为人们传颂的先进人物和劳动模范。时隔多年，不少人的名字已记不清了，但他们的事迹却永远不会被遗忘。可以说，正是这些中华民族的优秀儿女创造了我国公路乃至世界公路史上的奇迹。

（参见刘未鸣、张剑荆:《超级工程》,中国文史出版社2019年版,第1～6页。有改动）

高山低头河水让路　川藏线精神永放光芒

李白在《蜀道难》有云：蜀道之难，难于上青天！这一句诗可能还不会让大家具体感受蜀道之难难在哪里。李白还写道：“西当太白有鸟道，可以横绝峨眉巅。地崩山摧壮士死，然后天梯石栈相钩连。……黄鹤之飞尚不得过，猿猱欲度愁攀援。”读完这几句诗，再加上“翻越14座大山，穿过10多条湍急的河流，跨过无数的流沙、冰川、森林、地震区和沼泽地，平均海拔3000米以上”，这一系列数字，量化刻画了蜀道之“难”度。

中国共产党领导人民改变了蜀道“难”的历史！虽然鸟道横绝峨眉巅，虽然黄鹤飞不过，虽然猿猱愁攀援，但是新中国的11万人民子弟兵，为了完成和巩固祖国统一大业，放下了手中熟悉的枪，拿起了十字镐，从雅安金鸡关破土动工，一路向西，风餐露宿，劈悬崖、征险川，历经4年，以每一千米都有筑路的烈士长眠路旁的代价，铺就了一条2200多千米的“天路”，结束了西藏不通公路、没有汽车的历史，将雪域高原与祖国内陆紧紧相连，解决了蜀道难的问题，也解决了西藏解放的问题，让翻身农奴“把歌唱”。

川藏路是民族团结、通往社会主义的大路。“庆祝康藏公路通车，巩固祖国统一”“加强社会主义建设，巩固民族团结”，这是当时雅安主要街道临时搭建的 10 座宫殿式的朱红色彩牌上写的庆祝口号。当通车的消息传到中南海后，毛主席兴奋不已，奋笔写下：庆祝康藏、青藏两公路通车，巩固各族人民的团结，建设祖国！确实，川藏通车，增进了西藏和祖国各地的联系，加快了西藏经济社会的发展，拉开了西藏现代交通事业发展的序幕。尽管随着时代的发展，康藏公路改名为川藏公路，但是它是通向“世界屋脊”的团结线、幸福路、社会主义大路的本质是不变的，用热血铸就的“川藏线精神”也是不变的。

川藏线精神是中国共产党精神谱系上的闪亮坐标。川藏线精神是十八军光荣传统和“老西藏精神”的延续，它集中概括了川藏线官兵的理想信念、人生追求和价值取向，充分反映了川藏线官兵热爱党、热爱祖国、热爱人民、热爱社会主义的深厚情感，以及对党的事业、国家前途命运和人民利益的赤胆忠诚，是川藏线官兵用实际行动对当代革命军人核心价值观作出的生动诠释。川藏线精神的核心内容就是“三不倒”：艰险多吓不倒，条件差难不倒，任务重压不倒。川藏线精神，是“一不怕苦、二不怕死，顽强拼搏、甘当路石，军民一家、民族团结”的“两路”精神的重要组成部分，是奋战在川藏线上一代代官兵用青春、热血和生命凝结成的宝贵财富。它是能“让高山低头，叫河水让路”的中国共产党人坚定的意志。

中国共产党创造了川藏公路，培育了川藏线精神；川藏线精神激励着中国共产党，不忘初心使命，在川藏路上带领人民奔赴新的征程。

攻克“掘进长江”难题——南京和燕路过江通道右线隧道

2022年4月7日9时58分，经过800多个日夜，中国首台采用自主技术和多项国产核心部件设计制造的超大直径盾构机“振兴号”，成功贯通近3千米的南京和燕路过江通道右线。2022年12月28日，过江通道正式通车。

隧道施工具有“高”“薄”“险”的特点。“高”是指施工水压高达0.79兆帕，相当于一个指甲盖大小的面积承受7.9千克的重量；隧道覆土“薄”，盾构下穿新生河，最薄覆土仅5.97米，在江中最低点的覆土厚度也仅有10.25米；“险”是指施工地质条件极其复杂，土岩复合地层掘进距离长达约1865米，还要穿越5条断裂带，为国内超大直径盾构隧道之最。

“十隧九漏”，渗漏水现象是困扰世界盾构隧道施工的技术难题。渗漏水不仅影响隧道施工正常进行、增加施工成本，而且如果处置不当，还会增加隧道运营期的安全风险。

管片上浮问题和拼装水平直接影响管片拼接质量，若处理不当极易导致渗漏发生。为此，中交天和机械设备制造有限公司采取了针对措施，采用增加配重的方式将管片的上浮力与配重产生的重力保持住了动态的平衡；在上软下硬地层掘进时，采用提高刀盘转速、降低掘进速度、加强沉降监测等方式控制施工；在穿越断裂带时，采用预先对断裂带注浆加固、优化掘进参数等方式控制风险源；在岩溶段，配备超前探测与超前注浆系统，具备超前探测和处理溶洞的功能等。

与进口盾构机不同，“振兴号”在功能设计、运输方式等方面都作出了自主创新。不止于此，在“振兴号”的“心脏”——主驱动上，通过装设球铰轴承保证主驱动在复杂施工环境下除伸缩功能外还能进行摆动等，增强了盾构机对于江底复杂施工环境的适应能力。“振兴号”不仅实现了长2976米隧道管片错边量均控制在2～3毫米（远低于12毫米的行业标准），还创造了盾构施工隧道14万平方米“滴水不漏”的先例。

盾构机宛如穿行地下、吞石吐泥的巨龙，刀具就是它的牙齿，对隧道的顺利贯通至关重要，特别是在超大直径盾构机穿江过海的过程中。“振兴号”

“振兴号”盾构机

刀盘直径15.03米，总长135米，重达4000吨，应用了常压换刀装置、刀盘伸缩摆动装置等国产核心部件。

“振兴号”世界范围内首次采用超大直径盾构超长不换刀技术及刀具全状态监测系统。超大直径盾构超长不换刀技术不仅可为中国盾构节约数以亿计的成本，还降低了因换刀而导致的隧道坍塌和人身伤害风险。在上软下硬的砂卵石地层，同等地质条件下，超大直径盾构机200米左右就需要更换刀具。“振兴号”施工中连续掘进了1500米而未换刀。在掘进到800米时，刀具最大磨损量仅5毫米（刀具允许磨损量是50毫米）；掘进到1500米时，刀具最大磨损量仅9毫米。

盾构机进入不同地质层，面对不同掘进环境时，技术人员通过刀具全状态监测系统及时观察不同特点的46把刀具，防止因刀具异常磨损导致掘进偏离等。掘进至2976米时，与设计图纸相比线路偏差也不到1厘米，达到了令人惊叹的水准。

（参见张晔：《攻克“掘进长江”难题 南京和燕路过江通道右线隧道贯通》，《科技日报》2022年4月8日。有改动）

掘进长江不怕难 隧道攻坚不等闲

说到“掘进长江”难题，不觉间想起武汉长江隧道。2008年12月28日，有“万里长江第一隧”之美誉的武汉长江隧道试通车。此后，长江过江交通迎来“江上架桥、江面行船、江底通隧”的“三维”时代。20 世纪 80—90 年代，以英吉利海峡隧道、日本青函隧道为代表的人类地下空间开发迅猛进步时，我国水下隧道还是空白。武汉长江隧道是当时我国地质条件最复杂、工程技术含量最高、施工难度最大的江底隧道工程，面临攻克高水压、软硬不均地层、超浅埋、强透水、长距离掘进等 5 大世界级难题，许多外国专家认为，中国人没有能力在长江 57 米深处攻克水下盾构掘进世界级难题，当武汉长江隧道项目筹备正式启动时，各方仍是争议不断。武汉长江隧道可谓十年磨一剑，打赢了一场“隧道攻坚战”，它向世界证明“中国人行”。

南京和燕路过江通道右线隧道同样告诉世界：中国人就是行！同时，我们也坚信科技创新是中国行的必由之路。和燕路过江通道被专家们誉为目前国内在建的最复杂、最困难的大直径过江隧道，对盾构机制造和施工技术都提出了严峻考验。于是，中国隧道工程建设人又一次刷新了历史：“振兴号”世界范围内首次采用超大直径盾构超长不换刀技术及刀具全状态监测系统。超大直径盾构超长不换刀技术不仅可为中国盾构节约数以亿计的成本，还降低了因换刀而导致的隧道坍塌和人身伤害风险。

习近平总书记 2013 年 3 月 4 日在参加全国政协十二届一次会议科协、科技界委员联组讨论时的讲话中指出：“过去三十多年，我国发展主要靠引进上次工业革命的成果，基本是利用国外技术，早期是二手技术，后期是同步技术。如果现在仍采用这种思路，不仅差距会越拉越大，还将被长期锁定在产业分工格局的低端。在日趋激烈的全球综合国力竞争中，我们没有更多选择，非走自主创新道路不可。我们必须采取更加积极有效的应对措施，在涉及未来的重点科技领域超前部署、大胆探索。”[①] 放眼未来，工程建设环境更为复杂，建设条件也更为苛刻，不断突破现有技术制约、提高设计水平是技术发展的必由之路。

经过再次实践，我们更坚定地遵守这一基本经验：科技自立自强是一个大国走向强国的必然要求，实现中国式现代化是实现中华民族伟大复兴的必由之路。民族振兴是中国梦的基本内涵之一，盾构机取名“振兴号”，正是彰显了中国隧道工程人筑梦的理想与信念。

---

① 中共中央文献研究室：《习近平关于科技创新论述摘编》，中央文献出版社 2016 年版，第 35 页。

“顶梁柱”的顶梁者——大柱山隧道

在祖国的西南边陲，与澜沧江十字交会的大瑞铁路（大理至瑞丽）于2022年7月22日正式全线通车。沿线的保山、龙陵、漾濞等县市结束了不通火车的历史，进入了全新的发展阶段。

这是一条隧道和桥梁占比75%的铁路，其中最困难的部分当属保山段内穿越横断山脉的大柱山隧道。2020年4月28日正式贯通的隧道，全长14.48千米，修了12年。

隧道穿过6条断裂带、5处岩溶发育地段、3条褶皱构造段、30多种不同的围岩，综合了国内复杂断层、突泥涌水、软弱围岩大变形、高地热、岩爆等几乎所有长大隧道的风险，被称作“极高风险隧道”。

攻坚克难，关键时刻看党员。作为施工单位，中铁一局以项目党建为抓手，用党组织的组织力、凝聚力、战斗力带领党员职工在艰苦环境下持续奋战，取得了隧道工程施工的一个个突破。

因为地质条件复杂，隔几米可能就遇上不同情况，稍有不慎就是灾难，12年里，90%的时间工程建设者都在与突泥、涌水作斗争。

施工刚进行到1千米处，就来了个“下马威”——燕子窝断层。断层内夹杂着泥和风化的石头，手一捏就碎，在断层施工就像在嫩豆腐里打洞，不小心还会遇到泥石流喷涌而出，大小突涌不计其数。一次施工中，燕子窝掌子面顶部突然裂开直径约60厘米的溃口，不到10分钟，突涌的泥浆就没过膝盖，溃口持续扩大。如果不及时封堵，周边岩层可能坍塌，后果不堪设想。

“我是党员，我在前面！”撤出来的人群惊魂未定时，一名工程师就带着党员抬起水泥袋、蹚着泥浆冲了进去。一呼众应，大家也都跟着一起上前堵溃口。4个多小时奋战，码了10多吨水泥和沙袋才排除了险情。后来大家才知道，在隧道施工过程中，处理突泥是家常便饭。

不仅突泥，因大量涌水造成的险情也不少。有一项统计，12年中，隧道总涌水量达3.1亿立方米。“涌水控制不住，水倒灌了！”一次，掌子面突然大量涌水，仅5分钟水就从膝盖漫到了腰间。工人有序撤离，三工区的党员同志却拿起救生衣往里跑，近距离查看情况，以便尽快组织抢险。“我在前面，我知道怎么操作，大家跟我来！”确认可以抢险后，40 多名党员职工再次进入，开始堵口、抽水，与涌水奋战了整整 4 天 4 夜。

党员往前冲得最快，党员干部都上去，大家心里就踏实了。“关键时刻能站出来、危急关头能豁出去。”这是中铁一局上万个项目中“红旗责任区”“党员先锋岗”的一项经常性制度，是发挥党员在急难险重任务时先锋模范作用的制度保证。

2020 年 4 月 28 日，随着一声爆破，大柱山隧道贯通。几十名男儿挥舞着党旗冲进隧道，跑着跳着，相拥而泣。

坚守，靠党悟，也靠组织。困难接连不断，工程工期从原计划 5 年延长至 12 年，生产材料、人工费用大幅攀升。项目党支部及时向集团党委申请支持，集团党委态度坚决：“必须完成任务，这是央企的责任。”

把普通员工培养成骨干，把骨干发展成党员。项目党支部开展“导师带徒”活动，由老党员、老员工带领新党员、新员工干。如今，项目上的骨干平均年龄 35 岁，12 年来，有 10 余名优秀员工光荣加入中国共产党。

（参见江琳：《大柱山隧道的“顶梁柱”》，人民网人民日报，2020 年 9 月 29 日。有改动）

党员、党支部　大柱山隧道“顶梁柱”

读罢《“顶梁柱”的顶梁者——大柱山隧道》的案例故事，看到泡在隧道涌水和汗水中的建设者，不禁让人深思：是什么人在经受这样的考验？又是为了谁在经历这样的辛苦？

大柱山隧道告诉我们，那是中国共产党带领人民在答卷。在大柱山隧道的建设过程中，“我是党员，我在前面！”这样的声音，多次回响在不同危险的场合；“身为一名党员，把隧道打通，让保山人民早日坐上火车，就是我来这里工作的目标。”普通党员的这些话语无不让人感动，他们都是用自己的实际行动践行着自己作为一名共产党员的铮铮誓言，凸显了中国共产党先锋队的性质，践行着为人民服务的宗旨。那么，是什么让他们任劳任怨、勇毅向前、全心全意在祖国的西南边陲为人民服务呢？这些疑问，中国中铁一局集团有限公司党委给出了答案——在集团上万个项目中，设置“红旗责任区”“党员先锋岗”等经常性制度，发挥党员在急难险重任务时的先锋模范作用，即通过制度建设来坚持和加强党的领导。沧海横流显砥柱，万山磅礴看主峰。

因此，坚守，靠觉悟，也靠组织。正是有着强有力的党组织的领导，凝心聚力主心骨，高楼大厦岿然立。正如习近平总书记所说："党的领导是做好党和国家各项工作的根本保证，是我国政治稳定、经济发展、民族团结、社会稳定的根本点，绝对不能有丝毫动摇。"[①] 在中国中铁一局集团有限公司，就有2000 多个党员攻关小组活跃在重点工程项目和科研攻关任务上。项目党支部都是思想政治工作的行家里手，不仅把普通员工培养成骨干、把骨干发展成党员，还开展"导师带徒"活动，实行老党员、老员工带领新党员、新员工，从而从政治上、思想上和组织上坚持和加强了党的领导，形成了战无不胜、攻无不克的力量，圆满完成共同富裕路上的一份试卷。

大柱山隧道还告诉我们，中国共产党是在为了人民而辛苦。大柱山隧道的建设再次彰显了中国共产党的初心和使命——为人民谋幸福、为民族谋复兴；再次兑现了中国共产党对人民的承诺——在共同富裕的道路上，不让一个民族、一个人掉队。为此，中国共产党带领人民，不惜代价也要打通西南边陲的人民通往幸福的道路——大柱山隧道，而顶起大柱山隧道的顶梁柱正是无数的中国共产党党员和党支部，是那些喊着"我是党员，我在前面!"的人。

---

① 中共中央文献研究室:《习近平关于社会主义政治建设论述摘编》,中央文献出版社 2017 年版,第 30 页。

长隧短打连北京——乌尉天山胜利隧道

乌尉天山胜利隧道两端位于乌鲁木齐县萨尔达坂乡216国道旁以及和静县乌拉斯台查汗村乌斯托车站附近S301省道K217＋400－600北侧，是乌鲁木齐到尉犁县高速公路中最长的隧道，隧道全长22.13千米，隧道为控制性工程，属特长高寒高海拔公路隧道，建成后将成为世界最长的高速公路隧道。

乌尉高速是G7北京—乌鲁木齐高速公路联络线G0711乌鲁木齐—尉犁—若羌高速公路主要组成部分，为连接天山南北纵向大通道，南北方向连接了G30、G7以及G0612，与乌鲁木齐市绕城高速相衔接。

天山胜利隧道施工区域鸟瞰图

天山胜利隧道全长22.13千米，是国内在建高速公路中典型的高寒、高海拔公路隧道，地质复杂，施工难度大。该隧道横穿天山，连通南北疆，对促进新疆维吾尔自治区经济社会发展以及民族大融合具有重要意义。隧道采用“三洞＋四竖井”施工法，服务隧道中导洞采用TBM硬岩掘进机施工，为左右主洞开辟辅助工作面，实现“长隧短打”，有效节约了施工工期。该技术在国内高速公路隧道施工中尚属首次应用。

截至2023年11月21日，进口端左洞已累计完成洞身开挖7260米，右洞累计完成7010米，合计完成14270米，完成总体施工任务的64.45%，服务

隧道中导洞TBM累计完成掘进8950.5米，完成总体掘进任务的85%，为总体计划完成隧道按期贯通奠定了坚实的基础。

（参见《双双突破7公里大关！天山胜利隧道进口端主洞掘进取得新突破》，网易网，2023年11月21日。有改动）

无人区中做环保　天山深处捧真心

天山腹地地势险峻，气候多变，被誉为“地质博物馆”。在这样的环境下，全球最长的高速公路隧道——乌尉天山胜利隧道开通通车，这项工程难度非常大，在全世界都是史无前例的。但是，参与建设的全体人员并没有退缩，他们靠着不屈不挠的精神，克服了极端恶劣的环境和一系列技术难题，创新地解决了各种问题，展现了不同寻常的中国速度。

工欲善其事，必先利其器。既然无法改变外部环境，那就努力找到应对方法。这条隧道穿越天山，地质和自然环境非常复杂，具有高应力、极端低温、高地震强度、高海拔和多断层等特点，施工难度非常大，同时还有许多突发状况。因此，建造者们不仅需要应对高寒、低氧的建造环境，还需要克服复杂的地质条件，而且穿越断层存在高岩石爆炸、软岩大变形、突发涌水等风险。如果采用传统的爆破建造方法，预计天山胜利隧道的贯通需要12年时间，这个时间太长了。为了攻克这段天然屏障，设计人员在克服了海拔高以及勘测技术手段有限等难点后，最终形成了三种施工方案。为了让南北疆群众尽早享受这条快速通道的便利，建设者们选择了最为困难但最为省时的方案。这又一次证明了我们中华民族是勇敢的民族，中华儿女也从不畏难，越是困难就越能激发斗志。工程越做越难，我们自主研发的设备就越来越多，技术也越来越先进。

践行生态理念，坚持绿色发展。隧道位于天山山脉深处的无人区，虽然主要是干荒漠，但却有着极为丰富的生物，被誉为“濒危野生动物基因库”。建设团队始终牢记“绿水青山就是金山银山”，长达数十年的禁牧和维护才让这里的荒草草皮茁壮成长。为了保护草场和生态环境，施工区域的作业平台采用钢板铺装，对局部破坏的草皮及时进行人工修复，最大限度地保护草场。项目在污水处理上推行智能化废水处理方法，集中收集、沉淀、过滤处理后的生活和生产废水，使其能够达到二类饮用水标准，用于施工生产循环。同时，把低盐度的厨余垃圾撒在驻地右侧的山坡上，供鸟类和野生动物啄食，而其余生活垃圾则被运离驻地，以避免对附近脆弱的生态环境造成破坏。

建设天山胜利隧道不是为了创造世界之最，而是出于对国家路网建设和国家发展大局的考虑。作为连接天山南北的重要资源通道，天山胜利隧道肩负着维护国家安全、促进新疆经济发展、开发资源和促进旅游的重要使命。这 22 千米的一纵，让横跨东西 2500 多千米的天山山脉不再阻隔新疆南北的交通，为推进新疆丝绸之路经济带核心区建设、促进南疆经济发展和区域优势资源开发具有重要意义。此外，天山胜利隧道工程为我国多条正在规划的超长隧道建设积累了宝贵经验，特别是在工程设备国产化和软件自主化方面，解决了很多疑难问题。

第四部分

抑洪防涝　利民复兴邦（水利工程类）

为我中华筑大坝——三峡工程

兴建三峡工程、治理长江水患是中华民族的百年梦想。孙中山先生于1919年就提出了开发三峡的宏伟设想。新中国成立以后，毛泽东等历届党和国家领导人高度重视和关心三峡工程论证工作。在历经半个世纪的勘测设计、规划论证后，1992年4月全国人大通过关于兴建长江三峡工程的决议。

三峡工程是治理和开发长江的关键性骨干工程，该工程主要由枢纽工程、移民工程及输变电工程三大部分组成。这一当今世界上最大的水利枢纽工程具有防洪、发电、航运、水资源利用等巨大的综合效益。三峡工程坝址地处长江干流西陵峡河段、湖北省宜昌市三斗坪镇，控制流域面积约100万平方千米。

其中枢纽工程由拦河大坝、电站建筑物、通航建筑物、茅坪溪防护工程等组成。挡泄水建筑物按千年一遇洪水设计，洪峰流量98800立方米每秒；按万年一遇加大10％洪水校核，洪峰流量124300立方米每秒；主要建筑物地震设计烈度为Ⅶ度。

三峡大坝全景

三峡大坝的建成可以让荆江河段防洪标准从“十年一遇”提高至“百年一遇”。若遇到类似于1998年“百年一遇”洪水时，经三峡水库调蓄后，可控制枝城流量不超过沙市或荆江大堤安全通过流量，沙市水位不超过44.5米，可不启用荆江分洪区和其他分蓄洪区。此时，三峡水库的最高蓄水位仅为166.70米，滞蓄洪水量为143.3亿立方米，尚有一定备用防洪库容。

对于“百年一遇”以上洪水，三峡水库的泄洪可始终控制沙市水位不超

三峡船闸全景

过45米。遇“千年一遇”（洪峰流量超过9.88万立方米每秒）洪水，三峡水库蓄水位最高蓄至174.69米，滞蓄洪水量为220.0亿立方米，三峡工程与荆江分洪区和其他分蓄洪区联合工作，可保障荆江堤防安全。若遇1870年大洪水（洪峰流量超过10.5万立方米每秒），通过三峡工程与荆江等多个分蓄洪区的调度，可避免江汉平原发生毁灭性灾害。若遇“万年一遇加10%”校核大洪水（洪峰流量超过12.43万立方米每秒），三峡大坝仍可确保安全。

错峰调节功能：经水库的调度，可避免武汉市汛期同时遭受长江和汉江等洪水袭击，提高了武汉市防洪调度的灵活性，对武汉市防洪起到保障作用。2010年汛期，三峡水库7次防洪运用，累计拦蓄洪水266.3亿立方米，错开与汉江洪峰交汇时间，减少经济损失达266亿元。

上述科学调度中的数据虽看似枯燥无味，但其是我国几代水利水电专家历时60多年研究并实践检验而得出的成果，是保障长江中下游人民生命财产安全的“密码”。这些调度经验和成果使三峡工程成为镇守长江洪水的雄关，三峡工程的巨大防洪功能使得中部沿江地区的投资环境大为改善，为中部的崛起创造了良好条件。

（根据中国三峡网站资料整理）

数代“三峡梦” 今朝梦成真

长江三峡工程，是世界上规模最大的水电站，也是中国有史以来建设的最大型的工程项目。这两个“最大”之中，包含了对实现中国梦的愿望：中国精神的传承与弘扬、社会主义民主建设与完善、中华民族伟大复兴的实现，等等。

三峡工程彰显了伟大的中国精神。大禹治水，在中华大地家喻户晓，因大禹治水形成的以公而忘私、民族至上、民为邦本、科学创新等为内涵的大禹治水精神，也成为中华民族精神的源头和象征。现如今，“高峡出平湖”“当惊世界殊”，社会主义再创华夏民族治水史上不朽的神话，这就是三峡工程。三峡工程不仅继承了大禹治水的精神，更是完美地阐释了中国精神的内涵：伟大创造精神、伟大奋斗精神、伟大团结精神和伟大梦想精神。

“三峡梦”实证了中国梦的未来。1919 年，孙中山先生就提出了开发三峡的宏伟设想。新中国成立后，毛泽东等历届党和国家领导人高度重视和关心三峡工程论证工作，直到 2016 年国务院审查批准验收报告，标志着三峡工程全面建成，中华民族的百年“三峡梦”终于落下胜利帷幕。中国梦正是由一个又一个“三峡梦”组成的，一滴水珠能映出整个太阳，“三峡梦”在新时代成为现实，证实“中国梦”一定要实现、也一定会实现！

三峡工程是社会主义民主的杰作。作为世界上最大的水利枢纽工程，不是说建就建、想建就建的，而是历经半个世纪的勘测设计、规划论证后才走向了建设实践。一串串的数字背后是严密科学的论证，一次次的测试，从“十年一遇”到“百年一遇”再到“千年一遇”“万年一遇”的背后，是对人民生命财产的万无一失的保障；无数次的论证与测试，充分说明“三峡梦”是建立在严密的科学理论与实证基础之上，充分说明“三峡梦”是立足于造福人民的伟业。而当关于兴建长江三峡工程的决议在全国人大会议上通过时，更是充分说明三峡工程是人民当家作主、民主决策的结果，充分说明“三峡梦”是全体人民的梦想。1993 年 8 月，国务院颁布了《长江三峡工程建设移民条例》，说明三峡工程还是在广大三峡移民的支持下才得以实现的百年梦想，更进一步证实了社会主义事业是人民的事业，是需要依靠人民来实现的。

三峡工程还是“五位一体”总体布局的实证硕果。虽然三峡工程在全国的棋盘上只是一个局部，但是在推进我国“五位一体”总体布局全面落实过程中的实证战略价值却不容低估：既是经济效益巨大的经济工程，又是彪炳千秋的社会民生工程；既是凸显中国特色社会主义制度优越性的政治工程，又是河、库和湿地保护修复的生态工程；既是凝练移民精神的文化工程，也是中国人民伟大团结精神展示工程；既是“五位一体”总体布局在微观上全面落实结出的硕果的工程，也是彰显全面落实“五位一体”总体布局的科学性、统一性、战略性、指导性的工程。①

总之，在中国共产党的领导下，在尊重科学、民主决策、团结奋斗、勇于创新的精神引领下，承载着几代中国人梦想的“三峡梦”，今朝梦想成真了！其功在当代，其利在千秋。

① 邹学荣:《如何认识三峡工程的历史与时代意义》,《人民论坛 · 学术前沿》2016 年第 2 期,第 31～49 页。

发电梦圆大河湾——锦屏一级水电站

水电界一直有“三峡最大、锦屏最难”的说法，业内专家认为锦屏一级水电站是当今“技术难度最大、施工布置难度最大、建设管理难度最大”的世界级工程，尤以技术难度大最为突出。也就是这座世界最高的大坝，将我国 300 米级高拱坝设计与建设水平推上了国际领先的地位。

锦屏山，犹如一道摩天绿色画屏横亘在攀西大地上。桀骜的雅砻江在锦屏山下止住脚步，掉头向北，又向东向南流去，形成了约 150 千米的大河湾，也造就了 300 多米的河流落差，蕴藏了丰富的水能资源。

锦屏一级水电站全貌

开发雅砻江锦屏大河湾是中国几代水电人的梦想。从资源普查、规划、勘探、设计，直到最后研究、论证，历经了半个世纪的风雨历程。

1955 年，中国电建集团成都勘测设计研究院有限公司（简称“成都院”）承担了包括雅砻江在内的水力资源普查任务，将水电建设者的足迹第一次留在了这方土地上。十载辛勤劳动，付出了智慧和汗水，甚至生命，于 1965 年完成了《雅砻江流域水力资源及其利用报告》。有了翔实的第一手资料，到 1979 年，锦屏水电工程建设终于被提上议事日程。成都院对锦屏开发方案进行了调整研究，《雅砻江锦屏水电站开发方案研究报告》出台，提出了锦屏一级高坝水库和锦屏二级引水两级开发方案，这是一个大胆且令人鼓舞的方案，充分利用大河湾天然落差，再加一座高坝，形成600米的落差，总装机接近半个三峡的发电量，而投资却不大，也就是今天已经辉煌呈现在雅砻江下游的锦屏一级、二级“双子星”方案。

锦屏坝址区两岸河谷陡峻，非常适合修建拱坝，但锦屏复杂且局部较差的地质条件却是摆在拱坝方案面前的拦路虎。

不论哪种坝型，都将毫无悬念地成为世界第一高坝，究竟选择哪个坝型更合适？两者各有利弊也各有千秋，当地材料坝技术难度及制约因素相对较少、但投资大，而拱坝虽然经济，但技术难度大、制约因素多。

面对难题唯有攻克一条路可走。成都院人选择迎难而上，深入开展科学实验及专题研究，并联合国内最有实力的科研单位开展有针对性的科技攻关。从1999年年底开始，成都院广大工程技术人员克服重重困难，攻克一个又一个技术难关，夜以继日地工作，不到3年的时间完成科研试验报告60多份、专题研究报告35份，取得了丰硕的坝址及坝型选择研究成果。在大量的研究成果的支撑下，成都院最终大胆拍板，认为在普斯罗沟坝址设计与建设一座305米的混凝土双曲拱坝是完全可行的。

坝址与坝型已定，拱坝设计与建设中遇到的难题接踵而来。工程位于地质灾害频发的深山峡谷地区，地质条件复杂，工程规模巨大，技术难度高，具有“三不对称”特点：坝址地形不对称、坝址两岸地质条件不对称、拱坝体型及应力不对称。在拱坝建设中，有一个“不对称”存在，难度就增加许多。而如此多的不对称，给设计带来的挑战不可想象。

对于坝址地形条件不对称的问题，成都院创新性地提出了大垫座的设想。为确保大坝基础固若金汤，方案设计时在左岸增设了一个高度在155米、混凝土方量达到55万立方米的大垫座，这就好比给大坝穿了一双靴子来均匀分散拱坝坝基的应力。针对拱坝体型及应力不对称的问题，提出了“通过结构刚度的不对称分布，适应结构尺寸的不对称分布，从而使结构获得较对称的应力分布”的拱坝体型设计思路。2013年8月30日，锦屏一级水电站首批两台60万千瓦的机组投产发电。

（参见《詹天佑奖工程锦屏一级水电站建设纪实》，国务院国有资产监督管理委员会网站，2018年6月14日。有改动）

雅砻江上摆龙阵　锦屏一级铸传奇

锦屏一级水电站是一座世界最高的大坝，也是当今全世界“技术难度最大、施工环境最危险、施工布置难度最大、建设管理难度最大”世界级工程。就是锦屏一级水电站的建成，实现了大河湾筑坝发电之梦，也因此铸就了雅砻江上中国人的又一个传奇。这个传奇，历时半个世纪、历经 55 家国企 4 万多施工人员的奋斗。从 1955 年启动资源普查到勘察报告出炉，再到锦屏水电工程建设终于被提上议事日程，历经 24 年；从梦想到勘探选址，从设计到科技攻关，从攻坚克难到首次机组发电，历经半个世纪，创造了一串串数字标注的奇迹。

在这个建设工程案例中，不论是大坝坝型选择、拱坝设计，还是巨型工程创新、水电设计的匠心，无不向世界昭示了中国人民的伟大创造精神、伟大奋斗精神、伟大团结精神、伟大梦想精神。在大坝坝址、坝型选择面临无世界先例时，成都院人敢于超越世界高度、创造新的历史高度，这是中国人的勇气与志气；在拱坝设计面对“三不对称”给设计带来的不可想象的挑战难题时，成都院人创造出了大垫座先例，使锦屏一级大坝创造出了国际最先进的建筑技术，这是中国人的智慧与创造；当锦屏水电站建设面临泄洪消能设计、高地应力环境超大规模地下厂房洞室群设计世界级技术难题时，完全依靠自主科技攻关去找解决方案，由此收获了 30 余项发明专利，这是中国人的胆魄与能力；当水电设计需要攻坚创新时，锦屏水电站凝聚了成都院及国内科研高校群体智慧，实现了众多“世界第一”“中国第一”“水电行业首创”的辉煌梦想和匠心之光——世界第一高坝是锦屏一级水电站最耀眼的标签，这是中国人的团结与力量！

锦屏一级水电站，无疑是中国水电工程的标杆型工程，是世界大坝建设的里程碑工程，引领中国水电建设技术由世界先进迈向世界领先水平。这是在中国共产党领导的社会主义制度创造的伟大成就，是社会主义制度能集中力量办大事的优越性的体现，也只有中国共产党才能领导中国人民创造这样的传奇，因为中国共产党人是伟大中国精神的忠实继承者和坚定弘扬者。百年来，只有中国共产党带领人民走出了一条团结之路，彻底结束了民众一盘散沙的现象，才能凝聚中国力量，一起建设伟大工程；百年来，只有中国共产党领导人民开创了一条中国式现代化道路，激发了人民创新创造的精神，使人民保持昂扬向上的精神状态，勇于变革、勇于创新、敢于胜利；百年来，只有中国共产党带领人民从站起来到富起来再到强起来，使人们坚定“四个自信”，推进复兴伟业向前不断发展。

生态化典范工程——龙滩水电站

红花、绿树、清澈的河流……站在龙滩水电站工程坝区的制高点上俯瞰整个工程，看不到尘土飞扬的景象，9.2平方千米的大工地就像是座大花园。这个工程的建设者们从工程一开始就达成共识：要把这项工程建成环保水保示范工程，把龙滩水电站建设成风景秀丽的大公园。

龙滩水电站

2001年，计划投资300多亿元的龙滩水电站工程在广西天峨县正式开工。5年后，龙滩库区内绿化面积已达30多万平方米，植树25110余棵。

据了解，龙滩水电站工程高度重视环境保护与水土保持工作。建设者们在工程建设过程中推行了环保水保综合监理制度，对生产废水、生活污水、固体废弃物处理，以及大气污染防治、噪声控制、水土保持、人群健康和野生动植物保护等环保水保措施的实施进行综合监理。事实证明，这些措施取得了良好的成效。如今，环保水保综合监理使得“绿色龙滩”的梦想变成了现实。

环保方面，施工区生活污染物的处理、噪音大气质量控制等项目全面铺开并卓有成效。在龙滩工地建设高峰期聚集上万名建设者，每天产生大量的生产、生活废水，作为建设方的龙滩公司为此投资1000多万元建设废水处理系统。该系统采用国内一流的先进技术，实现了整个坝区废水“零排放”。

龙滩水电站工程启动了珍稀野生植物和名木古树迁移工作，库区内的7000多株珍稀野生植物和名木古树顺利搬到“新家”定居。

为防止库区蓄水后鼠类大范围迁移，造成库区周边鼠密度和跳蚤指数急剧增高，龙滩水电开发有限公司在下闸蓄水前对库区受淹区进行了大范围灭鼠活动，以防止水库蓄水后疫病的发生。

龙滩水库大大削减了沿岸工农业生产、群众生活所造成的面源污染，枯水期水库调节可明显改善中下游河水的水质，保护江河水资源，减轻和防止水污染。珠江流域的红水河是典型的多泥沙河流，龙滩坝址多年平均输沙量达5240万吨，经水库削减沉积，年出库沙量降至1500万吨，每年减少输沙量3740万吨，可显著减少水土流失。

龙滩水电站工程处处注重环保水保，全力打造“生态龙滩”，使得这里的青山绿水成为优质的旅游资源。天峨县以龙滩为龙头，做好景区景点的开发工作，旅游已成为该县的新经济增长点。据天峨县旅游局统计，龙滩开工前每年游客约为4万人次，2005年猛增至30多万人次。环保部门在施工区域进行了1年多的跟踪监测，对龙滩水电站工程的环保措施非常满意。

（参见《我国第三大水电站龙滩水电工程成功下闸蓄水》，新华社，2008年9月30日。有改动）

水电生态同推进　建设理念成典范

在这个案例中，龙滩水电站工程建设者们，对工程建设有一个共识：要把这项工程建成环保水保示范工程，把龙滩水电站建设成风景秀丽的大公园。这无疑是在转变经济发展、增长方式，是在践行一种新的发展理念——协调发展、全面发展、可持续发展。

早在2003年，党中央就要求加快转变经济增长方式，将循环经济的发展理念贯穿到区域经济发展、城乡建设和产品生产之中，使资源得到最有效的利用，牢固树立协调发展、全面发展、可持续发展的科学发展观。可以说，龙滩水电站的建设者们不仅在切实地贯彻“三个代表”重要思想，也是科学发展观积极的先行者，更是新时代生态文明思想的忠实践行者。

在龙滩水电站的建设中，采用国内一流先进技术的废水处理系统使整个坝区实现废水“零排放”，顺利将库区内的7000多株珍稀野生植物和名木古树搬“新家”，实施库区大范围灭鼠活动以防止水库蓄水后疫病的发生等，就是推行了环保水保综合监理制度，才让“绿色龙滩”的梦想变成现实。这正是代表先进生产力的发展要求，代表中国先进文化的前进方向，代表中国最广大人民的根本利益；同时，“绿色龙滩”的梦想，也是科学发展观和生态文明思想的要求，只有处理好发展与环境、生态的关系，保护环境、保护好水流与生态系统，才能实现协调、全面和可持续发展，才能符合中国特色社会主义的本质要求，才能符合中华民族发展的根本利益和长远利益。

在建最大的水利工程——引江济淮一期工程

2022年12月30日，中国电建承建的国内在建规模最大的水利工程——引江济淮一期工程实现试通水通航，标志着集供水、航运、生态等效益于一体的一项水资源配置和综合利用的大型跨流域调水工程取得重要建设进展，将开始全面发挥重大效益。

引江济淮一期工程

引江济淮工程是国务院确定的全国172项节水供水重大水利工程的标志性工程、安徽省基础设施“一号工程”，也是润泽安徽、惠及河南、造福淮河、辐射中原、功在当代、利在千秋的重大基础设施和重要民生工程。中国电建下辖的水电四局、五局、七局、十局、十一局、十二局、十五局、电建市政公司等子企业承担主要施工任务。

引江济淮工程自20世纪50年代起开始谋划，2015年3月国务院批复项目建议书，2016年12月29日，引江济淮一期工程正式开工建设，一期工程总投资949.15亿元，是我国继三峡工程、南水北调工程之后，在建规模最大的水利工程。引江济淮工程沟通长江和淮河两大水系，由长江下游上段引水，向淮河中游地区补水，输水线路总长723千米，引江流量300立方米每秒，入淮流量280立方米每秒，供水范围涉及安徽、河南两省的15个市，55个县、市、区，受益人口5117万人，改善灌溉面积1808万亩。工程不仅能够解决皖北及豫东地区的严重缺水问题，还可以用江水置换地下水开采，有效遏制皖北及豫东地区中深层地下水超采势头；同时，工程可以有效提升巢湖、菜子湖等沿江河湖的防洪排涝能力，减轻洪涝灾害，助推巢湖和淮河等国家重点河湖的水质改善和生态复苏。

在引江济淮工程建设过程中，中国电建紧紧围绕“优质工程、民生工程、创新工程、廉洁工程”的建设总要求，积极应对冬季持续降雨、春季桃花汛和夏秋连旱等极端天气影响，克服点多、面广、线长和工期紧、任务重、标准高等一系列困难，加速推进引江济淮一期工程建设。下辖水电五局建设的引江济淮蜀山泵站是亚洲装机、流量最大的混流式泵站，建设规模位居引江济淮工程八大枢纽之首。蜀山泵站共有8台机组，总装机容量60000千瓦，单机功率7500千瓦，设计提水流量340立方米每秒，单仓混凝土最大浇筑量达3200立方米。针对混凝土内部温度控制难点，项目团队积极创新大体积混凝土施工工艺，有效解决了大体积混凝土温度裂缝防治的技术难题，确保工程质量。面对江淮分水岭广泛分布的膨胀土问题，下辖水电十二局项目通过试验不同的水泥掺入量，确定水泥改性土强度，结合工程总体施工进度及试验成果，得出最优的施工方法，形成了膨胀土边坡处理施工工法，为解决我国类似水利工程建设中的膨胀土问题提供了宝贵经验。

引江济淮工程的成功建设，将打造内河航运黄金水道。江淮运河通航后，将在安徽境内形成“工”字形水运网，淮南到芜湖之间的水运距离，将从绕道京杭大运河的645千米减少到330千米。江淮运河北接沙颍河航道，南连芜申运河，将形成平行于京杭大运河的我国第二条南北水运大动脉，连通现有航运水系，辐射四方，通江达海，对提升国家高等级内河航运格局、助力长江经济带和长三角一体化高质量发展等具有重要战略意义。

（参见《中国电建承建的国内在建规模最大水利工程试通水通航》，国务院国有资产监督管理委员会网站，2023年1月5日。有改动）

长江淮河“牵手”　大国工程圆梦

“引江济淮”是一个跨越千年的愿景，旨在惠及长江与淮河，造福沿岸人民。目前，长江水从枞阳引江枢纽源源不断地流出，通过长渠、涵洞和穿渡槽，终与淮河“牵手”。

一代代人接力逐梦，伟大时代成就伟大工程。引江济淮的梦想可以追溯到三国时期，当时曹操曾尝试开挖、打通江淮水系的渠道，但工程一直没有取得成功。“走千走万，不如淮河两岸。”淮河流域是中国人口和耕地的重要承载地，贡献了全国 9%的国内生产总值和 1/6 的粮食产量，但是其水资源总量不及全国总量的 3%。这使得淮河流域成为一个严重缺水的地区。为解决这一问题，一代又一代水利人接力追梦。据史料记载，毛泽东曾多次提出“引江济淮”的构想。1953 年 2 月，毛泽东视察长江中下游地区，曾提出把安徽合肥附近的将军岭切开以沟通江淮的伟大构想。此后，有关“引江济淮”的工程查勘从未中断。然而，由于历史原因和经济实力因素，“引江济淮”工程在半个多世纪的时间里一直未能取得实质性进展。党的十八大以来，“引江济淮”工程加速推进，为淮河中游和长江中下游之间的水运畅通打下了坚实的基础，也标志着新时代国家基础设施建设取得新突破。现在，千吨级货轮可以直达江海，运输里程缩短了 200～600 千米，极大地提高了航运效率，降低了运输成本。

“引江济淮”工程体现了生态优先和绿色发展的理念。在工程建设过程中，菜子湖是必经之路，同时也是重要的候鸟栖息地。保护生态环境是“引江济淮”工程的坚定决策。对此，工程部专门增加了约 1.5 亿元的投资，并对原设计方案进行了大幅度调整，以严格保护候鸟栖息环境。具体措施包括：将航道西移约 1 千米，远离鸟类集中分布区；利用湖区航道疏浚土方，在航道东侧填筑湿地，结合微地形改造布设苦草、黑藻、菹草等耐水植物，为候鸟提供优质栖息地。此外，“引江济淮”工程还是我国布设鱼道最多的水利水电工程之一。整个工程安排了 2.5 亿元左右的专项资金，为鱼类增设了 5 处鱼道，用于鱼类洄游。过鱼通道按照景观美学的理念设计，从原来的顺直平面布置变为蜿蜒曲折、宽窄相间的仿生态布置，并且鱼道结构也由普通的混凝土结构调整为堆砌石生态结构，以进一步保护生态环境。

中华智慧凝结的经典——都江堰

号称“天府之国”的成都平原，在古代是一个水旱灾害十分严重的地方。秦昭襄王五十一年（公元前256年），秦国蜀郡太守李冰和他的儿子，吸取前人的治水经验，率领当地人民，主持修建了著名的都江堰水利工程。都江堰的整体规划是将岷江水流分成两条，其中一条水流引入成都平原，这样既可以分洪减灾，又可以引水灌田、变害为利。都江堰主体工程包括宝瓶口、分水鱼嘴和飞沙堰。

都江堰

1. 宝瓶口的修建过程

首先，李冰父子邀请了许多有治水经验的农民，对地形和水情作实地勘察，决心凿穿玉垒山引水。由于当时还未发明火药，李冰便以火烧石，使岩石爆裂，终于在玉垒山凿出了一个宽20米、高40米、长80米的山口。因其形状酷似瓶口，故取名“宝瓶口”，把开凿玉垒山分离的石堆叫“离堆”。

之所以要修宝瓶口，是因为只有打通玉垒山，使岷江水能够畅通流向东边，才可以减少西边的江水的流量，使西边的江水不再泛滥，同时也能解除东边地区的干旱，使滔滔江水流入旱区灌溉那里的良田。这是治水患的关键环节，也是都江堰工程的第一步。

2. 分水鱼嘴的修建过程

宝瓶口引水工程虽然起到了分流和灌溉的作用，但是因江东地势较高，江水难以流入宝瓶口。为了使岷江水能够顺利东流且保持一定的流量，并充分发挥宝瓶口的分洪和灌溉作用，李冰在开凿完宝瓶口以后又决定在岷江中修筑分水堰，将江水分为两支：一支顺江而下，另一支被迫流入宝瓶口。由于分水堰前端的形状好像一条鱼的头部，所以被称为“鱼嘴”。

鱼嘴的建成将上游奔流的江水一分为二：西边称为外江，沿岷江顺流而下；东边称为内江，流入宝瓶口。由于内江窄而深、外江宽而浅，这样枯水季节水位较低，则60％的江水流入河床低的内江，保证了成都平原的生产生活用水；而当洪水来临，由于水位较高，于是大部分江水从江面较宽的外江排走，这种自动分配内外江水量的设计就是所谓的“四六分水”。

3. 飞沙堰的修建过程

为了进一步控制流入宝瓶口的水量，起到分洪和减灾的作用，防止灌溉区的水量忽大忽小、不能保持稳定的情况，李冰又在鱼嘴分水堤的尾部靠着宝瓶口的地方修建了分洪用的平水槽和“飞沙堰”溢洪道，以保证内江无灾害。溢洪道前修有弯道，江水形成环流，江水超过堰顶时洪水中夹带的泥石便流入到外江，这样便不会淤塞内江和宝瓶口水道，故取名“飞沙堰”。

飞沙堰采用竹笼装卵石的办法堆筑，堰顶做到比较合适的高度，起一种调节水量的作用。当内江水位过高的时候，洪水就经由平水槽漫过飞沙堰流入外江，使得进入宝瓶口的水量不致太大，保障内江灌溉区免遭水灾；同时，漫过飞沙堰流入外江的水流产生了漩涡，由于离心作用，泥沙甚至是巨石都会被抛过飞沙堰，因此还可以有效地减少泥沙在宝瓶口周围的沉积。

为了观测和控制内江水量，李冰又雕刻了三个石桩人像，放于水中，以“枯水不淹足，洪水不过肩”来确定水位；还凿制石马置于江心，以此作为每年最小水量时淘滩的标准。

在李冰的组织带领下，人们克服重重困难，经过8年的努力，终于建成了这一历史工程——都江堰。

（根据网络整理资料）

都江堰缔造“天府之国”　中国人智慧成千古绝唱

余秋雨先生说过：“中国历史上最激动人心的工程不是长城，而是都江堰。长城的功用早已废弛，而直到今天都江堰还在为民输送着汩汩清流。长城的文明是一种僵硬的雕塑，而都江堰的文明是一种灵动的生活……”的确如此，都江堰是伟大的水利工程，使成都平原从水旱灾害中解放出来，成为沃野千里的“天府之国”。它是世界上唯一以无坝引水为特征的综合性水利工程，已被列入世界遗产，堪称世界水利文化的鼻祖。

都江堰开创了中国古代水利史上的新纪元，标志着中国水利发展进入了新的历史阶段。都江堰水利工程建成后，成都平原迅速成为秦朝的重要粮仓，巴蜀成为秦朝经济富饶、物产丰富的战略后方，从实力上改变了秦、楚、齐三强长期并驾齐驱的格局。在秦末暴政及大乱时期，都江堰起到了稳定蜀地、稳定统治的重要作用。它不仅是中国古代水利工程技术的奇迹，也是世界水利工程的璀璨明珠。与其建造时间相近的古埃及和古巴比伦的灌溉系统、陕西的郑国渠以及广西的灵渠均已湮没或失效，只有都江堰独树一帜，仍在防洪和灌溉方面发挥着重要作用，滋润着天府之国数万公顷的农田。

以人为本，尊重自然规律。“以人为本”是我们今天常说的话，而水利人从一开始就践行这一理念。李冰父子治水，将水的功效发挥到了极致。其治理思想是“变堵为疏，因势利导”，这种思想既包含对自然的理解与敬畏，也体现了对民意的顺应与尊重。都江堰水利工程的建立，在不破坏自然资源、充分利用自然资源为人类服务的前提下，化害为利，使人、地、水高度协调统一。此后，在历代蜀人的治理下，都江堰水利工程更加完善，内外河分离，形成了与天地协调的工程布局。“遇弯截角、逢正抽心”是人类对水流形态认识的极大提高，也是人类认识自然、尊重自然规律的重要体现。先贤李冰父子之所以不畏艰险、不遗余力地建造都江堰水利工程，是因为他们心系百姓、胸怀天下，更是因为他们能因地制宜、尊重规律。

在历史长河中，李冰逐渐成为一种精神符号，一种人类可持续发展、尊重自然、科学治水的典范。作为一名工程师，他运用睿智的头脑和不懈的努力，完成了对自然的改造；作为一名管理者，他弃用武力，以最具说服力的恩惠，赢得了后人的赞誉和颂扬。这种“尊重规律、崇尚科学”“勤政务实、开拓进取”“为民造福、无私奉献”的精神，被称为“李冰精神”。[①] 我们应该向李冰父子学习，学习他们身上的刻苦精神和屡败屡战的毅力。同时，新时代要善于传承“李冰精神”，让“李冰精神”更加生动活泼，为中华民族的伟大复兴不断注入新的力量。

① 李德幸:《谈谈都江堰水文化特色与李冰精神》,《四川水利》2019 年第 6 期,第 153～158 页。

中国精神铸就的天河——红旗渠

1959年，林县遇到了前所未有的干旱，境内的4条河流全都断流干涸了，已经建成的水渠无水可引，水库无水可蓄见了底，山村群众又得远道取水吃。经过多次讨论，要解决水的问题必须寻找新的可靠的水源，修渠引水入林县。但是在林县境内没有这样的水源，县委把寻水的目光移向了林县境外，想到了水源丰富的浊漳河。

红旗渠

1959年10月10日，林县县委召开会议决定把浊漳河的水引到林县来，时任中共林县县委书记的杨贵发出了“重新安排林县河山”的号召。专门研究“引漳入林”工程。工程决定于1960年2月开工，当时正逢三年困难时期，全县只有150亩耕地、300万元储备金、28名水利技术人员。

1960年2月，林县人民开始修建红旗渠（原称“引漳入林”工程），经过豫晋两省协商同意，后经国家计委委托水利电力部批准。

修渠民工自己动手，想尽各种办法解决住的问题。大家找不到合适的地方就睡在山崖下、石缝中，有的垒石庵，有的挖窑洞，有的露天打铺，睡在没有房顶、没有床、更没有火的石板上，薅把茅草当铺草，真是铺地盖天。几块布撑起来，就是指挥千军万马的指挥部。在10年的修渠过程中，住地再难再苦，可是整个工地上没有任何人用修渠的钱盖过一间房子。

民工们带着家里的铁镢、铁锹、小推车上了工地，用这些原始的劳动工具，开始了修建红旗渠这样的大工程。

修建红旗渠石灰用量非常大，石灰供应不上成了修渠的主要障碍。指挥部发动群众，在全县招收烧制石灰的能手。东姚公社的“烧灰王”原树泉，自告奋勇献计烧石灰。河顺公社在学习原树泉烧灰法的基础上又创造了明窑堆石烧灰法，一窑可以烧400千克石灰，彻底解决了工地用石灰难的问题。

石灰难问题解决了又出现了炸药难的问题。于是县委、县政府从全县58万人口中招聘制造炸药的人才。经过考核选拔，确定了人员，办起了工厂，解决了炸药难的问题。

要办水泥厂，首先得有技术人才。听说合涧公社雪山大队有个老人，曾在太原水泥厂当过工程师，现在退休在家。指挥部工作人员不辞辛苦，翻山越岭徒步45千米登门邀请。老人凭着对家乡人民的无限崇敬，不顾自己年迈，下山筹办水泥厂，奉献出自己的光和热，保证了建渠的顺利进行。

1966年4月，三条干渠同时竣工。

1969年，完成干、支、斗渠配套建设。至此，以红旗渠为主体的灌溉体系基本形成。灌区有效灌溉面积达到54万亩，1969年7月工程全面竣工。

在红旗渠修建的10年中，涌现出许多英雄人物。红旗渠总设计师吴祖太，在接到设计红旗渠的任务后，不畏艰险，翻山越岭，进行实地勘测。其间他遭遇了母亲病故和妻子救人牺牲的巨大变故，仍没有停下手中的工作，坚持奋斗在红旗渠建设的第一线。1960年3月28日下午，吴祖太听说王家庄隧洞洞顶裂缝掉土严重，深入洞内察看险情，却不幸被洞顶坍塌掉下的巨石砸中，夺去了年仅27岁的生命。

红旗渠的建成，彻底改善了林县人民靠天等雨的恶劣生存环境，解决了56.7万人和37万头家畜的吃水问题，54万亩耕地得到灌溉，粮食亩产由红旗渠未修建初期的100千克增加到1991年的476.3千克。

（根据网络资料整理）

“人工天河”有密码　红旗渠精神永相传

一渠绕群山，精神动天下。红旗渠是革命精神的实践，它见证了中华儿女改天换地的壮举以及人定胜天的勇气。这条被誉为“世界第八大奇迹”的水渠，不是普通的石砌水渠，而是流淌着林县人民奋斗故事的精神之河。十年筑渠，培育了“自力更生、艰苦创业、团结协作、无私奉献”的红旗渠精神。漳河水从山西引入林县，林县人民创造了“愚公移山”的现代奇迹，把中华民族艰苦奋斗、战天斗地的精神之旗插在了太行山之巅。

自力更生奏凯歌，艰苦奋斗创奇迹。在红旗渠破土动工时，我国正遭受严重的自然灾害，国家物资短缺，甚至缺乏钢钻头、镐、提篮、提竿等简单工具。但林县人民没有等待也没有依赖他人，更没有向国家要投资或材料，而是发扬自力更生精神，依靠集体力量自行筹划。修渠过程中，林县人民把这种自力更生精神发挥到了极致，如抬杠断了就改用炮锤或手锤，或者用断掉的锤把当柴烧石灰；抬筐或车篓坏了就用铁丝、旧车带包边兜底，并在需要时对破损的地方进行修补，直到使用不下去时再烧成柴炭。据统计，整个红旗渠建设的总投资为 6865 万元，其中国家资助仅占不到 15%的比例，其余的资金全部由林县人民自筹。红旗渠中的青年洞是总干渠上最大的隧洞，洞内岩石异常坚硬，每次钻凿只能留下一个小小的印记。没有现代化大型施工机械，要完成长 616 米、宽 6.2 米、高 5 米的青年洞凿通工作，难度可想而知。然而，面对这巨大的挑战，建设者并未妥协退缩。300 多名年轻人组成了 7 个突击队，主动担负起钻挖青年洞的重任。他们靠着坚韧不拔、吃苦耐劳的精神，连续苦战 17 个月，最终凿通了青年洞。考察青年洞时，习近平总书记强调："年轻一代要继承和发扬吃苦耐劳、自力更生、艰苦奋斗的精神，摒弃骄娇二气，像我们的父辈一样把青春热血镌刻在历史的丰碑上。"①

为有牺牲多壮志，敢教日月换新天。红旗渠修建过程中的艰难险阻非常之多，涌现出来的英雄人物更是不胜枚举。据统计，林县全县 50 万人口中，有 30 多万人上山参加过修渠，共诞生了 43 位特等劳模、229 位甲等劳模、460 位乙等劳模。不幸的是，有 81 位工人在修建过程中牺牲，年龄最大的 63 岁，年龄最小的只有 17 岁。党员干部们在最需要的地方出现，以先锋模范的形象担当起红旗渠工程建设的中流砥柱，形成了建设红旗渠的强大凝聚力和感召力，给人们留下了深刻的印象。其中，吴祖太和李茂德明知有坍塌危险还是进入洞内通知工友撤离，元金堂则扛着炸药包护着工友们保住了旁边的洞。幸福是英雄们奋斗出来的。参与修渠的人很多都面临困难和伤病，但他们怀揣的是对水的渴望、对美好生活的向往和建设新山区的梦想，他们能吃苦、肯奋斗，想到就要实现。面对悬崖峭壁，他们一寸一寸地用斧凿前进，

---

① 《继承和发扬吃苦耐劳精神》，求是网，2023 年 7 月 10 日。

最终实现了梦想。至于个人得失是否比几代人梦寐以求的伟大事业更重要，每个建设者心中都有自己的考虑。他们无所畏惧地做出选择，甚至不惜牺牲自己的青春和生命。这种十年磨一剑的奋斗精神值得我们敬佩和弘扬。

习近平总书记指出："红旗渠精神是我们党的性质和宗旨的集中体现，历久弥新，永远不会过时。"[①] 今天的红旗渠流水无言，既是写满艰辛、悲壮和血泪的十年建设历程的真实记录和有力见证，又闪耀着一方百姓艰苦奋斗、团结协作、无私奉献的精神光芒。这一"精神密码"依然具有强烈的震撼力和启示作用，激励我们将这种伟大的奋斗精神传承下去，继续书写新的历史篇章。[②]

---

① 《红旗渠精神历久弥新，永远不会过时》，《人民日报》2021 年 11 月 11 日。

② 米寸美：《红旗渠奇迹背后的"精神密码"》，《河南日报》（农村版）2022 年 12 月 20 日。

第五部分

巍峨庄严　殿堂谱华章（堂馆工程类）

珠江艺术的标杆——广州大剧院

提起广州的新地标性建筑，不得不提的就是广州大剧院了。这座出自国际设计大师之手，又有全球顶级声学大师配合设计的建筑，历时4年半精心建设，一直是人们津津乐道的对象。或许你见过它的造型，或许你感受过观演的震撼效果，但那些背后的故事，其间的小曲折，无疑为这座冰冷的建筑涂上感情的色彩。设计的力量有多大，设计会给人们带来什么影响？

广州大剧院

广州大剧院的设计突破了以往建筑的结构特点，外围护结构强烈的凹进凸出的不规则折面和内部大跨度、大悬挑、倾斜的剪力墙柱形成复杂的不规则建筑空间。其不规则、不对称的结构为大剧院带来不少趣事：作为公共空间的清水混凝土架空层“还地于民”的做法吸引了不少游人，剧院中全部是斜梁斜板的设计却大大冲击了习惯方方正正建筑的人们。这种挑战人惯有思维模式的设计，需要慢慢去欣赏。

设计师曾经说过，斜柱就是他们的设计风格之一，是需要人们去品味和接受的过程。点、线、面都能带来无穷想象的广州大剧院，可以说是“每次看都不一样”，可是这种效果来之不易。

建筑结构特立独行的广州大剧院采用的是“铸钢结构”——三向斜交折

板式网壳，就有 64 个面，47 个转角，每一个钢件都是分段铸造再运到现场拼接的，每一个节点从制造、安装均要在空中准确三维定位，目前国内对如此复杂的钢结构还没有规范可循。因而，无论是设计师还是建设者都只能摸索着进行。5000 多块玻璃和 75000 块石材，大小相同，形状却各异，让人咋舌。

对于参与这个项目管理和建设的团队来说，广州大剧院是他们公认的遇到过的最难的一个项目，比如说采用清水混凝土作为建筑装饰主要材料，清水混凝土对建筑工艺要求非常严格，为了达到整体效果的协调，建设团队对这个单项就研究了半年的时间。为了解决广州大剧院项目技术问题，他们进行各类研讨不少于 150 次。最后，广州大剧院完成的效果基本与设计概念一样，这不得不说又是一大创举。

最完美的建筑设计，同样要求最完美的视听效果。有专家做过这样的比较：悉尼大剧院是一流的建筑但不是一流的剧院，法国巴士底大剧院是一流的剧院但不是一流的建筑，广州大剧院是完美的，既是一流的建筑也是一流的剧院。如何做到“两全其美”？除了出色的建筑设计外，还有一个全新的理念：“双手环抱”式看台。以前大多数剧场，都采用马蹄形、方形或矩形等形状的观众席，广州大剧院却采用全球首创的不规则的“环抱形”。“双手环抱”即观众厅池座两侧的升起部分和楼座挑台交错重叠，看台犹如双手环抱。从试唱检验的效果和专家们的评价来看，广州大剧院的演出效果足以与世界第一流的大剧院相媲美。

广州大剧院在设计上不仅注重外观造型，也注重环保和节能。广州大剧院最大的环保节能就体现在空间的延续性上，比如说架空层空间的有效利用，可以成为市民纳凉休闲的好去处。

不仅如此，广州大剧院还有效整合珠江新城的地理空间资源。广州大剧院自身拥有 200 多个停车位，但对于一个人流量大的剧院这是远远不够的，于是大剧院与不远处的停车场协商将两者的停车场相互共享，有效整合珠江新城现有的资源，达到空间的延续和利用。

（参见《广州大剧院：珠江畔瑰丽的艺术品》，《羊城晚报》2010 年 8 月 13 日。有改动）

形美而内秀　文化之标杆

广州大剧院从 1999 年立项到 2010 年 5 月 9 日正式投入运营，历经 12 年时间终于建成了中国最好的大剧院。最完美的建筑设计与最完美的视听效果相结合，铸就了广州大剧院的完美:既是一流的建筑也是一流的剧院,更是一流的文化艺术荟萃的舞台。广州作为我国改革开放的前沿阵地,文化建设也是紧随经济发展的节奏。发展社会主义先进文化,就是建设社会主义精神文明。广州大剧院作为百年一遇的文化建筑,不仅体现了广州的文化底蕴、成为广州的文化标杆,也是我们的社会主义先进文化面向现代化、面向世界、面向未来的一个代表。

文化是民族的血脉，是人民的精神家园。广州大剧院作为一个文化艺术的存在，是社会主义文化自觉和文化自信的表现，是一个国家文化实力的象征。2013 年 9 月，广州大剧院获得“菲迪克百年重大建筑项目杰出奖”。2014 年，广州大剧院入选《今日美国》评出的“世界十大歌剧院”。这些荣誉不仅说明我们有经济实力建设我们社会主义文化发展的大舞台，我们也有能力建设我们自己的文化内涵。中国特色社会主义是全面发展的社会主义，包括经济建设、政治建设、文化建设、社会建设和生态文明建设，“五位一体”总体布局是一个有机整体。广州大剧院的落成标志着中国人民的精神世界正走向高质量发展，是见证中国特色社会主义文化正走向现代化的又一个标识。

广州大剧院是不同文明碰撞的结晶：它有国际设计大师扎哈·哈迪德的设计，它有全球顶级声学大师参与，“双手环抱”式看台更是马歇尔梦想了 20 多年的一个创想，这些在中国“基建狂魔”的手中完美地结合了。2019 年 5 月 15 日，国家主席习近平出席亚洲文明对话大会开幕式并发表主旨演讲时指出：“文明因多样而交流，因交流而互鉴，因互鉴而发展。我们要加强世界上不同国家、不同民族、不同文化的交流互鉴，夯实共建亚洲命运共同体、人类命运共同体的人文基础。”① 为此，他提出四点主张：第一，坚持相互尊重、平等相待；第二，坚持美人之美、美美与共；第三，坚持开放包容、互学互鉴；第四，坚持与时俱进、创新发展。广州大剧院的落成既是帮助人们加深对彼此文化的理解和欣赏，为展示和传播文明之美打造交流互鉴平台；也是中国愿同各国加强各界交流，推动各种形式的合作走深走实，为推动文明交流互鉴创造条件。

① 习近平:《习近平谈治国理政》(第三卷),外文出版社 2020 年版,第 468 页。

廉洁高效的结晶——江苏大剧院

灵感取自长江水、“荷叶水珠”造型的江苏大剧院，捧回了2018—2019年度中国建设工程最高荣誉“鲁班奖”的“小金人”。夜幕下俯瞰江苏大剧院，灯光璀璨酷似闪耀的星空，宛如一座精美的艺术品。

夜幕下的江苏大剧院

设计要符合艺术品标准，选材也要多方比较，既要精打细算还要高标准保质保量，投资达39亿元的江苏大剧院，仅涉及的合同标段就有近百个，涉及的概算几千项。要在数千家竞标单位和材料供应商中选择，设备和材料的优劣均需建设管理方这一“当家人”逐项把关，严控质量和成本。

“既要用好的，价格还不能贵”，这是建设管理方在做选择时掌握的基本原则。如何做到？江苏大剧院工程建设指挥部相关负责人颇有心得，就是要“外行”变“内行”，只有对价格摸过底，货比三家，做到心中有数，才能买到合适的产品。以江苏大剧院采暖用的锅炉为例，在第一轮招投标过程中，一家进口锅炉的国内供应商私底下加价100多万元。建设管理方立即展开摸底，到其他项目咨询同一品牌型号的购入价格，并找到直接供应商询价，在做了充分准备后，第二轮招投标设定了最高限价，最终以适中的价格拿下了这一世界第一品牌的锅炉。

成本控制归控制，但质量第一，该花的钱一分钱也不能省。江苏大剧院4个演艺厅的椭圆形外立面铺有6万多平方米的钛合金板，钛合金板幕墙重量轻、强度高，其曲线造型与通透的玻璃飘带构成一幅“流动的建筑”外形，赋予了大剧院高贵典雅的气质。但在起初选材时，也经历了不少周折。

就这一外形材料来说，既可以用不锈钢板、铝板，也可用钛合金板。从价格比较，铝板最便宜，不锈钢板稍贵，钛合金板最贵。铝板虽便宜，但强度不够，容易变形，不锈钢板强度够了，但又太笨重，不及钛合金板轻盈且强度高。

怎么选？建设管理方犯了难。在实地考察和了解了多处使用这三种材料建成的场馆后，建设管理方决定将三种材料分别制作成产品模型，组织专家现场评判。通过直观比较和客观分析，最后选择了价格虽高但造型线条更加柔和流畅、品质档次均远高于其他两种材料的钛合金板，保证了选材的高标准和高质量。

对于投资数十亿元、建设过程中动辄就要支出几亿元的工程项目，资金用途的监管和团队廉政建设至关重要。江苏大剧院项目一经启动，省纪委便第一时间派驻，建设管理方——江苏大剧院工程建设指挥部又进一步委托第三方审计部门，对项目实施的全过程进行跟踪审计，做到所有环节公开透明，所有人员廉洁自律。

论人、论财、论物，作为项目的“当家人”，江苏大剧院工程建设指挥部尽其所能，精益求精，力争做到最好。极具艺术气息的江苏大剧院，正以建筑界傲人的姿态，履行着把传统与现代融合、令艺术与文化共荣的使命。

（参见《江苏大剧院荣获中国建设工程最高奖项“鲁班奖”》，新华网，2019年12月19日。有改动）

廉洁管理出精品　党旗飘飘是保证

一座剧院，一座城。剧院是一座城市的精神殿堂，更是开放的全民艺术大学。江苏大剧院是江苏省境内最大的文化工程，被界定为“世界级艺术作品的展示平台、国际性艺术活动的交流平台、公益性艺术教育的推广平台”。要建设一个江苏省最具代表性的艺术殿堂，对施工单位的技术、经验、综合实力的要求自然是很高的，尤其是对企业文化的品格要求。江苏大剧院工程建设企业经受住了考验，以优异的成绩完成了答卷。

江苏大剧院的建设以高效管理出精品，突出了中国特色社会主义企业文化的先进性。比如，“既要用好的，价格还不能贵”，成为建设管理方做选择时的基本原则。不论是施工单位、成本控制、产品入场还是全程监理，建设管理方都是细致入微、严谨把关、好中选优，才使得江苏大剧院无论是外部主体结构还是内部复杂的运行系统，都做到了精良极致。即使日夜加班赶工期，也没有降低质量要求，更没有出现一起重大安全和重大质量事故。

江苏大剧院以党建为引领，时时处处飘扬着鲜红的党旗，突出了中国共产党廉洁奉公的优良作风。面对巨额资金的诱惑，使用与监管资金的团队的廉政建设可谓至关重要。江苏大剧院项目部以不同形式开展“铁军杯”劳动竞赛，打造作风过硬、高效廉洁、管理一流的项目部，突出了党组织的“覆盖、纽带”作用，凝聚各方，实现了共建共赢、不辱使命。

最后，江苏大剧院以中国建设工程最高奖项“鲁班奖”的获得，见证了江苏大剧院工程建设企业的实力与担当，不愧为社会主义先进文化的建设者。

众星捧月大礼堂——东南大学大礼堂

1928 年 5 月，国立中央大学校长张乃燕开始集中精力从事规划建设，大礼堂是其规划中最重要的建筑。

1929 年 9 月，大礼堂建筑委员会开会研究后，校长张乃燕亲赴上海，延请公和洋行设计师白乐（T. W. Barrow）重新绘制图样。10 月 30 日，白乐来校考察，提出“大礼堂不宜与科学馆成一直线，应稍稍向后，成为生物、图书、科学、工艺各馆之集中点”的规划，并于 12 月底完成设计图样。

大礼堂工程建筑费为 189500 元，另加设计监工、设施设备等各项费用，总额高达 354640 元，这对于当时的最高学府国立中央大学而言是一笔天文巨资，除本校常年经费支出及向江苏、广东两省政府请求助款外，还有巨额的资金缺口，国立中央大学不得不向社会求募资金。

1930 年 3 月 28 日，大礼堂正式动工，然因资金问题，建设并不顺利，时建时辍，且有停顿之虑，直至 10 月 10 日才正式举行奠基典礼。

大礼堂施工现场

1930 年 12 月，朱家骅接任国立中央大学校长，此时大礼堂仅付款 17 万元，不及半数。为不牵连学校原有预算，朱家骅遂向国民政府请求补助建筑费。国民政府为早日筑成礼堂作为国民会议会场使用，拨款 255000 元，限于次年4月15日前完工。

1931年4月底，大礼堂大略赶造竣工，以便1931年5月5日国民会议之用。国民会议闭幕后，大礼堂继续建造。至6月9日国立中央大学成立纪念日之际，大礼堂外部建筑方基本落成，学校举行了大礼堂落成典礼，座椅等内部装置则直至1932年11月才宣告竣工。

大礼堂是全国抗日救亡运动的重要基地。1931年9月18日，日本在东北制造“九·一八”事变，短短数月间东北三省相继沦陷。国立中央大学大礼堂也成为抗日救亡的中心，全国学生抗日救国联合会多次在此举行，救亡的呼声响彻礼堂内外。

各界人士纷至沓来，打破了校园的平静，影响了正常的教学秩序，本校行政办公室直至1932年12月5日方才迁入大礼堂。学校认为“若不稍加限制，将来不但有损建筑物，且于校内秩序，亦有方案”，故规定借用办法：校外借用者，须经校务会议审查；校内借用则仅限全体学生团体的学术集会，亦须经校务会议审查核准方能使用，从1933年1月1日起实行。

大礼堂由此更偏重于学术殿堂。除开各类传播知识的演讲外，1935年，中国科学社20周年纪念会也在大礼堂举行。中国科学社原为中国留学生1915年在美创办，1918年迁回国内时便借用南高校舍办公。其主要创始人任鸿隽、胡明复、胡刚复、熊庆来、秉志等均受聘于南高、东大，因此在中国科学发展的基地、国立中央大学最宏伟的大礼堂举办纪念会极有纪念意义。

1937年7月7日，日本发动“卢沟桥事变”，开始全面侵华战争。8月以来，敌机四度光顾国立中央大学，大礼堂、科学馆、图书馆、化学实验室均遭不同程度破坏，校长罗家伦十分痛心，指着弹坑坚定地说：“寇能覆之，我必能兴之。”

1937年10月，淞沪战事吃紧，大批的伤员从前线被源源不断地转送南京。国立中央大学西迁重庆后，空置下来的校园被中国红十字会用作援护伤员的伤兵医院。大礼堂、图书馆等被改作病房与手术室。12月13日南京沦陷后，国立中央大学亦被侵华日军占领，大礼堂作侵华日军陆军伤兵医院房舍。

1946年夏，国立中央大学重返南京复校开课。大礼堂也重新恢复了其礼堂应有的功能。1947年1月，国立中央大学联合南京高校发起了反抗美军暴行的游行示威。为平息革命风潮，国民党当局对国立中央大学严密封锁，密切监视师生动向。

“五·二〇”运动前夜，京、沪、杭等地16所高校的联系会议在大礼堂举行，大礼堂见证了这场以“反饥饿、反内战、反迫害”为口号的学生运动。

1952年，经院系调整，南京工学院在原国立中央大学四牌楼校址建立起来，后于1988年更名为东南大学。为满足教学所需，1965年由杨廷宝教授主持设计了大礼堂两翼加建工程，两侧各建三层教室，使得大礼堂更加美观雄伟、卓尔不群。

冬去春来，寒来暑往。日月如梭，人聚人散。一个甲子过去了，时光在大礼堂的外表上刻下印记，陈年的设备也年久失效，亟待修葺。

得知这一消息，1994年4月，东南大学校友余纪忠先生向母校捐资107万美元用以修葺大礼堂。1995年4月7日，大礼堂修葺工程竣工，学校举行了盛大的典礼，特邀余纪忠先生来校剪彩。

大礼堂建筑风格独特，威严庄重，巍巍矗立。到东南大学来访者无不驻足观赏，毕业同学离校都要在此摄影留恋，永志不忘。

（参见《大礼堂90岁时刻！致敬东大这座地标建筑!》，东南大学新浪微博，2021年6月10日。有改动）

巍巍黉宫　礼堂居中

东南大学历经两个甲子，已经120多岁了。作为中国建筑行业人才摇篮的巍巍黉宫，它不仅为新中国输送了无数栋梁，更重要的是它历经烽火，成为一座巍巍学术殿堂而孕育出了不朽的精神文化，最为人留恋的就是众星捧月的大礼堂，一直是来访者和学生摄影留恋、永志不忘的标志性建筑。

大礼堂，与国同行。甫一落成，随着国民政府第一次国民会议在大礼堂的召开，大礼堂一时成为全国的政治中心。随着“九·一八”事变的发生，国立中央大学的大礼堂作为当时中国最大的礼堂，又成为抗日救亡的中心，救亡的呼声响彻礼堂内外。为了恢复校园的平静和维护正常的教学秩序，从1933年1月1日起，大礼堂使用规则发生变革，更偏重于学术殿堂。随着日本发动“卢沟桥事变”，这里遭敌机破坏，淞沪会战吃紧，国立中央大学西迁，大礼堂成了战地医院。南京沦陷后，国立中央大学亦被日军占领。抗战胜利后，学校刚恢复教学不久内战又起，国立中央大学联合南京高校发起了反抗美军暴行的游行示威。接着，大礼堂又见证了以“反饥饿、反内战、反迫害”为口号的“五・二〇”运动。由此可见，大礼堂从一诞生，就注定要成为中国革命的活动中心之一，来见证新中国从炮火中诞生，也迎来自己的新生。

大礼堂，是精神的殿堂。它历经战火与修葺，依旧风格独特，威严庄重；它历经政治风雨的洗礼、学术的熏陶，巍巍矗立，俨然就是一座学术的丰碑、一座精神的丰碑。这丰碑里，有校长罗家伦痛心、坚定的话语：“寇能覆之，我必能兴之”。这丰碑里，有校长吴有训的果敢与坚定：“有人担心我会被包围，我吴有训如果怕被包围，也不会到中央大学来了……”这丰碑里，有校友余纪忠先生对母校感恩的拳拳之心。这丰碑里，有校友李治德写下的《中大礼堂礼赞》，充满了对母校的惦念。

巍巍黉宫，礼堂居中。这是中国人的精神追求。

当家作主的圣殿——重庆市人民大礼堂

1949 年 11 月 30 日，重庆解放。当时的西南大行政区鉴于招待外宾和会议办公需要，决定兴建大礼堂。

重庆市人民大礼堂内景

随即，当时的西南军政委员会办公厅发出通知，要求各单位拿出 10 来个设计方案，再精选出 5 个，供最后审定。

当时西南地区比较有名的建筑师如樊文玉、夏冬海、徐尚志、唐璞等都参加了方案征集活动。大家提出的方案，既有现代风格的，也有民族形式的，多种多样，不一而足。

当时，张家德在国营西南建筑公司设计部工作，但工作受到排挤，大礼堂设计方案征集通知都没让他看。等张家德偶然得知征集通知时，距提交方案的期限只剩下不到 20 天了。他决定抓住这千载难逢的机会，找到解放军出身的设计部副主任，在对方的支持下，他闭门在家，废寝忘食、夜以继日绘制了一幅高 1.93 米、长 3.63 米的大会堂立面效果图。由于时间过于紧迫，其他的设计，如总图，单体平、立、剖面等根本来不及画，但这些甚至包括各部结构方案都已在他的脑海里构思成型。

大概在 1951 年 7 月，方案初选前，所有的方案都挂在市建设局的展厅墙上。当张家德的立面效果图也挂出来时，立即在现场引起了轰动，大礼堂气势恢宏、巍峨壮丽的形象立马突显出来，让人眼前一亮、心灵震撼。开始，大家都啧啧称奇、赞不绝口，继而又连连摇头。有人说，这幅图作为广告画很好，但作为大礼堂的实施方案不切实际。刚从积贫积弱旧中国走过来的人们，难以相信在刚刚解放的短时间内能够建成如此宏伟的建筑。

审查方案那天，张家德有事外出没有参加。等到晚上他和助手们回到市建设局展厅时，发现其他的方案都还挂在墙上，唯独他的方案不见了。原来，工作人员认为张家德的方案不切实际而擅自取下了。他们四处寻找，终于在展厅后的旧物堆里找到了。当张家德捧回自己的画作时，心情异常沉重，这是他十几天付出的全部心血呀！

命运的转折也很具戏剧性。负责方案征集工作的西南军政委员会办公厅副主任段云，因为方案审查没有结果而闷闷不乐，外出散心时不经意间来到了枇杷山的一个工地上。他看到一位中年男子衣着破旧、形容消瘦但工作热情很高，就像充了电似的一边指着图纸一边向身边的技术人员讲解设计和施工问题。

这个画面感染了段云，他走过去和这群人攀谈起来。交谈之中，张家德的助手对张家德方案落选愤愤不平。段云听后为之一怔：还有落选的方案？是怎样的不切实际？他当即对张家德说："你马上把方案带到我办公室，我要看一看。"

当天晚上，当张家德夫妇一左一右把大礼堂的巨幅彩绘图刚一展开时，段云立刻眼前一亮，连称："好图，好方案，难得的好方案！"段云是老革命，曾留学日本，有一双辨识珍品的慧眼。他当即打电话给贺龙，正好邓小平他们在一起开会。会后几名大区领导人立刻来到段云办公室。当他们看到这个"落选"的方案时，都很惊讶和兴奋。贺龙评价"庄严宏伟大气"！邓小平说："这是一个难得的方案，又是民族形式的，建成效果一定很好，一定可以超过美国国会大厦！"张家德耳聋，他只看见人们赞叹开心的表情，但邓、贺等人的评价都被张家德夫人记录在当天的日记上。

大礼堂方案审查时，西南军政委员会主席刘伯承不在重庆。事后他通过手写转达了对这位"聋子工程师"的谢意：感谢他构思出来的大会堂既庄重宏伟，又有磅礴的气势，一种可以雄踞百年的气势，这正是我们想要的大会堂。

张家德正是在时间紧迫来不及完善全部方案的情况下，用这幅足以震撼人心的立面效果图，出奇制胜地赢得了三位开国元勋的一致赞赏和鼎力支持，在众多的应征方案中脱颖而出。

（根据网络资料整理）

重庆市人民大礼堂　人民当家作主的圣殿

重庆市人民大礼堂是一座大型建筑群，极具鲜明的传统风格和强烈的时代特征，被誉为中国传统建筑形式与西方先进结构技术完美结合的杰作。它早已成为西南大区的形象徽识和山城重庆的永久标志，最终以居43项新中国建筑第二的位子，录入《世界建筑史》。2013年与2016年又分别被列入“第七批全国重点文物保护单位”和“首批中国20世纪建筑遗产”名录。这座伟大建筑也是有故事的，大家是否能读懂这里的中国故事呢？

重庆市人民大礼堂设计方案的曲折经历告诉我们：个人梦想要与中国梦同向同行。在大礼堂征集的方案中不乏现代风、民族风，可谓多彩多样、各具特色。而张家德因为受排挤，连方案征集通知都没看到。但是在张家德偶然得知征集通知后，他用了不到20天的时间，废寝忘食、夜以继日地绘制图纸，这才有了后来的图纸被发现的机会、他才最终抓住了这个千载难逢的机会。可见，机会都是给有准备的人的，同时，机会也是靠自己把握的。在此案例中，给我们更重要的启示是个人梦想的实现，要在与中国梦同向同行的进程中去做准备，张家德正是把自己的建筑梦融入新中国建设梦之中，才成就了自己，也成就了“重庆十大文化符号”之一的大礼堂。

重庆市人民大礼堂设计方案的选用告诉我们：中华建筑文化与时俱进的魅力。张家德的方案之所以能被选中，不仅是外观上的壮美，更因为深刻的文化内涵：一是对于张家德而言，这既是一种政治热情的释放，也是一种文化自信的体现。二是对于大区领导人和其他受众来说，他们从张家德的方案中看到了广大人民对未来美好生活的辉煌愿景、看到了新中国各项事业蒸蒸日上的磅礴气势、看到了人民政权屹立不倒的崇高永恒、看到了“中国人民站起来了”、看到了“欲以平等的姿态自立于世界民族之林”的坚定信念。这些文化内涵充分体现了中华建筑文化的与时俱进。正是张家德的方案高度契合了作为当时文化主体的广大军民的群体心态，做到了革命英雄主义和革命浪漫主义的完美结合，才能成为“用民族建筑形式歌颂新生政权的一曲壮美赞歌”。“重庆市人民大礼堂是 1950 年代中国民族建筑形式具有划时代里程碑意义的典型代表”，成为西南大区不朽的丰碑和山城重庆永远的标志。其实，梁思成对重庆市人民大礼堂的评价也说明了中华建筑文化与时俱进的魅力。

重庆市人民大礼堂设计方案的选用还告诉我们：重庆市人民大礼堂是人民当家作主的圣殿。张家德的设计方案把深刻的文化内涵与中华民族的新生融合起来了，把人民对新中国深刻的情感淋漓尽致地呈现出来了，虽然历经波折，他的方案终究被人民所理解和采纳。这无疑告诉我们一个道理：重庆市人民大礼堂是人民的大礼堂，代表的是人民的心声，张家德的方案能选用看似偶然，实则必然，因为人民大礼堂是人民当家作主的圣殿，体现了人民民主。同时，它也告诉人们，在人民当家作主的新中国，金子可能会一时蒙尘，但不会被永远埋没。

钢结构新技术的集成——鸟巢

国家体育场——鸟巢，外形结构主要由巨大的门式钢架组成，共有24根桁架柱，主体结构设计使用年限100年，耐火等级为一级，抗震设防烈度8度，地下工程防水等级1级。工程主体建筑呈空间马鞍椭圆形，南北长333米、东西宽294米，高69米。主体钢结构形成整体的巨型空间马鞍形钢桁架编织式鸟巢结构，钢结构总用钢量为4.2万吨，混凝土看台分为上、中、下三层，看台混凝土结构为地下1层、地上7层的钢筋混凝土框架-剪力墙结构体系。钢结构与混凝土看台上部完全脱开，互不相连，形式上呈相互围合状，基础则坐在一个相连的基础底板上。国家体育场屋顶钢结构上覆盖了双层膜结构，即固定于钢结构上弦之间的透明的上层ETFE膜和固定于钢结构下弦之下及内环侧壁的半透明的下层PTFE声学吊顶。

鸟巢外景

鸟巢结构设计奇特新颖，而这次搭建它的钢结构的Q460也有很多独到之处。Q460是一种低合金高强度钢，它在受力强度达到460兆帕时才会发生塑性变形，这个强度要比一般钢材大，因此生产难度很大。这是中国国内在建筑结构上首次使用Q460规格的钢材，而且这次使用的钢板厚度达到110毫米，是以前绝无仅有的，在中国的国家标准中，Q460的最大厚度也只是100毫米。以前这种钢一般从卢森堡、韩国、日本进口。为了给鸟巢提供“合身”的Q460，从2004年9月开始，河南舞阳特种钢厂的科研人员开始了长达半年多的科技攻关，前后3次试制终于获得成功。2008年，400吨自主创新、具有知识产权的国产Q460钢材撑起了鸟巢的铁骨钢筋。

设计、施工难点重重。① 构件体型大，单体重量重。作为屋盖结构的主要承重构件，桁架柱与主桁架体型大、单体重量重。② 节点复杂。无论是主结构之间还是主次结构之间，都存在多根杆件空间汇交现象。加之次结构复杂多变、规律性少，造成主结构的节点构造相当复杂，节点类型多样，制作、安装精度要求高。③ 工期紧。该工程量大，但安装工期相当短。工期紧，与土建施工交叉作业，平面场地紧张。④ 焊接量大、焊接难度大。本工程中既有薄板焊接，又有厚板焊接，既有平焊、立焊又有仰焊，既有高强钢的焊接又有铸钢件的焊接，焊接工作量大。薄板焊接变形大，厚板焊接熔敷量大，温度控制和劳动强度要求高。而高空焊接、冬雨季焊接的防风雨防低温措施更使得焊接难度增大。⑤ 冬雨季施工。该工程主结构吊装时间需跨越冬季和春节，所以存在冬雨季施工，施工难度较大。⑥ 工程组织难度大。主结构吊装时，土建施工未结束，现场组装在大面积开展，故存在多方施工交叉作业现象。加之，现场场地狭小，施工场地布置、构件运输及大型吊机行走路线等受到很大限制。各施工方需合理协调、统筹管理，工程组织难度大。⑦ 构件翻身、吊装难度大。为降低组装难度，本工程中的桁架柱将采用卧拼法，主桁架将采用平拼法（内圈主桁架立拼除外），故拼装结束后、吊装前必须进行翻身工作。由于构件体型较大、重量重，翻身时吊点的设置和吊耳的选择难度较大，特别是桁架柱的翻身，吊耳在翻身和吊装时的受力有所变化，需考虑三向受力。同时，翻身过程中的稳定性比较难控制。⑧ 高空构件的稳定难度大，安装精度控制难。由于本工程采用散装法（即分段吊装法），分段吊装时，高空构件的风载较大，在分段未连成整体或结构未形成整体之前，稳定性较差。施工过程中结构本身因自重和温度变化均会产生变形，而且支撑胎架在荷载作用下也会产生变形，加之结构形体复杂，均为箱型断面构件，位置和方向性均极强，安装精度受现场环境、温度变化等多方面的影响，安装精度极难控制，施工难度大。⑨ 质量与施工要求。本工程无论是外观质量如外形尺寸、焊缝外观，还是内在质量如焊缝质量等级、焊接残余应力消除等，都要求相当高，而现场施工条件差。

绿色设计贯穿始终。国家体育场设计大纲要求国家体育场的设计应充分体现可持续发展的思想，采用世界先进可行的环保技术和建材，最大限度地利用自然通风和自然采光，在节省能源和资源、固体废弃物处理、电磁辐射及光污染的防护和消耗臭氧层物质（ODS）替代产品的应用等方面符合奥运工程环保指南的要求，部分要求达到国际先进水平，树立环保典范。通过环境管理体系的建立和执行，改进国家体育场的建筑功能和性能，持久地贯彻绿色奥运的概念。国家体育场在建设中采用了先进的节能设计和环保措施，比如良好的自然通风和自然采光、雨水的全面回收、可再生地热能源的利用、太阳能光伏发电技术的应用等。鸟巢的外观之所以独创为一个没有完全密封的鸟巢状，就是考虑既能使观众享受自然流通的空气和光线，又尽量减少人工的机械通风和人工光源带来的能源消耗。“巢”内使用的光源，都是各类高效节能型环保光源。在行人广场等室外照明中也尽可能地采用太阳能发电照明系统。诸多先进的绿色环保举措使国家体育场成为名副其实的大型“绿色建筑”。

人文设计处处体现。鸟巢设计中充分体现了人文关怀，碗状座席环抱着赛场的收拢结构，上下层之间错落有致，无论观众坐在哪个位置，和赛场中心点之间的视线距离都在 140 米左右。鸟巢的观众席里，还为残障人士设置了 200 多个轮椅座席。这些轮椅座席比普通座席稍高，保证残障人士和普通观众有一样的视野。赛时，场内还提供助听器并设置无线广播系统，为有听力和视力障碍的人提供个性化的服务。

（根据网络资料整理）

钢架丛林筑梦想　科学设计为人民

鸟巢的外观宛如一个孕育生命的“巢”，具有摇篮的象征意义，它见证了奥运健儿们的不懈拼搏和强大力量，也凝聚了中华儿女对未来的热切追求，同时记录了中国这个东方文明古国在民族复兴的历史进程中所取得的辉煌成就。

凭借开放的心态、广阔的视野以及高超的技术水平，中国成功打造出世界级建筑。了解过鸟巢设计施工过程的人都明白，从混凝土结构到钢结构再到膜结构，每一个施工环节都是世界级难题。所有的难题没有先例、没有经验、没有软件可依赖，只能靠中国人自己的智慧和自主创新来解决。用开放的心态面向世界，不仅体现在鸟巢建筑的设计与施工上，也体现在其赛后运营上。2008 年北京奥运会结束后，国家体育场鸟巢的赛后利用问题引起了世界的关注。经过 6 年的探索和发展，鸟巢的赛后利用已经初步形成了一种新的模式，即将高水平的体育赛事、一流的演唱会以及全民健身活动有机结合，常年开展商务和公益活动，这让鸟巢更加成为北京备受瞩目、颇具吸引力的标志性建筑。目前，鸟巢已经进入了一个全新的阶段，从场馆运营逐渐向品牌运营转型。通过采用独特的“中国模式”，鸟巢不断探索品牌与功能的延伸形式，促进了体育、文化、创意、金融和科技等领域的融合发展，逐渐成为传播和交流世界文化的重要窗口。

以创新为动力，推动树立全民共享的新标杆。在北京奥运会之后，鸟巢秉承“奥运成果惠及全民”的宗旨，以人民为中心，开展了许多受欢迎的全民健身活动，让其不仅能够承办国际大型赛事，也成为百姓生活中的重要场所，树立了全民共享的新标杆。换句话说，北京奥运场馆的赛后运营与可持续利用，树立了奥林匹克运动与城市、区域的良性互动和共赢发展的新典范，使人民长期受益。除此之外，作为北京冬奥会开闭幕式举办地，鸟巢表现了中国的强盛实力，展现了中华民族的文化自信以及中华儿女对实现人类命运共同体的热切期望，也向全世界传递了积极向上、开放自信的中国精神，彰显了新时代中华民族的良好风貌。总之，鸟巢运营的成功经验，成功地解决了特大型奥运场馆赛后利用的难题，创造出大型场馆“反复利用、综合利用、持久利用”的经验，这是具有全球意义的中国特色做法。我相信，未来鸟巢将会成为更多梦想的起点。

智慧的双奥场馆——水立方

国家游泳中心，别名为“水立方”“冰立方”，始建于 2003 年 12 月 24 日，于 2008 年 1 月正式竣工；2020 年 11 月 27 日，国家游泳中心冬奥会冰壶场馆改造工程通过完工验收，“水立方”变身为“冰立方”。国家游泳中心是 2008 年北京奥运会的精品场馆和 2022 年北京冬奥会的经典改造场馆，也是唯一一座由港澳台同胞、海外华侨华人捐资建设的奥运场馆。

国家游泳中心

国家游泳中心总建筑面积 65000～80000 平方米，其中地下部分的建筑面积不少于 15000 平方米，长宽高分别为 177 米×177 米×30 米。场馆外观如同一个冰晶状的立方体，造型简洁现代。场馆内部是一个六层楼建筑，平面呈正方形。馆内设施主要包括比赛大厅、热身池，多功能大厅以及大型嬉水乐园。“冰立方”冰上运动中心位于国家游泳中心南广场地下空间，整体建筑面积约 8000 平方米，由一块 1830 平方米的标准冰场和一块由 4 条 45 米×5 米的标准冰壶场地及配套服务设施组成。

国家游泳中心具有高度可持续性的建筑以半透明的 ETFE（乙烯-四氟乙

烯共聚物）外膜覆盖，其重量仅为同尺寸玻璃的百分之一，如同一座隔热的温室，大约20%的太阳能被用来提高泳池和室内的温度。这些半透明、可循环利用的覆膜使水立方白天光线充足，加上内部适当的人造光源，给人以视觉上的享受。膜结构气枕像皮肤一样包住了整个建筑，气枕最大的一个约9平方米，最小的一个不足1平方米。

在建筑节能上，国家游泳中心的设计也有独到之处。其设计中加入了许多能源循环系统，如用温暖的排气给室外的冷空气（新鲜空气）加温等热量回收系统，在总共8万平方米的建筑面积中，3万平方米屋顶将使雨水的收集率达到100%，而这些雨水量相当于100户居民一年的用水量，从屋顶集水区、泳池回流系统及泳池漫流三处对80%的废水进行回收。这些措施旨在通过减少向下水道系统的直接排水来降低对本地汲水及城市供水系统的依赖和压力；在光的利用上，由于采用了特殊的膜材料和相应的技术，使得该场馆每天能够利用自然光的时间达到了9.9小时，一年下来，这座休闲泳池将因此节省高达55%的照明能耗。

国家游泳中心在内部设计上注重细节，充分考虑运动员和观众需求，体现了“绿色奥运、科技奥运、人文奥运”三大理念。水立方内部各类泳池的设计、建造水准和温度方面的精细要求，为运动员的稳定发挥创造了良好条件。看台设计上人性化的处理，使得观众能够从各个角度清晰地观看精彩比赛。在室内环境的设计上，也充分考虑运动员和观众的需要，照顾到了屋顶安装照明设备等细节。

冰上运动中心四周由原地貌土围护而成，基本处于恒温状态，其标准冰场上方设置有一个直径13米的大采光井及若干导光管，通过引入室外光实现自然采光。据测算，这一采光方式每年可节省用电约26000度。冰上运动中心施工建造以BIM技术为基础，结合云计算、物联网、移动通信等信息化技术和设备，实现覆盖进度、质量、安全、成本等项目管理的全要素智慧建造，成为集绿色、智慧、科学、节约等多种特性的精品工程。

（根据网络资料整理）

“水立方”摇变“冰立方”　中国智慧尽显“中国范”

最大限度地利用了2008年北京夏季奥运会的“遗产”，是2022年北京冬奥会场馆建设的一大特点。那些耳熟能详的老场馆、老地方得到了全新的设计、改造和提升，还出现了一批能够同时适用于夏季和冬季运动的“变形金刚”场馆，水立方就是其中最具代表性的一个，也是世界上唯一在泳池上架设冰壶赛道的“双奥场馆”。

中国传统文化与现代科技融合发展。这个被称为“水立方”的国家游泳中心，外观独特，犹如一个晶莹剔透的冰晶方盒子。其简洁现代的设计融合了中国传统文化和现代科技的精华，成为一处集艺术、科技和运动于一体的瑰丽建筑。俗话说，没有规矩不成方圆。在中华传统文化中，“有法可依，有规可循”的精神被广泛推崇。水立方的设计灵感正是来自中国传统文化中“天圆地方”的理念，其外观呈现出一个冰晶状的方盒子，与圆形的鸟巢相呼应，共同营造出和谐、统一的空间氛围。方形是中国古代城市建筑最基本的形态，代表了中国文化中的社会规范和伦理道德。水立方以方形为主要设计元素，实现了多种功能的完美结合，展现了传统文化和现代建筑的有机融合。在中国传统文化中，水是一种重要的自然元素，设计师深入挖掘了水这一重要元素的内涵，在国家游泳中心的设计中不仅仅利用了水的装饰作用，还根据水分子的微观结构，基于“泡沫理论”进行了设计，用上千个酷似水分子结构的几何形状包裹了整个建筑，覆盖了3000多个ETFE膜，使国家游泳中心在外观上呈现出冰晶状的效果，充分体现了水的神韵与建筑之美的完美结合。

推动场馆可持续发展，再现中国范本，向世界传递中国智慧。以“绿色办奥”理念为指导，实现冬奥会场馆的可持续发展。场馆建设和运营均采用了多项环保措施，再次展现了我国在可持续发展方面的领先地位。在水立方的基础上，增加冰壶赛道看似简单，但实际上对冰面质量的要求非常高，是一个技术难题。除了冰面的质量，冰壶场馆还对环境中的温湿度、照明、声音传播和空气流动等因素有着极高的要求。将一个夏季奥运会场馆直接改造成冬季奥运会场馆，这在建筑历史上几乎没有先例，其难度可想而知。在“绿色办奥”的理念指导下，设计师采用了超低能耗的方案。在场馆内部改造时，充分利用现有资源，尽可能减少对建筑结构的影响和浪费，并对新功能、新需求进行全面分析。总之，“水冰转换”从畅想到现实，再到两者的自由切换，让北京奥运场馆遗产再次焕发活力，生动实践了体育场馆“反复利用、持久利用、综合利用”的“中国经验”。作为世界首个水冰转换的场馆，“水立方”转“冰立方”不仅能够体现我国在可持续发展方面的创新思维和科技实力，还能为国内外类似的游泳场馆提供借鉴，向世界传递中国智慧。

集“三力”于一体——中国国家大剧院

中国国家大剧院是新“北京十六景”之一的地标性建筑。它位于北京市中心天安门广场西，人民大会堂西侧，由主体建筑及南北两侧的水下长廊、地下停车场、人工湖、绿地组成，是亚洲最大的剧院综合体。

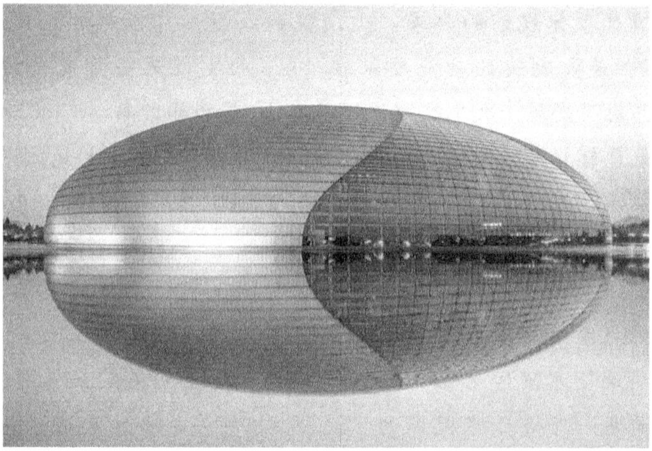

国家大剧院

国家大剧院外观呈半椭球形。被誉为中国十大新建筑奇迹。国家大剧院要表达的是内在的活力，是在外部宁静笼罩下的内部生机。一个简单的“蛋壳”，里面孕育着生命，大剧院代表了一个时代的结束与另一个新的时代的开始。

国家大剧院的世界之最。世界最大穹顶：整个壳体钢结构重达 6475 吨，东西向长轴跨度 212.2 米，是目前世界上最大的穹顶。北京最深建筑：大剧院地下最深处为－32.5 米，相当于往地下挖了 10 层楼的深度，成为北京最深的建筑。亚洲最大管风琴：音乐厅内的管风琴共有 6500 根发音管，是亚洲最大的管风琴，造价达 3000 万元。

国家大剧院外部为钢结构壳体，呈半椭球形，平面投影东西方向长轴长度为 212.20 米、南北方向短轴长度为 143.64 米，建筑物高度为 46.285 米，比人民大会堂略低 3.32 米。大剧院壳体由 18398 块钛金属板拼接而成，面积超过 30000 平方米，18398 块钛金属板中，只有 4 块形状完全一样。钛金属板经过特殊氧化处理，其表面金属光泽极具质感，且 15 年不变颜色。中部为渐开式玻璃幕墙，由 1226 块超白玻璃拼接而成 。椭球壳体外环绕人工湖，湖面面积达 3.55 万平方米，各种通道和入口都设在水面下。行人需从一条 80 米长的水下通道进入演出大厅。

国家大剧院的建设攻克了很多技术难关。

按照北京的整体规划的要求，大剧院的高度不可以超过人民大会堂的高度即 46 米，但是大剧院的功能要求在 46 米的空间里头肯定是装载不下的，所以就只能向地下发展。大剧院地下深度有 10 层楼那么高，有 60％的建筑面积都在地下，是目前北京地区公共建筑最深的地下工程，最深的地方是－32.5 米，这个位置在歌剧院的舞台正下方。大剧院地下 17 米处，竟然是北京永定河的古河道。

大剧院地下蕴藏着丰沛的地下水，这些地下水所产生的浮力可以托起重达 100 万吨的巨型航母，如此巨大的浮力足以托起整个国家大剧院。传统的解决办法是将地下水不停地抽出，但这样抽取地下水的后果是将会在大剧院一带的地下形成一个 5 千米范围的“地下水漏斗”，导致周边地基发生沉降，甚至地面建筑可能出现裂缝。为了解决这一难题，工程技术人员经过精密调研，用混凝土从地下水最高水位直到地下 60 米黏土层，浇筑一道地下隔水墙。这个由地下混凝土墙体形成的巨大“水桶”，可以将大剧院地基围得严严实实。水泵就在“水桶”里面将水抽走，这样，无论地基里怎么抽水，“水桶”外的地下水也不会受影响，因而周围的建筑物也就安然无恙。

6750 吨钢梁架起最大穹顶。国家大剧院壳体结构由一根根弧形钢梁组成，18000 多块钛金属板和 1200 多块超白透明玻璃形成 3.6 万平方米的巨大天穹。这个世界上最大的穹顶没有使用一根柱子支撑。穹顶外层涂有纳米材料，当雨水落到玻璃面上时就像滴落在荷叶上一样，不会留下水渍。同时，纳米技术还大大降低了灰尘的附着力。

人工湖水冬季不结冰。国家大剧院四周围绕着波光粼粼的人工湖，使这座巨大的建筑变得轻灵，充满动感。但北京的冬季气温有时会降到摄氏零度以下，如何使湖水冬季不结冰也成为一大难题。经过勘测发现，在地下 80 米深处，地下水温保持在摄氏 13 度。于是，经过封闭的循环系统，将恒温的地下水注入湖面，冬季可以将人工湖的水温控制在零摄氏度以上，这一难题被攻破 。

此外，国家大剧院在几年的施工中还攻克了超深地基施工、剧场内部信号控制等一系列技术难题。

（根据网络资料整理）

传统与现代辉映　艺术与科技为民

随着人们对美好生活需求的日益增长，现代化城市的标配已经包括了大剧院、摩天轮和美术馆等设施。国家大剧院作为国家表演艺术中心，是我国文化建设的重要成果之一。

在中国现代建筑历史上，没有哪个工程像国家大剧院工程那样引起社会的如此高度关注，也没有哪个工程引起如此大的争议。当时的反对声音认为，尽管国家大剧院方案很漂亮，但它过于现代化。他们认为，在北京这个曾经拥有多朝古都历史的城市，修建国家级的大型剧院最好还是要回归传统，汲取古代传统建筑的精髓。特别是国家大剧院的布局过于接近天安门和人民大会堂，这样传统与现代之间的分裂感让人感到有些别扭。的确，中国传统上一直以方正为美，建筑中也强调“横平竖直”，因此圆形元素在建筑中较少见，除了天坛外大多数人无法举出第二个例子。然而，在天安门广场周围沉稳、庄严的建筑群中，那座明亮、轻盈、圆润的国家大剧院成为一个美丽的例外。实际上，与人民大会堂和天安门广场相比，国家大剧院并没有因为时代性的不同而产生分裂，反而与之相得益彰、相互映衬、相互容纳。圆弧所呈现的曲线美，源于对生命展开的感悟，它散发着一种无穷无尽的生命力。国家大剧院的圆弧并非要继承天坛的传统，尽管两者都以圆形为建筑特点，但国家大剧院旨在颠覆凝固的方正建筑模式，通过对中心空间的解构，创造出一种全新的生命形态。如今，国家大剧院就像永定河中的一颗明珠，外表宁静美丽，而内部却蕴含着无限的生命力。

文化是民族的精神命脉，文艺是时代的号角。如果说故宫代表着中国古代传统文化的智慧，那么国家大剧院则代表着现代先进技术的智慧。作为国家级标志性文化设施，国家大剧院的建设和运营体现了中国在精神文化领域正在迅速崛起和复兴，“人民性、艺术性、国际性”的办院宗旨则是实现这一需求的重要途径。如今，国家大剧院作为国家级表演艺术殿堂，始终坚持以群众需求为导向，坚定自信自强，立足全国文化中心，聚民心、举旗帜、兴文化，致力于创作和推出更多描绘新时代、新征程的文艺作品，为文化强国建设贡献力量。它不仅让更多群众受益于艺术，也向世界展示中国优秀传统文化，并持续传播中国声音。

艺术文化的象征——哈尔滨大剧院

哈尔滨大剧院坐落于黑龙江省哈尔滨市的文化中心岛内，整个建筑采用异型双曲面的外形设计，包含一大一小两座剧场，是哈尔滨的标志性建筑。大剧院规划用地 1.8 平方千米，总建筑面积 7.7 万平方米，由包含 1600 个座位的大剧场及 400 个座位的小剧场组成。

哈尔滨大剧院属异形结构建筑，具有大跨度、高空间、复杂钢结构等难度特点，其外观造型属于三维曲面，施工难度极大。据称，它的外形构造和技术与广州大剧院、国家大剧院处于同一水准。

哈尔滨大剧院以环绕周围的湿地自然风光与北国冰封的特征为设计灵感，从湿地中破冰而出，建筑宛如飘动的绸带，从自然中生长而立，成为北国延绵的白色地平线的一部分。对比松花江江南的城市天际线，自然之美与独特存在于此，使哈尔滨大剧院在具备功能性的同时成为一处人文、艺术、自然相互融合的大地景观。

哈尔滨大剧院

与一般地标建筑孤立地伫立在城市中不同，哈尔滨大剧院是一座从四面八方都可以进入的“亲切”建筑。哈尔滨大剧院的设计强调市民的互动与参与。建筑顶部的露天剧场和观景平台向市民开放，成为公园的垂直延伸，可以看到松花江江南、江北的城市天际线以及周边自然景观。即使不进剧场观看演出，市民也可以通过建筑外部环绕的坡道从周围的公园和广场一直走到屋顶，用身体近距离接触建筑的戏剧化的体验和意境。

大剧院不仅外观造型优美，内部的线条构成更是令人耳目一新，极具艺术价值和效果。哈尔滨大剧院采用世界首创的将自然光引入剧场的方式，不仅丰富了非演出时段的照明方式，也创造了节能环保新模式。

2016 年，哈尔滨大剧院被 ArchDaily 评选为 2015 年世界最佳建筑之最佳文化类建筑、世界建筑新闻 2016 最佳表演空间奖、2016—2017 年度中国建设工程鲁班奖。

2017 年，哈尔滨大剧院被英国《电讯报》评为“世界最佳音乐厅”，同年，哈尔滨大剧院工程获得第十四届“中国土木工程詹天佑奖”。

（根据网络资料整理）

新地标“亲切”市民　新建筑“文化”天地

城市设计要考虑当地历史文化、地理环境、社会经济和未来发展规划等多方面因素，以此来打造城市的独特魅力和特色。哈尔滨大剧院是哈尔滨的地标性建筑，其建筑风格与哈尔滨文化岛的规划和设计相一致，展现了北方自然风光。设计师注重建筑的功能和多样性，同时尊重自然环境，使得这座大剧院与周围的环境紧密相连，成为一座人与自然之间的文化桥梁。

哈尔滨大剧院是一座公共建筑设施，它的设计注重开放性和包容性，提供了剧院、景观、广场和立体平台等多个空间，可以给市民和游客带来不同的空间体验。哈尔滨大剧院位于松花江北岸，设计师以周围湿地风光和北国冰封特征为灵感，建筑形如飘带，与北国延绵的白色地平线融为一体，与南岸的城市天际线形成对比。大剧院展现了自然之美与独特，不仅具备功能性，还成为人文、艺术和自然相互融合的地标景观。与其他地标性建筑不同，哈尔滨大剧院是一座“亲切”的建筑，可以从四面八方进入。设计注重市民的互动和参与，建筑顶部的露天剧场和观景平台向市民开放，成为公园的垂直延伸。即使不进入剧场观看演出，市民也可以通过建筑外部环绕的坡道一直走到屋顶，近距离感受建筑戏剧化的体验和意境。此外，屋顶平台也向市民开放，让市民可以欣赏松花江南、北两岸的城市天际线和周边的自然景观。

哈尔滨大剧院已经成为一种文化象征，代表着人们对美好精神生活的追求。作为哈尔滨历史上规模最大、水准最高、功能最完善的文化设施，该建筑艺术风格独特，项目的设计、建设难度及工艺复杂性在全国乃至世界都十分具有挑战性。该项目填补了国内剧院建设的多项技术空白，其中部分设计建设元素为世界首创。哈尔滨大剧院在设计和建设的过程中备受国际关注，被评选为 2015 年世界最佳建筑之最佳文化类建筑，并是中国唯一获奖的建筑。它积极推动城市文化发展，与当地艺术院团合作，共同创作代表哈尔滨特色的品牌文化活动和原创文艺作品，提高了城市文化的国际影响力。此外，哈尔滨大剧院还开展了许多惠民演出和品牌公益活动，让更多的市民能够进入剧院，享受艺术的融入和改变生活的力量，提供高质量的文化供给，增强哈尔滨市民的幸福感和获得感。

“红色钢琴”似地标——哈尔滨室内滑雪场

在美丽的冰城哈尔滨，松花江北岸矗立着一座巨型“红色钢琴”，中国红的琴盖如彩虹般翩然飘逸，雄伟壮丽，这座外形酷似“大钢琴”的建筑，是迄今为止全球雪道最多、落差最大、长度最长、容量最多、规模最大的室内滑雪场，它使哈尔滨成为名副其实的冰城，一年四季都能奏响冰雪世界的欢歌。它就是中国建筑下属中建二局四公司承建的哈尔滨万达茂工程，该工程荣获国家优质工程金奖，是全国首个荣获该奖项的文旅项目，2016 年荣获中国钢结构金奖、杰出工程大奖，2018 年荣获中国建设工程鲁班奖。

“红色钢琴”夜景

哈尔滨万达茂工程室内滑雪场雪道长度近 500 米，场内总面积 8 万平方米，相当于 10 个标准足球场大小。而之前世界最大室内滑雪场——迪拜滑雪场的面积是 2.25 万平方米。建设如此规模的工程，施工难度异乎寻常，第一个难题就是钢结构的施工。

该工程结构总用钢量 4.4 万吨，是名副其实的“钢的琴”。这个建筑钢结构属于超高、超宽、超长的超限建筑，典型的大跨度空间重型钢结构工程，没有任何经验可以借鉴。面对困难，项目部迅速成立头脑风暴团队——“创之队”。“创之队”将“大钢琴”施工划分为东、中、西三个区域，中区和西区的150米超限大跨度屋面结构整体提升是世界级难题，东区屋面桁架吊装也是难啃的“硬骨头”。经过反复论证，他们将中区和西区屋面结构分成50米一段，在地面拼装之后进行分段跨中整体提升、综合吊装，解决了这一难题。而对于东区屋面桁架则首创了累积滑移技术，将2500吨屋面钢结构分成7个分块，在屋面最高处进行组装，拼装完一块，便将其向下滑移，再拼装下一块，巧妙化解了拼接难、吊装就位难的施工难题。

室内滑雪场共有6条不同坡度、不同难度级别的滑雪道，雪道垂直落差80米，最长的长达500米。如何在不同坡度的雪道上搭建稳定、牢固的脚手架，是施工团队面对的第二个难题。

第一个方案是在斜面上做台阶，经过试验效果并不理想。之后提出的预埋钢筋的方案同样不行。失败没有打垮他们，项目组提出了第三种施工方案——“植筋”，即在雪道斜坡上打上一个个眼，然后将钢筋用植筋胶“植”入钻孔中，在这个基础上搭建脚手架，这样脚手架跳板便被固定住。经过试验，“植筋”效果非常理想，脚手架终于安全、稳固地在斜坡上搭建起来，施工人员可以安心施工，从而圆满完成了世界上最大室内滑雪场雪道层的建设。

哈尔滨万达茂工程的制冷造雪系统的规模、复杂程度同样是世界之最，安装难度可想而知。在进场安装的时候，外围钢结构已经封闭了，哈尔滨万达茂事实上已经成了一个钢结构“鸟笼”。在这个“鸟笼”里，吊车、电梯等常规类机械设备无法使用，除此之外，万达茂滑雪道垂直落差达80米，安装设备的马道则在雪面上方30米处。如何在这种环境下将160多台将近1吨的冷风机、造雪机等设备和2万多米机电管线以及3万多米大规格电缆安装完成，他们一筹莫展。

项目施工团队展开头脑风暴，绞尽脑汁终于在土办法中找到了一条新路子，发明了“限速运输车”。在雪道上方利用自然坡度，在坡度较缓的和坡度较陡的位置架设两条钢轨，用传统卷扬机将限速运输车通过两条钢轨运输到雪道各个区域，再利用滑轮组将设备搬运到30米高的马道上，完成安装。利用这种方法，施工团队缔造了全球最大、最复杂的制冷造雪系统。2017年初造雪开始，到交付使用历时4个月，造雪近8万立方米，创造了同期造雪量的世界纪录。

滔滔龙江水，悠悠两岸河。如今，这座巨型“红色钢琴”矗立北国，迎接八方来客。伴随着松花江悠扬的渔光曲，“红色钢琴”奏响了冰城更加辉煌的华彩乐章。

（参见《“红色钢琴”奏响冰雪之歌——中建二局承建万达茂工程获首个文旅项目“国优金奖”》，国务院国有资产监督管理委员会网站，2019 年 12 月 12 日。有改动）

“红钢琴”奏乐章　“冰之音”扬四方

“红色钢琴”确实是一个令人印象深刻的商业地标，它融合了滑雪、娱乐和购物等多种元素，是一个独一无二的综合性体验场所。建筑外观与红色钢琴相似，形象生动，与哈尔滨的文化底蕴相得益彰。这座建筑物为哈尔滨注入了新的活力和动力，成为该城市的新地标之一。

“红钢琴”不仅外观华丽，而且实力非凡。它打破了多项世界纪录，曾荣获中国钢结构金奖杰出工程大奖。这个项目的室内滑雪场不仅拥有长度为 500 米的雪道，而且场内总面积达到了 8 万平方米，相当于 10 个标准足球场的大小。此外，工程所用的总钢量达到了 4.4 万吨，实至名归地被称为“钢的琴”。这座建筑是一座超限钢结构建筑，具有超高、超宽、超长的规模，属于大跨度空间重型钢结构工程的典型代表。由于没有可供借鉴的经验，建造它的施工难度极大。面对挑战，项目部成立了一个头脑风暴团队，名为“创之队”，旨在努力打造一座既科学严谨又富有诗意和美感的建筑杰作。团队协同攻关后，东区屋面桁架采用了累积滑移技术，将 2500 吨屋面钢结构分成 7 块进行组装。每完成一块的组装，团队就将其向下滑移，再开始拼装下一块，巧妙地解决了拼接和吊装的难题。

“红钢琴”是哈尔滨历史文化的重要体现，旨在满足外来游客的文化体验需求。哈尔滨室外主题乐园则突出展现了俄罗斯风情和鄂伦春文化，展现了哈尔滨作为东北亚中心城市的独特魅力。该乐园由哈市大集、兴安雪原、乌苏里渔歌、丁香仙境和欢庆时光 5 个主题区域组成，完美地融合了游乐项目和文化元素。除此之外，万达城还配备了按照国际比赛标准建造的滑冰场，既可以举办国际级冰上项目比赛，也可以开展群众性滑冰活动，满足不同群体的需求。

第六部分

接天连地　四方享通达（场站工程类）

智能建造新交通——广州白云站

广州白云站位于白云区南部，为广州铁路枢纽“五主四辅”主要客站之一，不仅承接办理既有广州站和广州东站的全部普速客运功能，也担负部分高铁及城际铁路的运输功能。

广州白云站效果图

未来，白云站将有多达 6 条地铁线交会，包括已通车的广州地铁 8 号线北延段和在建 12 号线，规划的广州地铁 22 号线北延线、24 号线和佛山地铁 8 号线，还有一条预留的东西向新线。白云站还将配套长途客运中心、旅游大巴站场和城市公交站场，建成后的白云站将成为站城融合、交通综合、功能复合、生态结合、智能统合，具有岭南特色的全新 TOD（Transit-Oriented Development，以公共交通为导向的开发）大型综合交通枢纽。

白云站站房建筑采用“云山珠水、木棉花开”的建设概念，运用大量先进设计理念和建筑科技，秉承“畅通融合、绿色温馨、经济艺术、智能便捷”的站房建设理念，打造“国内领先、世界前列”的双一流精品站房。

白云站创新提出了“可伸缩的车站、会呼吸的广场”智能概念，采用“方—圆—方”布局，外方为城，内方为站，方与圆之间是两个“呼吸广场”。

呼吸广场平时作为舒适宜人的休闲景观广场，春运时上方将伸出大型顶棚，变身容纳大量旅客临时聚集并可直接进站的“扩展候车室”，旅客容量可以增大3倍。

除了“呼吸广场”，站房周围的“光谷”也是白云站智慧元素的一大亮点。站房东西两侧设置“光谷”，各有25片花瓣造型的墙面，营造出木棉花开的形态，增加站房的自然采光，营造出丰富的空间效果。

在白云站的工地上，常见多台粉红色的“矮胖”机器人同步“开工”，这是智能整平机器人在进行混凝土整平作业，整个白云站项目底板的20%都是用这款机器人来进行混凝土整平作业的，累计作业量已超过1．2万平方米。

智能整平机器人在广州白云站工地上工作

机器人施工磨得快、很干净，不用人踩到泥浆里。以1000平方米施工面积计算，传统整平施工需要2名工人连续工作5小时才能完成，而采用整平机器人只需要1个人操控，5个小时即可完工。作为全国首批试用智能化建造机器人的铁路站房建设项目，白云站总共将有18种智能建筑机器人参与建造。

（参见卢梦谦:《车站可伸缩 广场会呼吸》,《广州日报》2019年2月28日。有改动）

智能建造新交通　科技创新向未来

广州白云站是我国铁路“十三五”发展规划中的重要项目，是粤港澳大湾区的重点工程，是广州首个按现代综合交通枢纽规划建设理念打造的特大型枢纽工程，将成为站城融合、交通综合、功能复合、生态结合、智能统合，具有岭南特色的全新 TOD 大型综合交通枢纽，为助力构建“轨道上的大湾区”奠定坚实基础，也标志着中国式现代化交通走向新的发展阶段。

首先，白云站积极贯彻新发展理念。如采用“云山珠水、木棉花开”的建设概念，运用了大量先进设计理念并秉承“畅通融合、绿色温馨、经济艺术、智能便捷”的站房建设理念，打造“国内领先、世界前列”的双一流精品理念，创新提出了“可伸缩的车站、会呼吸的广场”智能概念等，不仅凸显了白云站的理念先行，更重要的是创造了符合自身发展的一系列新概念。

其次，秉承科技创新精神。2020 年 11 月 12 日习近平总书记在浦东开发开放 30 周年庆祝大会上指出：“科学技术从来没有像今天这样深刻影响着国家前途命运，从来没有像今天这样深刻影响着人民幸福安康。我国经济社会发展比过去任何时候都更加需要科学技术解决方案，更加需要增强创新这个第一动力。”[①] 智能建造离不开人的不断创新，从案例中我们了解到白云站是全国首批试用智能化建造机器人的铁路站房建设项目，大幅度提升了工作效率及施工精准度，而且白云站的科技创新及智能建造，将要把白云站工程打造成全国首个大规模运用智能化机器人的项目，直接把“科技是第一生产力”呈现在人们的面前。

在此案例中，中铁建工集团白云站建设者们不仅是践行“工匠精神”的典型，也是践行“科技是第一生产力”“高质量发展”、贯彻“新发展理念”的创新的能手。例如，人们日复一日驻扎生产一线，精心雕琢每个技术环节，一砖一瓦、一寸一方都以匠心相待；技术人员进行艰苦的技术研究和科研攻关，为锻造白云站精品工程打下坚实基础；大力推行“智慧工地”“流程监控”“网格可视化管理”等创新技术，实现建筑施工全过程的数据采集、智能分析及智能预警，为站房施工实现“智能建造”提供坚实技术支撑；广泛使用太阳能路灯、泥浆零排放系统、智能喷淋装置和智能交互式无纸化会议系统等一系列智能环保设施，努力做到节能、节水、节材和节电，扎实做好“碳中和”各项工作，减少温室气体排放，减少建筑材料污染，保护生态环境，践行“新发展理念”，实现“绿色”发展。

---

① 习近平:《在浦东开发开放 30 周年庆祝大会上的讲话》,《光明日报》2020 年 11 月 12 日。

世界交通“巨无霸”——上海虹桥枢纽

作为“十一五”期间上海市的重点工程、2010上海世博会重要交通配套设施，世界级的交通工程上海虹桥综合交通枢纽（简称“上海虹桥枢纽”）工程总建筑面积达150万平方米，日均客流可达110万人次，集航空、高铁、城铁、高速公路、磁浮、地铁、公交等“轨、路、空”多种交通方式于一体。

作为一个规模庞大、功能复杂，世界上独一无二的综合交通枢纽，如何实现舒适的换乘体验呢？上海虹桥枢纽内部从各种交通换乘，人流、物流导向方式，各种问询、标识系统，到各种商业、生活设施安排，都充分考虑到乘客的需求，并进行了非常人性化的设计。

上海虹桥枢纽水平向由东至西分别是：虹桥机场西航站楼、东交通广场、磁浮、高铁、西交通广场。其中，东交通广场集中了地铁、公交和社会车库，服务于机场与磁浮；西交通广场有地铁、公交、长途和社会车库，服务于高铁。

首先，上海虹桥枢纽虽然是全球汇集交通方式最多、最全的综合工程，但乘客可以在其中实现高效换乘。为了使乘客更方便地换乘，上海虹桥枢纽共设计了54种换乘模式，在设计中采用了“到发分层”（多层面、多通道、多出入口、多车道边）的理念来实现，设计了12米出发层、6米到达换乘廊道层、9.5米地下换乘大通道。不同交通设施间的到发分层，不仅实现了上下叠合的功能安排，还避免了大流量旅客换乘拥挤。

其次，上海虹桥交通枢纽内部设置了大量自动步道，以缩短旅客在枢纽内部换乘时间，不管乘客采用何种方式换乘，步行距离都保持在300米之内，换乘时间则可控制在15分钟之内。

同时，上海虹桥枢纽工程对标识导向系统做了充分研究和论证，增加旅客人性化体验；在各个节点以地图、问询、显示屏等形式建立了一套完整的信息系统。同时，用绿、红、蓝三色区别航空、磁浮、高铁的区域，增强旅客印象。即使第一次来到上海虹桥枢纽的乘客，也会很容易找到目的地，不会走冤枉路，更不会迷路。

上海虹桥枢纽设计中还引入许多在国内独一无二的创新设计。虹桥机场新航站楼的候机长廊顶部建造了国内首个机场露天观景平台，人们可在60米长的观景台上观看飞机起降时的全貌。

虹桥新航站楼内部设计也独树一帜，一改其他机场航站楼顶高空旷的面貌，将45米的层高设计成功能各异的多层建筑，不求大而求精，不仅节约了建设投资、增加了空间利用率，也让在楼内的乘客感觉建筑高度更宜人。

此外，虹桥机场新航站楼还设计了国内首个航班到达无行李旅客快速通道，无行李的旅客到达后不必经过行李层即可从该通道快速到达车库、地铁、出租车站等设施区域，大大方便了无行李的商务航空旅客。

在体现人性化的同时，上海虹桥枢纽设计中还处处体现绿色理念。上海虹桥枢纽的“绿色”，首先就体现在集约上。上海虹桥枢纽实现了多种交通模式的高度集约，实现了土地资源的集约化、综合配套设施的集约化、城市环境资源的集约化，最终体现了节地的高效率。仅仅在节省交通配套设施用地方面，就节地2000亩。而机场跑道从原先规划的1700米间距的远距离跑道改为国内首个365米间距的近距离跑道，一举节约了7平方千米土地。

上海虹桥枢纽设计效果图

上海虹桥枢纽通过能耗研究分析，达到优良的保温隔热性能，还凭借光伏发电、空调冷水直供系统、雨水回用系统等新技术，大大降低建筑能耗。该枢纽的地下空间达50万平方米，相当于一座航站楼的面积，通过创新设计，地下空间的采光、通风也大量利用了自然光线和风能，大大减少了能耗。

（参见《世界级交通工程上海虹桥综合交通枢纽正式启用》，新华社，2010年3月15日。有改动）

上海虹桥枢纽如织　中国式现代化美景

读完案例，大家有没有一种冲动——现在就去体验一把 300 米内不到 15 分钟的 54 种换乘模式？可能你很难想象是什么样的设计，能让这样一种高效的“轨、路、空”多种交通方式于一体的换乘得以实现！但在中国的上海虹桥枢纽，中国式现代化交通的呈现，实现了世界上独一无二的梦幻般的中国科技交通梦。

上海虹桥枢纽，打造出中国式现代化的大国气象。上海虹桥枢纽，不仅意味着我国拥有世界上最便捷、最高效、最舒适的交通，也意味着我们中国共产党有能力带领人民创造出比西方世界更发达的中国式现代化；中国特色社会主义能够创造出更加优越的条件带领人民走向全世界，也以最自信、自豪的姿态欢迎天下来客。

上海虹桥枢纽，以为人民服务的初心创造人性化设计。城市交通枢纽中的体验，对于“路盲”或“路痴”一族来说，可能是一种无助的痛苦。在上海虹桥枢纽，中国交通建设从为人民服务的初心出发，在设计中采用了“到发分层”(多层面、多通道、多出入口、多车道边）的理念，设计了 12 米出发层、6 米到达换乘廊道层、9.5 米地下换乘大通道。有人可能会说，这种多层、多通道、多出口、多车道边，岂不是更容易让人迷糊了？你放心，上海虹桥枢纽工程对标识导向系统做了充分研究和论证，增加旅客人性化体验；在各个节点以地图、问询、显示屏等形式建立了一套完整的信息系统。同时，用绿、红、蓝三色区别航空、磁浮、高铁的区域，增强旅客印象。所以，第一次来到上海虹桥枢纽也不会迷路。不仅不会迷路，对于一部分人，无行李通道的设计，还能节约宝贵的时间。这就是上海虹桥枢纽人性化的设计，践行着为人民服务的初心。

上海虹桥枢纽，不仅是交通枢纽，还是体现绿色发展、倡导美好生活的平台。上海虹桥枢纽在设计中引入许多在国内独一无二的创新设计，即在虹桥机场新航站楼的候机长廊顶部，建造了国内首个机场露天观景平台，人们可在 60 米长的观景台上观看飞机起降时的全貌，感受别样的风景。这使上海虹桥枢纽不仅实现了综合交通的功能，还附加了旅游观光的功能，给美好生活创建了新平台。这就是中国人的浪漫、中国人的智慧，它让你享受了生活的美妙，同时又提醒你只有站得高才能望得远。

见证铁路上的百年——浦口火车站

一个世纪前因缘际会，浦口成了国家铁路干线——津浦铁路的南端终点站，从此这个普通的江滩芦苇地成为南北铁路交通的枢纽。

浦口火车站旧址

在没有长江大桥的时代，繁华的浦口成了江北的另一个南京。跨越大江的桥梁消除了通行的障碍，浦口成为大南京的一个重要组成部分。

对于浦口的重要性，或许无人比孙中山认识得更透彻。1919 年，孙中山在《建设》杂志上发表了一篇文章《实业计划》。在这个鸿篇巨制中，他将浦口作为一个铁路枢纽，是长江以北一切铁路的大终点；还设想在南京与浦口之间筑一穿越长江的隧道，铺以铁路，使南北铁路交通得以贯通。

大运河畔富庶城市的盐商、士绅却没有这样的眼光。他们怕洋人从此长驱直入进入中国的内河。再说修铁路还要破坏良田、惊动祖坟。所以，他们四处奔走，发挥影响力，阻止津镇线。

就在各方争论不下的时候，沪宁铁路竣工通车了。南京的地位一下子凸显，如果通往北方的铁路干线依然以镇江为起点，就会将南京撇开。于是，人们自然想到了，浦口才应当是通往天津铁路的起点。而且，从浦口一路往北，经滁州、蚌埠、徐州，也避免一下子深入扬州、淮安等运河腹地，地方士绅不再反对。

在南京的北大门建造一座前所未有的火车大站，此举可谓一时盛事，万民关注。对车站设计者的挑选，人们显示出了耐心与慎重。虽说那时候中国大地上铁路建设如火如荼，但由于国力衰弱，火车站大都由外国人主持设计，唯独浦口站是个例外，这座美轮美奂的火车站是由地地道道的中国人王佐卿设计的。

王佐卿生于1880年，河北唐山人，早年家境贫寒，也没有上过学，但他天资聪慧、悟性极高，又肯吃苦耐劳，因此靠自学也认识了不少字。最初，这个聪慧的中国少年在英国人开办的建筑设计事务所做杂工，拖地板、擦桌子；给设计人员拿拿笔、递递尺等，什么事都干。晚上等设计师们回家了，他就苦读事务所书橱中的书籍，久而久之，他对建筑力学与美学有了自己的理解。一次王佐卿帮英国设计师指出了设计错误，于是这位英国设计师摒弃前嫌，承认了王佐卿在建筑设计上的天分。于是，小杂工晋升为英国人开办的建筑设计事务所的设计师。王佐卿当上设计师后，充分展示了设计才华，最终在浦口站设计招标中脱颖而出。

浦口火车站之所以有如此神奇的魅力，是因为它蕴含了许多人文情怀。车站当时扼守南北交通要冲，是一个灯光璀璨的历史大舞台，各种历史人物纷纷从此经过，留下那些意味深长的故事。

朱自清的散文《背影》已经成为经典，在人们心目中，浦口火车站的铁路和月台也已经成为经典。1917年的某一天，火车开车前，父亲艰难地翻过月台给朱自清买橘子，年轻的朱自清看着父亲的背影突然泪如泉涌。这样的镜头已经定格在几代人的心中。

1919年，毛泽东曾在浦口火车站丢了鞋，饥寒交迫地赤脚在站口踱步时，偶遇旧友李中为他解了困境，使他重拾那股初生牛犊不怕虎的勇气。多年后，毛泽东风趣地将李中称为“救命菩萨”。

20世纪初叶，中国大地上一下子建了很多火车站，如上海老北站、北京前门站、哈尔滨站、济南站、青岛站等。这些车站各有特色，可惜都没能保留到现在，只有浦口火车站完整地保存了下来。浦口火车站不仅站房主体大楼完好保存，售票处、贵宾室、电报房等附属设施也都在，加上周边的火车编组站、过江轮渡、机车库房、老仓库等都完好无缺，是全国少有的原汁原味的百年老站。

（参见刘建春:《百年老火车站——南京浦口火车站的建造始末》,个人图书馆网站,2021年5月18日。有改动）

浦口火车站的背影　中国百年变迁的见证

建于1914年的浦口火车站是我国保存独具民国特色、最具文艺范的火车站。虽然轨道上列车不再穿行，铁轨在草丛中若隐若现，绵延的车道依旧指向遥远的北方——曾经是多少人翘首以盼、魂牵梦绕的远方。“退休”的百年老站，则凸显出了它的文物和美学价值，置身于极具浓郁铁路文化和民国风情的站台，犹如穿越至民国一般。

在风云变幻的近代中国，百年老站见证了太多国人的别离。中国近代史上，浦口火车站是一个经常出现的地名，朱自清的《背影》、孙中山灵柩运至南京的镜头皆发生于此。浦口火车站具有独特的民国特色，蕴含着深厚的民国历史底蕴，一部部热映的大片如《国歌》《情深深雨蒙蒙》《金粉世家》等均在此拍摄。浦口火车站见证了百年中国人在站台前的别离，有为儿女情长、有为前程、有为国难、有为民族存亡，无一不是这里的离情过客，又无一不是这里离情历史的撰稿人。

在风云变幻的近代中国，百年老站见证了少年强则国强的实践。在那个半封建半殖民地的近代中国，有着数以千万天资聪慧、肯吃苦耐劳的青少年，虽饱受殖民剥削却不自怨自艾，而是自律自学、不卑不亢，探求用自己的方式救亡图存。如百年老站的设计者，一个10岁的少年历经数年的刻苦钻研，从大字不识一个到能看懂设计图纸，并对建筑力学与美学有自己的理解，才有了交通枢纽——浦口火车站。这才有了朱自清求学、父子俩浦口惜别，诞生了《背影》；也才有了毛泽东丢失布鞋、幸遇李中“救命菩萨”的故事。这里又何止千千万万如他们一样的少年，从此奔赴北方、奔赴世界各地，求知探索、追求进步，强大自己、报效国家。百年老站就是中国少年践行少年强则国强的见证。

在风云变幻的近代中国，百年老站也见证了中国的百年由衰到兴的飞跃。在那个动荡战乱的年代，既有英国殖民者拟定的四大干线的《中国铁路计划》，也有著名作家刘鹗提出的依傍着运河的铁路倡议，更有革命先行者孙中山的《实业计划》把浦口作为一个铁路枢纽来贯通南北交通。而大运河畔富庶城市的盐商、士绅，他们奔走呼号的主要目的让大家感受到旧式富商与士绅的自私、守旧与短见，他们没想到用自己的实力来抗击西方列强的侵略，而是为了保护个人私利而阻止国家的交通建设，这也应该是中国近代落伍的原因之一。时代的车轮是向前的，载上孙中山、毛泽东、朱自清、李中等这样为国奔走、积极进取的伟人、爱国青年，在此奔向远方，探求救国救民的真理，指引中国走向复兴，百年老站也因此能够见证中国由衰而兴的历史进程。当它完成了自己的使命后，隐退出营运的历史、走进火车文化脉络的“馆藏”，依然给人以文化与精神的能量。

“一带一路”求共赢——泰国素万那普机场新候机楼

在东南亚中南半岛坐落着一座“天使之城”——泰国首都曼谷，这里包罗万象、融合东西方文化，是全球最受欢迎的旅游胜地之一。素万那普机场位于曼谷以东约25千米沙没巴干府，占地面积约32平方千米，是东南亚地区乃至亚洲重要的航空枢纽。随着近年来泰国旅游业的发展，原设计的4500万旅客流量已经达到极限，机场不堪重负，进而导致游客体验下降，机场扩容迫在眉睫。

泰国素万那普机场工程效果图

近年来，泰国政府推出“东部经济走廊（EEC）”发展规划，作为“泰国20年国家发展战略”的重要组成部分与中国“一带一路”倡议对接，中泰两国产能合作、基础设施互联互通方面的合作得以不断深化和推进。2017年8月31日，中国建筑集团有限公司成功中标泰国曼谷素万纳普机场1号候机楼（2～4）层和南端连接通道项目，共设计28个停机位，可容纳年旅客流量达1500万，合同金额142.35亿泰币（约合28.73亿人民币）。

泰国素万那普机场发展项目总建筑面积21.6万平方米，施工内容主要包括1号航站楼地上工程、公共系统联结、地下通道辅助系统以及部分停机坪泛光照明施工等，结构设计基准期为50年。

该项目作为泰国政府重大标志性民生基础设施工程，受到泰国政府和社会的广泛关注。由于项目建设的迫切性，合同工期已经压缩到了22个月，其中还包括2个月施工准备期，而土建地上施工工期仅有4个月，泰国本土行业巨头都望而却步。对于“基建达人”的中国建筑来说，这在国内尚属挑战，更何况在语言不通、物资材料和机械需要进口、劳动力资源不足的泰国。聚光灯下的中建人，如何完成这个看似不可能完成的挑战呢？

目前使用较为广泛的钢管扣件式模板脚手架体系需花费大量人工，搭拆周期长成为土建部分工期的最大制约因素。项目专项技术攻关小组针对机场项目结构的实际情况，设计出一种可以整体脱模和转运的“飞模”。这种大型工具式模板拼装操作简单，4人即可完成，且只需一次组装成型，不仅大大简化了支拆脚手架模板的程序，节省劳动力、增加材料的周转率，而且因其台面面积大、拼缝整体性好，使混凝土表面的质量得到了大幅提升，工期压力也得到了有效缓解。

建设优质的国际标杆工程，为“一带一路”建设贡献中建智慧、中建方案，是每个中国建筑海外建设者的共同目标。在一项项施工难题面前，中国建筑海外建设者迎难而上，以大国工匠的智慧和担当建设优质工程，用实力铸就中建品质。

（参见《第31站：走进泰国素万那普机场》，国务院国有资产监督管理委员会网站，2018年10月29日。有改动）

“一带一路”催生“黄金大地”　素万那普彰显中国智慧活力

在泰语中，素万那普就是“黄金之地”的意思。泰国素万那普机场新候机楼讲述了中泰两国在“一带一路”项目中政策对接及泰国政府重大标志性民生基础设施工程上合作的相关内容，是“一带一路”中国方案、“共商、共建、共享”原则的现实化。

“一带一路”倡议是以习近平同志为核心的党中央深刻思考人类前途命运及中国和世界发展大势所提出的宏伟构想和中国方案。其核心内涵是促进基础设施建设和互联互通，加强经济政策协调和发展战略对接，促进协同联动发展，实现共同繁荣。这一倡议秉持和遵循“共商、共建、共享”的原则，努力实现“五通”——政策沟通、设施联通、贸易畅通、资金融通、民心相通，是发展的倡议、合作的倡议、开放的倡议。这一倡议虽然植根历史、源于中国，但是它是面向未来的，机遇和成果也是世界共享的，是一个开放包容的经济合作平台，是中国沟通世界、共享机遇、共谋发展的阳光大道、康庄大道。

这一倡议从顶层设计到项目落实，从规划方案到具体实践，“一带一路”建设取得了举世瞩目的成就。泰国的相关发展就是其中成就之一。泰国是中国在东盟的第四大贸易伙伴，是亚投行的创始成员国。“一带一路”倡议为泰国经济发展提供了良机，在这一背景下，泰国提出发展边境经济特区。在两大经济战略的指引下，中泰两国可以相互配合、共同发展，也使泰国在东盟、“一带一路”合作国、融入多极世界和经济全球化中能发挥至关重要的作用。正如泰国驻华大使毕力亚・针蓬接受记者采访时说：“我认为泰中合作能做得更多的地方之一是探索并充分利用两国政策的互补性和双赢的战略。泰中两国都高度重视互联互通和可持续发展。”毕力亚・针蓬还强调：“泰中都是发展中国家，面临相似发展任务。中国贯彻创新、协调、绿色、开放、共享的发展理念，致力于建设现代化经济体系。泰国遵循普密蓬・阿杜德先王陛下提出的‘适度经济’理念，提出‘泰国 4.0’、数字泰国、东部经济走廊战略，制定未来 20 年国家发展战略。未来泰中双方可在发展理念、发展战略、发展举措等方面继续深入交流互鉴、取长补短，为各自发展注入新活力。”① 素万纳普机场扩建项目就是双方在“一带一路”合作平台中的成就之一。

这一倡议彰显了中国用诚意践行着共同发展的人类共同价值追求。中泰两国本是血脉相连的好邻居、好朋友、好亲戚、好伙伴，因为共建“一带一路”，“中泰一家亲”更是好上加好、亲上加亲。素万纳普机场扩建项目将为泰国日益兴旺的旅游经济奠定坚实的硬件基础，科技引领“慧”聚，为当地带来巨大的社会和经济效益，也将为中泰友谊建立新的里程碑，成为“一带一路”国际合作的新典范。泰国是海上丝绸之路的重要一站，是“一带一路”建设的重要枢纽。希望周边国家分享中国发展的红利，中国也将秉持“共商、共建、共享”的原则，尽快与沿线国家推动实质性的合作项目，让沿线人民能够尽快享受到“一带一路”建设的成果。我们提出发展是全人类的共同价值，也用最诚意的实际行动，为弘扬和践行共同发展、促进各国人民相通相知相亲做出了不懈努力。

---

① 孙超：《各国大使眼中的“一带一路”》，中信出版社 2020 年版。

新世界出新凤凰——北京大兴国际机场

北京大兴国际机场是建设在北京市大兴区与河北省廊坊市广阳区之间的超大型国际航空综合交通枢纽，按照客流吞吐量1亿人次、飞机起降量80万架次的规模建设7条跑道和约140万平方米的航站楼。2019年9月25日，机场正式投运。在客流达到4500万人次时，建设第一卫星厅，使航站楼面积达到82万平方米、客机近机位137个，满足7200万人次的设计能力。北京大兴国际机场被英国《卫报》评选为“新世界七大奇迹”之首。

北京大兴国际机场航站楼外景

北京大兴国际机场航站楼形如展翅的凤凰，是五指廊的造型，整个航站楼有82个登机口。旅客从航站楼中心步行到达任何一个登机口，所需时间都不超过8分钟。

北京大兴国际机场选址非常讲究，机场地下巨大的轨道交通网可以把京津冀周边的旅客快速送达。共有5条轨道线路在机场外围整合并列为一组，沿着机场中轴线贯穿航站区。5条线路站台区总宽度约270米，相当于把整个北京火车站塞进航站楼里，这在全球都堪称壮举。

然而，要实现这种世界创举，需要解决巨大的设计和建设难题。考虑到高铁会以300千米的时速从航站楼下方穿过，为了有效缓解地下轨道运行的震动对于航站楼运行的影响，技术人员专门设计了横间的隔震技术——这是航站楼工程的亮点和难点。北京大兴国际机场航站楼的柱子并非直直地由上而下，而是每个柱子在地上地下的交界处都支了一层橡胶垫，所以，整个航站楼不是硬硬地戳在地上，而是支在1100个软软的橡胶垫上，这也使北京大兴国际机场成为全球最大的隔震建筑。

北京大兴国际机场采用“双层出发车道边”设计，相当于把传统的平面化的航站楼变成了立体的航站楼。传统的航站楼只有出发和到达2层，北京大兴国际机场实际上是4层航站楼，出发和到达分别是2层，相当于把平房变成楼房，整个机场因此节能集约。由于北京大兴国际机场首次采用了双层出发高架桥，因此形成了2个车道边。未来新机场要承载T1、T2、T3的旅客总量，如果只是一层的车道边，根本不够用，因此设计为双层的出发车道边。一层是国际到达；二层是国内到达；三层是国内自助，快速通关；四层是国际出发和国内托运行李。再加上地下的轨道交通可以很方便地把旅客送到楼内，通过地下一层的直梯直接到达出发层。北京大兴国际机场正在建设的是北边的T1航站楼，建成后可以满足4500万人次的年旅客吞吐量、高峰小时进出港1.26万人次的容量需求，相当于T3航站楼的总量；以后将在南侧扩建一座卫星航站楼，以达到承担7200万人次的年旅客吞吐量、高峰小时进出港1.95万人次的容量需求。远期规划在航站区南端再建设新的航站楼，以达到1亿人次左右年旅客吞吐量的终端目标。北京大兴国际机场坐落在直径1.2千米的圆形区域内，其中心区域的支撑间距达200米，所形成的无柱空间可以完整地放下一个水立方。为保证中心区屋面及支撑结构体的完整以及功能区的完整，航站楼中心区的混凝土楼板有513米×411米不设缝，这是国内最大的单块混凝土板，这块完整的混凝土大板可以将鸟巢置于其上。

（根据网络资料整理）

新凤凰展翅高飞　新机场彰显国威

创造一个现代世界奇迹需要多久？北京大兴国际机场的落成，完美地回答了这一问题。大兴国际机场的建设历时4年，从2015年9月开始动工，到2019年9月25日正式投入使用。这座现代化机场是中国民航自主创新的最新成果，也是中国高水平发展的体现。它的完美落成展示了中国在现代化建设方面的巨大成就，同时也彰显了中国人民的智慧和实力。

中国制造，民族骄傲。随着中国在国际舞台上的崛起，中国制造正在接受全球的审视和检验。北京大兴国际机场的竣工不仅展现了中国制造在速度和质量方面的实力，更重要的是向全世界重新阐释了“中国制造”的内涵和价值。作为献礼中华人民共和国成立 70 周年的国家标志性工程，北京大兴国际机场一亮相就受到了社会各界的广泛关注。为了展现中国特色，航站楼的五个指廊端头分别设计了丝园、茶园、瓷园、田园和中国园共 5 个“空中花园”，为游客漫步其中带来独特的东方风情。此外，北京大兴国际机场采用中国首创的层间隔震技术，成为世界上最大的单体隔震建筑之一，能够抵御 8 级地震和 17 级台风的袭击。人们对北京大兴国际机场的宏伟气势感到震撼，同时也惊叹于“中国制造”的强大实力。近年来，“中国制造”不断涌现，包括北斗卫星、中国高铁、“嫦娥四号”以及“中国天眼”等。这些“中国制造”备受人们的关注和喜爱，彰显了中华民族的不断进步和国家的强大实力，为我们带来了强烈的民族荣誉感。

北京大兴机场不仅在建筑体量和运载能力方面令人惊叹，更令世人肃然起敬的是它所体现出来的中国速度和“以人为本”的理念。在“中国速度”的推动下，北京大兴国际机场创下了多项纪录：世界最大单体机场航站楼、全球最大减震机场航站楼、全球首座双层出发和双层到达的航站楼、全球首座高速铁路从地下穿过的机场以及世界最大无缝结构一体化航站楼。航站楼内部以白色为主色调，最具标志性的打卡地点就是 C 形柱和屋顶装饰板形成的梦幻般高大的空间。北京大兴国际机场以“以人为本”的理念为指导，为各种特殊人群提供了“全程无障碍”的基础设施，设计十分贴心、人性化。机场内部设有行动障碍人士专用问询柜台、盲道、156 个无障碍卫生间；自助值机设备也特别调整了高度，方便行动障碍人士使用。设计的纹理样式从 C 形柱的侧面到顶部连续变化，样式各异，形成了“如意祥云”的肌理。白色吊顶和五星红旗让人感到视觉上的震撼，尤其是它们位于航站楼的顶部，给人以非常强烈的设计感。这种设计不仅令每一位中国人感到无比自豪，也让世界各国的友人见证了中国的大国风范和综合实力。

第七部分

千年古建　文化显悠韵（古建工程类）

客家人智慧的集成——永定土楼

永定位于福建西南部，东与南靖、平和县相连，西与上杭毗邻，南与广东大埔、梅县接壤，北与龙岩新罗区交界。永定土楼继承古代中原生土建筑传统，不断创新发展，覆盖永定全县并向周边地方辐射。

永定土楼

永定土楼建筑文化，在建筑学方面而言，是我国古代生土建筑的继承和创新。它源于中华民族的传统文化，继承和发扬了民居建筑文化，有浓厚的历史文化背景。永定土楼的建筑材料为沙质黏土、杉木、竹子、沙子等，全部就地取材，经济而科学。用于夯筑承重墙的沙质黏土，即沙质黄土与黏土按一定比例拌成泥土，比例得当才能用于夯筑土墙。杉木盛产于永定每座山上，石料用于砌墙基和铺设廊道、天井、门坪、道路等，门框、台阶、柱座均为花岗岩、青砖。建筑工序严密，先选好地址，再行设计，因地制宜，讲究建筑布局，重视建筑结构。经过代代传承和长期实践，造就了大批技艺精湛的土楼建筑师、能工巧匠，包括泥水匠、木匠、雕刻师等。

土楼造型的丰富多彩，是永定土楼文化的主要特色。土楼高低不一，从一层到六层。土楼种类繁多，有长方形楼、正方形楼、日字形楼、目字形楼、

土楼内景

三合院式楼、府第式楼、宫殿式楼、殿堂式楼、碉堡式方形楼、半月形楼、曲尺形楼、走马楼、五角楼、六角楼、八角楼、纱帽形楼、吊脚楼、圆楼、U字形楼、两堂两落式楼、交椅式楼、前圆后方形楼、前方后圆形楼、椭圆形楼、一字形楼等，这种单座建筑或建筑群，构成杰出的文化景观。

布局严谨，结构奇巧，是永定土楼建筑文化的重要内涵。土楼中轴线鲜明，主楼都建在中轴左右两侧，对称严格。土楼都有厅堂，以主厅为核心。清初以后土楼更加富丽堂皇、雕梁画栋、古朴典雅，是民居建筑中的佼佼者。永定土楼把中国传统的生土民居建筑艺术推向极致，成为“世界独一无二的、神话般的山区（农村）建筑模式”（联合国教科文组织顾问史蒂汶斯·安德烈之题词）。土楼文化之最为神奇处，在于建筑工艺要比中国传统的生土民居建筑工艺有更多独特之处，它凝结着永定客家人的匠心与智慧。

（根据网络资料整理）

永定土楼“不土”　中华文化“火旺”

客家民族文化的核心浓缩了客家人的勤劳善良和不屈不挠的优良品质，也凝聚了客家人坚韧不拔的独特精神。《客家人智慧的集成——永定土楼》展现了土楼文化和客家人的生活模样。这永定的客家土楼，是中华文化的瑰宝。

客家独具特色的土楼是最能体现传统文化的建筑之一。永定土楼就其建筑学而言，是我国古代生土建筑的继承和创新，它源于中华民族的传统文化，继承和发扬了民居建筑文化，有浓厚的历史文化背景。它们的造型、布局、结构，是土楼建筑文化的主要特色和重要内涵。永定土楼的方圆错落、造型独特、规模宏大、结构奇巧和独特的聚居方式、合理的布局及与自然环境相融合的选址理念，阐释着客家人的聚族而居传统文化、家风家训、世界上独一无二的大型生土夯筑的建筑艺术成就等丰富的文化内涵，备受世人瞩目。永定土楼曾获得无数赞誉："似古堡巍峨苍朴""赛从天而降的飞碟""世界独一无二神话般的山区民居建筑"，等等。因此，土楼不仅倍增光彩，还走向全国、走向世界文化长廊，成为福建省第二个世界文化遗产，使永定获得了通向世界的"名片"。

土楼文化源自于民，应还用于民。福建土楼博物馆、客家家训馆、客家家风楼、"土楼三部曲"、土楼题材影视作品等系列传统文化传承发展工程的开展，不仅全方位地展示了福建土楼神奇的建造技艺、丰富的文化内涵和与大自然的和谐统一的历史文化，也让土楼有了新气象、让非遗成为活化土楼的载体。通过开发宣传、保护推广、激发群众的参与热情，让人们认识民族文化和民族工艺的价值所在，让土楼变成一部读不完的书。现如今，土楼不仅成为传承所在地文化的纽带，也是乡村振兴的助推器，从而铺就了社会主义核心价值观和客家优秀传统文化的同构的新路，真正呈现了土楼的独特之处——它是"活"的世界遗产。于是永定全面贯彻落实习近平总书记关于加强文化遗产保护的精神，认真贯彻落实"保护为主、抢救第一、合理利用、加强管理"的文物工作方针，开展系统性、长期性、全民性、法治化保护工作，全面提升土楼保护工作能力和水平，让土楼焕发无限生机，充分发掘它作为传统文化载体的价值，服务人民。

永定土楼让我们看到了客家人和谐相处的社会传承。永定是客家人重要的聚居地和集散地之一，是大家庭、小社会和谐相处的典范。土楼蕴含着同宗血缘凝聚力，一座土楼就是一个家族的凝聚中心。这一特点也集中体现在"客家家训"和"客家家风"上，客家家训体现了真善美，没有一点假大空，都是以弘扬孝悌、忠信、礼义、廉耻为根本。这应该是土楼建筑形式与客家家训和家风所承载的文化内涵相辅相成的结果吧。这种社会传承无疑有利于践行社会主义核心价值观，形成良好的社会风尚和家风。

强劲文化生命的凝结——滕王阁

滕王阁

滕王阁坐落在江西南昌，其实这个楼是个仿品，最早的滕王阁在山东滕州。

滕王阁始建于唐代，后经宋、元、明、清历代，滕王阁屡废屡兴，先后修葺次数达到29次之多，其中唐代5次、宋代1次、元代2次、明代7次、清代13次，清阁于1926年被北洋军阀焚毁，今阁系第29次重建。

唐宣宗大中二年（848年）夏，滕王阁首次毁于大火，虽派人前往扑救，但因火势炽烈而未扑灭，初唐之阁荡然无遗。当时的江西观察使纥干当即决定在原址上重建，重建工作于次日便开始，于同年八月竣工。大中二年（848年）重修的这座滕王阁规模宏丽，也最为坚固。经260余年，直至宋徽宗大观年间才加以重修。南宋时，滕王阁被改建于城墙之上。元姚燧《新修滕王阁记》谓宋阁："其基城为阁……大抵非唐屋矣。"

南宋时期，内忧外患，国事日非，滕王阁亦处在风雨飘摇之中。元代滕王阁其修建可考者，有元世祖至元三十一年（1294年）及元顺帝元统二年（1334年）两次。第一次重修滕王阁，阁高五丈六尺。元统二年（1334年）江南行台御史大夫塔夫帖木儿游登滕王阁，下令重修，第二年七月竣工。

明朝初年，元代的滕王阁遗构犹在。明代洪武初年（1368 年）朱元璋击败陈友谅，曾在滕王阁上大宴文武群臣。但因为江岸坍塌，后为了防御，南昌沿江的城墙内移去江三十步，滕王阁则由于年久失修，风飘雨淋，“颓压以尽，遗址颇沦于江”。正统初年（1436 年），江西布政使吴润重建，改阁名“迎恩馆”。滕王阁在当时可谓是名实俱亡。明代宗景泰三年（1452 年），迎恩馆毁于大火。巡抚韩雍于是在馆之东岸，改构“西江第一楼”。“西江第一楼”在明宪宗成化元年（1465 年）已圮坏。这次重修，盖易旧制为阁，规模宏大。于是人们复称之曰“滕王阁”。

在此之后，滕王阁又因大火和战乱而数次修葺。到了清朝的时候，滕王阁的兴废则更为频繁，前后有 13 次之多。据史料记载，滕王阁在清朝曾经毁于火灾 7 次，遭兵燹 2 次，自然损坏而倾圮 4 次，毁后均又重新修葺。单是在康熙年间，滕王阁就曾经 4 次毁于火灾，得益于康熙盛世，每次损毁后均又重建。太平天国时期，这里曾经是大军交战的地方，滕王阁因为战乱被毁得干干净净，不过当时的清政府已经没钱去好好修缮滕王阁，所以修得马马虎虎。

滕王阁最后一次损毁是在 1926 年，当时的北洋军阀怕城外的建筑为革命军所用，于是用大火将城楼给烧了，处在章江门外的滕王阁也难以幸免。

滕王阁的再次重修，就到了新中国成立以后。1942 年的时候，中国著名建筑大师梁思成及其助手莫宗江考察江南古建筑时，曾路过江西并绘制了《重建滕王阁计划草图》，其中包括彩色透视图 1 幅，平面、立面及断面图 7 幅。1957 年，江西省呈送《重建滕王阁意见书》，确定以 1942 年梁思成、莫宗江的设计方案为基础重建滕王阁。得知此消息后，梁思成特别提示省文管会：“滕王阁原是建在城墙上的，因此重建时也应为它建一个高约十米左右的高台，以代原来的城墙。”

1983 年，重建滕王阁的决议正式提到议事日程，并成立重建滕王阁筹备委员会，1985 年奠基重建，1989 年完工。至此，滕王阁经过了半个多世纪的历史风云，才真正重新以它的雄姿屹立于江南。

（参见《中国有 3 座滕王阁，最有名的是赝品，被毁 28 次每次都能重建，最后一次重建惊动梁思成》，搜狐网，2017 年 4 月 14 日。有改动）

中华文明代代相传　强劲生命熠熠生辉

滕王阁在历史上建了而被毁，毁了而复建，先后修建达29次之多。虽然命运多舛，但滕王阁终究没有消失在历史的洪流中，这是为什么呢？梁思成曾在书中写道："建筑是人类一切造型创造中最庞大、最复杂，也最耐久的一类，所以它代表的民族思想和艺术更显著，更多面，也更重要。"《滕王阁序》的文字和不同朝代的滕王阁图带给我们的是民族思想和艺术审美。由此可见，滕王阁之所以没有淹没于历史的尘烟中，得益于其本身所包含的中华文明的光辉。

滕王阁，此阁非彼阁，其魂一也。滕王阁因王勃的《滕王阁序》而名噪天下，从此文以阁名、阁以文传。而滕王阁本身，也在历次修葺中深深地烙上了时代的烙印，每一次修葺，都是一次对美的探索和再创造。虽然历经烈火焚烧、战乱摧毁，滕王阁早已不是王勃笔下的滕王阁，然而从阁以文传之时起，直到最后一次重修，滕王阁都是一种文化的象征，人们修的不再是一座楼阁，而是时代累积与传承的文化、艺术的楼阁！楼阁可以焚毁，但是中华民族在几千年的历史进程中孕育的独特的中国精神之魂不灭，这也正是为什么在浩浩汤汤的世界历史长河中唯有中华文明一脉相传至今，而且在今日中国，她更加熠熠生辉。

滕王阁，此阁非彼阁，其命永兴。滕王阁虽建于盛唐，但其成也忽焉，其亡也忽焉，似乎注定是来见证封建社会从鼎盛走向衰败，历经沧桑，看惯了日月变幻，世事更迭。一次次毁灭，一次次重生，见证自唐以来的朝代的兴衰与更替的历史周期率。新中国成立后，经过建筑大师梁思成之手复建设计的滕王阁得以重生。我们相信，她将其命永兴。因为毛泽东在延安窑洞中，已经回答了黄炎培先生关于周期率的历史之问："只有让人民来监督政府，政府才不敢松懈"。[①] 当历史进入新时代，习近平总书记再次回答和丰富了这一历史之问的现代答案：自我革命。这让我们党永葆"赶考"的清醒和坚定，把坚持和发展中国特色社会主义的伟大社会革命进行好，必定会实现中华民族的伟大复兴。滕王阁多舛的命运也就此不再往复，其命永兴也。

滕王阁，不论是其灵魂，还是其命运，皆因中华民族对文化的不断创造与传承，使得它历经沧桑巨变、涅槃重生，依旧具有强劲的生命力。

---

① 中共中央文献研究室：《毛泽东思想年编：1921—1975》，中央文献出版社2011年版，第439页。

思想解放的魅力——黄鹤楼

黄鹤楼天下闻名，与湖南岳阳楼、江西滕王阁并称“江南三大名楼”。

黄鹤楼始建于公元 223 年，至今整整 1800 年历史，屡次被毁又屡次重建。

1978 年，黄鹤楼重建工作启动。1985 年，黄鹤楼建成并对外开放。

现在蛇山上的黄鹤楼，是以清代黄鹤楼为原型的，高五层、攒尖顶、四望如一、层层飞檐，具有清代黄鹤楼的基因，但又有显著区别。

其实早在 1975 年，武汉市就着手重建黄鹤楼的工作，到 1977 年已经做好了设计方案，也是以清代黄鹤楼为原型。这个时候突然有人提出，清政府 1868 年重建黄鹤楼，目的是庆祝成功镇压了太平天国运动，新建的黄鹤楼再以清代黄鹤楼为原型不妥。清代黄鹤楼留有照片，其图案曾广泛用于海报、商标，在老一辈武汉人印象中黄鹤楼就该是那个样子。要重现百姓记忆中的黄鹤楼，以清代黄鹤楼为原型是最合适的。但因种种声音重建计划一度暂停。

1978 年 5 月，一篇名为《实践是检验真理的唯一标准》的特约评论员文章在《光明日报》刊发，掀起了席卷中国的真理标准大讨论，思想路线上拨乱反正，打开了改革开放的新局面，人们从深处打破观念上的藩篱、冲破思想的枷锁。也是在 1978 年 5 月，湖北省委省政府重启黄鹤楼重建工作，开始征集黄鹤楼重建方案。当时征集了 20 多个方案，设计五花八门，像什么的都有，就是不像黄鹤楼。老省长最终拍板：就用向欣然的方案重建黄鹤楼。

1981 年 10 月，黄鹤楼重建工程正式动工。在黄鹤楼重建施工的过程中，让向欣然印象深刻的是当时社会风气的转变。

向欣然在黄鹤楼重建时，明显感受到大家对科学、对知识分子的尊重。当时武汉市委市政府主要领导都很关心黄鹤楼重建，但他们没有对重建工作指手画脚、横加干涉，而是充分听取并采纳专家的合理建议，这给了重建工作者极大的鼓舞。

实际上，黄鹤楼的功能是什么，在当时有很多不同意见。重修设计师认为黄鹤楼必须展示历史上的黄鹤楼文化，要成为黄鹤楼诗词、传说、楹联、书画、碑刻的载体。好在这一主张得到领导支持，使得他们可以全身心投入工作。建筑施工设计、室内设计、公园总体规划以及园林景观设计……150张设计图纸基本手绘。

1985年6月11日，黄鹤楼建成对外开放。当时互联网还未普及，但黄鹤楼建成的消息还是迅速传遍世界，并引起巨大反响。

重建黄鹤楼主楼，需要600万元资金。出于成本考虑，有人反对重建，即便重建开始，也有专家不看好黄鹤楼的前景，认为30年也收不回这笔投资。向欣然认为，他们低估了黄鹤楼的经济价值，也低估了湖北的发展速度。

1985年是全面贯彻执行《中共中央关于经济体制改革的决定》的第一年。1985年4月，湖北省六届人大三次会议召开，确定了坚持改革开放、搞活，促进国民经济持续、稳定、协调发展的基调。邓小平视察南方并发表重要谈话后，湖北进入发展快车道。2017年，湖北GDP位居全国第七位。

黄鹤楼

2005年，黄鹤楼累计门票总收入达4亿元。高铁开通后，黄鹤楼更成为湖北旅游的风向标。2010年，黄鹤楼接待游客超过172万人次，年收入首次破亿元，成为大武汉最具地标性的旅游名片和对外开放的窗口。2017年，黄鹤楼游客量达340万人次，高峰时一天接待游客将近5万人次。2018年年初，英国首相特雷莎·梅来到黄鹤楼，并在西平台观看了京剧表演《美猴王贺新春》。

作为“天下江山第一名楼”和“江南名楼”，黄鹤楼已成为武汉一张亮眼

的名片，自重建以来共接待游客近亿人次。历史和现实相互映照，黄鹤楼早已走进武汉人的心头，留下了深深的烙印。

（参见彭一苇：《1978 年，湖北重建黄鹤楼，一座楼，让武汉人记得住乡愁》，《湖北日报》2018 年 10 月 15 日。有改动）

解放思想破禁忌　勇于担当成伟业

作为“天下江山第一名楼”和“江南名楼”的黄鹤楼，屡经毁坏与重建，至今已有 1800 年历史。三国时期兴建为军事楼，后演变为观赏楼，迎来历代文人墨客在此留下了许多千古绝唱，使得黄鹤楼自古以来闻名遐迩。黄鹤楼不仅留下了众多文人墨客的诗词佳作，也见证了荆楚大地历史的波澜壮阔。重建的黄鹤楼，既是荆楚大地上时代的产物，也是见证时代变迁的当事人；如今的黄鹤楼，既是思想解放的先锋，也是解放思想的成果。

黄鹤楼的重建，是我们科学辩证对待中国传统文化的范例。中国传统文化需要继承，早已经形成了共识，但它也是经历了一番风雨之后才见到的彩虹。黄鹤楼的重建工作就是一个例证。黄鹤楼重建工作早在 1975 年已经开始，以清代黄鹤楼为原型的设计方案到 1977 年已经做好。但当时人们的思想相对僵化，就有人以清政府 1868 年重建黄鹤楼的目的为由，提出新建的黄鹤楼再以清代黄鹤楼为原型不妥。随着《实践是检验真理的唯一标准》的刊发，真理标准大讨论席卷中国，思想路线上拨乱反正，人们开始打破观念藩篱，冲破思想的枷锁，这才使得黄鹤楼重建工作得以重启，也才有了如今的黄鹤楼。它不仅沿用清代的原型，更让它见证了时代的变迁和发展。所以，我们必须以辩证科学的态度，尊重和传承中华民族历史文化，以时代精神激活中华优秀传统文化的生命力，不断推进中华优秀传统文化创造性转化和创新性发展，使中华民族真正实现伟大复兴。

黄鹤楼重建方案的最终选择，是解放思想的成果。1978 年 5 月，虽然党的十一届三中全会尚未召开，但真理标准问题的大讨论成为改革开放的思想先导，开启改革开放的实践探索。随着解放思想、实事求是的精神深入人心，湖北省委省政府重启黄鹤楼重建工作，开始征集黄鹤楼重建方案。在五花八门的黄鹤楼重建方案中做出选择又是一个问题，老省长韩宁夫更是以解放思想、实事求是的精神，最终拍板了黄鹤楼的重建方案——让“黄鹤楼”就是黄鹤楼，带着历史的记忆与厚重的黄鹤楼。不论是方案的设计者还是最终拍板者，无不是思想解放的急先锋，黄鹤楼是他们解放思想的杰出成果。

黄鹤楼的功能的设定，再次展示了思想解放的魅力。历史告诉我们：思想是行动的先导，解放思想是实事求是的基础和前提。其实，黄鹤楼的功能是什么，在当时有很多不同意见。邓小平提出了“科学技术是第一生产力”的著名论断，确立了尊重知识、尊重人才的根本方针。黄鹤楼建设者们明显感受到大家对科学、对知识分子的尊重。武汉市委市政府很关心黄鹤楼重建，但没有横加干涉重建工作，而是充分听取并采纳专家的合理建议，让黄鹤楼回归其历史文化、体现它千余年的历史深度。这才是黄鹤楼的功能：既恢复了武汉的城市地标，也让武汉人的乡愁有了寄托，更凝聚起了海内外武汉人的感情，这从当黄鹤楼建成的消息传遍世界所引起的巨大反响中可见一斑。不仅如此，随着进一步解放思想，湖北进入发展快车道，黄鹤楼创造的经济效益不仅早早收回了当时的投资，还为后续建设持续提供了资金支持。高铁开通后，黄鹤楼更成为湖北旅游的风向标，成为大武汉最具地标性的旅游名片和对外开放的窗口。实践出真知，事实再次证明了解放思想才能创造新的历史，思想解放的魅力就是这样让人折服。

千年匠心的传承——岳阳楼

始建于东汉建安二十年（215年）的岳阳楼，光阴煌煌已逾1800年，历经水患兵灾雷击火损，屡毁屡建，现存楼宇沿袭清光绪六年（1880年）重建时的形制与格局。

岳阳楼

中国古人在修筑亭台楼阁廊桥水榭时，喜欢考究格局和透视，其实是在寻找自然的“穴”，岳阳楼所在的位置，大概就是洞庭湖的穴。它西瞰巴陵，东枕幕阜，南极潇湘，北通巫峡，傲立湖滨，气象万千。

当然，假如没有范仲淹的文字，岳阳楼兴许也能遐迩闻名，毕竟它是现存为数不多的仍然形制完好、能体现中国古建筑高超艺术水准的作品之一。

据考证，历史上岳阳楼修葺不下三十余次，但真正的大修仅有两次。其中一次，就是1982年8月18日，岳阳市政府编发《关于成立岳阳楼大修工程领导小组的通知》，正式启动岳阳楼近现代以来最轰动的一次“落架大修”。

各级政府还为大修工程批拨了各种古建材料，如木材350立方米、琉璃瓦55000片、花岗岩1500平方米、国漆850千克、金箔10000张、桐油1000千克等。

这次大修从上到下都认真贯彻“修旧如旧”和“不改变文物原状”的原

则，严格按照岳阳楼既有规模和结构，尽可能保留原先的构件，以达到保持原有历史风貌和建筑格局的目的。

拆除之前，工人们先是把楼里的陈列品移出去，然后搭制了一个巨大的防雨防潮工棚；在工棚中划分不同的堆放区域，然后把拆下来的构件分门别类码放。拆的时候，按照先内后外、从上至下的顺序，一边拆一边测量、画图、记录和拍照。工人师傅对拆下来的构件一一编序号，同时还要把名称、编号、方位、走向等，都标记在图纸上。对于保存完好的拆件，继续留用；朽坏了的，就替换新的，就这么一件一件地拆，一件一件地量，一件一件地编。

当时，省院的古建筑组对岳阳楼落架下来的木构件全部进行了一对一的防蛀防潮的化学处理。对于已腐朽的木榫，或加固或换新。尤其加固时，是将钢构件巧妙嵌入木构件中，既坚实耐用，外部形态又保留了原貌质感。

此外，鉴于岳阳是八度地震烈度区，楼身的基础和部件也都按九度地震烈度设防，基础加深 2 米，以混凝土浇筑。

修复后的岳阳楼主楼比原先升高了 1.6 米，但保持了原建筑的三重檐盔顶和如意斗拱，气势雄浑、技艺精湛。

岳阳楼是唯一的复原建筑，这座世所公认的“天下第一楼”，其楼身内还保留有古时的廊柱。尤其是楼基上的 4 根冲天金柱，文物价值极高。

总之，一整座岳阳楼，巨量的构件中复制更换却不到一半，大部分都是原件或原件修补翻新。如今人们看到的琉璃宝顶和龙凤脊饰来自清代，花岗柱石则源自宋朝。

除了装配式结构，岳阳楼还有中国古建筑的另一个重要特征，在于它用了最传统的中国建筑材料——木和砖石，一种可再生可持续的全自然建筑语言。

据修复专家回忆，当时岳阳楼大修时的油漆彩画，都是请的国家文物局推荐的北京油漆工人队伍，他们中大部分人参加过故宫和天坛等古建修复，那时古建修复流行“十三太保”“一麻五灰”等传统油漆工艺，一根木柱的油漆达十三道工序，漆后确实平滑如镜。

之所以是精品中的精品，首先是对重檐式盔顶和如意斗拱的重现极为经典，以及复原的传统榫卯结构堪称古建装配式技法的精华，不着铁钉一颗却能严丝合缝。其次是使用了最原生自然的材料语言，让这座楼哪怕经历再多风雨，依然古色古香。再次是落架大修时所定下的高度和比例，不仅与两侧的三醉和仙梅两个辅亭交相辉映、主次分明，还能使游人站在上面凭栏远望洞庭湖时，将满面湖光山色尽收眼底。最后，是对岳阳楼原有构件的尽量保留，使得这座楼气息古朴、氛围悠扬。

（参见曹萍波：《岳阳楼修复，传统匠心的现当代再造》，《湖南日报》2022 年 6 月 6 日。有改动）

千年匠心传承　文化精品“如旧”

说到岳阳楼，大家都会想起北宋文学家范仲淹。读到《岳阳楼记》，大家就会遐想起岳阳楼十面湖山的万般气象。千年岳阳楼的魔力究竟在哪？

岳阳楼让我们看到了中国文化的和合相生的思想。北宋文学家范仲淹为重修岳阳楼而创作《岳阳楼记》，通过写岳阳楼的景色以及阴雨和晴朗带给人的不同感受，揭示了“不以物喜，不以己悲”的古仁人之心以及“先天下之忧而忧，后天下之乐而乐”的爱国爱民情怀。这些思想成为延绵千年的治国理念之一，政事通达、人心和顺成为后代无数治国理政者孜孜以求的理想境界，影响深远。《岳阳楼记》为岳阳楼而作，文之思想与楼之匠心相得益彰，生动展示了中国文化的和合相生思想，成就了“新生”岳阳楼最佳状态——建筑如同被褐怀玉的神祇，外形再是风尘仆仆，内里却极具价值，使得一座楼收藏了一部史，实现了和合相生。

岳阳楼让我们看到了中国古建筑的天人合一的生态文明。如岳阳楼采用的精巧的中国古代建筑木结构体系的装配式的南北差异性，以及岳阳楼的如意斗拱，都突出了我国古建筑形态对地域人文气候的依规和遵循。再如岳阳楼采用的最传统的中国建筑材料——木和砖石，一种可再生可持续的全自然建筑语言。岳阳楼落架大修时所定下的高度和比例，使岳阳楼与两侧的三醉和仙梅两个辅亭主次分明、交相辉映、和谐一体；而且岳阳楼落架大修时原有构件尽量保留，使得它气息古朴、氛围悠扬。不论是新建还是修复，无一不反映了中国人所秉持的人与自然和谐共生的天人合一的生态文明思想。

岳阳楼让我们看到了中国大国工匠精神的传承。即便没有范仲淹的文字，岳阳楼兴许也能遐迩闻名，毕竟它是现存为数不多的仍然形制完好、能体现中国古建筑高超艺术水准的作品之一。这说明除了文学诗词艺术的浸染，岳阳楼本身具有极高的价值，主要是指中国古建筑的高超技术与卓绝艺术，向世人展示了中国古人大国工匠的匠心与精神。虽然岳阳楼形制完好，但在屡毁屡建的历史进程中，不仅有人为毁损，亦有自然消损，如支撑岳阳楼的40根金丝楠木柱虫蛀部分的修复，就让我们今天的工匠们倾注了超常智慧与匠心，包括“十三太保”“一麻五灰”等传统油漆工艺的运用，这才有了飞檐斗拱、龙凤雕刻的色泽古雅、历经数十年仍然光华夺目。

总而言之，岳阳楼的魔力主要在于中国古建筑技艺的魅力，在于中国文化的万千气象，在于中国建筑千年的匠心传承。古人虽已逝，今有传承者，岳阳楼之幸、中华民族之幸！

中国人的精神园林——苏州园林

苏州园林有着悠久的历史，由于这里山清水秀，所以早在东周秦汉和三国时期，统治者就在这里新建苑囿。东晋顾辟疆在苏州修筑的辟疆园可以说是江南最早的私家园林。苏州园林经过五代和宋朝的陆续兴建，元、明时代有了进一步发展，到了清代，苏州更是园林密布。据同治年间《苏州府志》记载，苏州至少有200处以上园林。

在苏州众多的园林中，最负盛名的当推沧浪亭、狮子林、拙政园和留园。它们代表了不同朝代的不同建筑风格。沧浪亭代表宋代，狮子林代表元代，拙政园代表明代，留园代表清代。

沧浪亭是五代时期吴越广陵王钱元璋的花园，也有人认为是中吴军节度使孙承佑所筑。到了宋朝，文人苏舜钦以四万钱将此园买下，并在水旁筑亭，因有感于渔父“沧浪之水”之歌，故名为沧浪亭。其特色是未入园林先见景。一泓清水绕园而过，园门北向。前有石桥临水，古树郁然，隔河相望，廊阁起伏。园廊下面临水一带的叠石古趣盎然。配着沧浪亭的园墙和古老的漏窗，显得十分幽美。过桥进门，土丘隆起，全园以土山为主，园中建筑均环山布景。沧浪亭即翼然于土丘之巅，飞檐凌立，玲珑剔透。

沧浪亭

狮子林

狮子林，因园中有怪石像狮子故名。它以假山闻名，山石合乎“透、漏、瘦”的要求。假山上的石洞连绵不断，曲折盘旋，如入迷宫，上下之间看上去似乎伸手可及，但盘旋往复却可望而不可即。若要出洞，必须顺着山路才能走出来，否则转半天还是转到原来的地方。洞与洞之间景色各不相同，旧有“桃源十八景”之称。

拙政园是明朝御史王献臣所筑，他取晋代潘岳《闲居赋》中“拙者之为政”的意思将其题名为“拙政园”。旧分东西两部分，东称东园，西为补园，现已合二为一。园内水面很大，园景以水为主，东园以远香堂为中心，环水建筑都朝向远香堂。园的西北角有座见山楼，是太平天国时期忠王李秀成办公的地方。在东园西墙上开有月洞门，出此门就进入了补园。补园建筑以“十八曼陀罗花馆”和“三十六鸳鸯馆”为主，实际上这是一座前后两厅相结合的建筑，雕刻异常精美。

留园，初因园主姓刘，名为刘园。因此园在苏州城外，虽经多次兵燹之祸，但园中的建筑花木都很幸运地“留”了下来，且“留”与“刘”同音，人们故称它为“留园”。它的建筑年代在上述三园之后，故在园林设计方面能吸纳各园的优点，在苏州园林中是具有典型性的。它占地面积较大，约五十亩，是苏州最大的一座园林。其特点是结构严谨而富有变化，利用不同形式的建筑群把全园空间巧妙地加以分割，组合成变化多端的园景。留园大致可以分为四部分，中部以山水为主，池居中央，四周环以假山和亭台楼阁。

拙政园

留园

苏州除上述四大名园外，较为有名的还有怡园、西园、网师园、可园、半园等。

综观苏州园林大体有以下几个特点：一是善于把有限的空间利用长廊、漏窗分隔开来，组成千变万化的园景，但又隔而不断，利用长廊贯通各个园景；通过漏窗可看到隔窗景色，使人增加探幽的兴趣，也使园景显得变幻无穷。二是善于借景。通常是通过漏窗把园墙以外或远或近的景色有机组合起来，使有限的空间得到无限的延伸。三是善于制造想象空间，这是中国园林艺术上“实者虚之，虚者实之”布景方法的一个典型例子。四是善于推土垒石成山。苏州园林多假山，但假山若仅以碎石垒成则到处是缝，极不耐看，而以土石混堆则泯然无缝，且便于种树，树根坚固、树大叶繁，外观和真山一致。

苏州园林是自然美、建筑美、绘画美的有机统一，是由建筑、山水、花木组成的综合艺术品。

（根据网络资料整理）

内秀内敛精妙　天成心悟创造

世人皆知苏州风景秀丽，然最吸引人的则非园林莫属。苏州的园林可谓我国南方园林建筑艺术的代表，它们给苏州增添了无限的魅力，使苏州成为人类文化艺术遗产宝库中一颗璀璨的明珠，故此才有“上有天堂，下有苏杭”的佳话。苏州园林集自然美、建筑美、绘画美、意境美于一体，完美阐释了中国人崇尚精神的优秀传统。

从苏州园林大体的特点来看，中华民族充满了伟大的创造、伟大的梦想、伟大的奋斗精神。我们的先人善于利用有限的空间，长廊、漏窗组成千变万化、含蓄幽然的园景；善于制造想象空间，以“实者虚之，虚者实之”布景法创造出无穷的园林艺术意境；善于推土垒石成山，泯然无缝以树植之，待树大叶繁，浑然真山无疑。因此，苏州园林是由建筑、山水、花木组成的综合艺术品，它既再现了自然山水之美，又不露人工斧凿的痕迹，构思从“象天”到“法地”，再到“虽由人作，宛自天开”，突出了中国园林的真髓，即最高创作原则——浑然天成。这浑然天成的效果，由勤劳的劳动人民用双手成年累月地垒砌而成。这些不正是得益于中华民族伟大创造精神、伟大梦想精神和伟大奋斗精神，才有了这美轮美奂的人间天堂吗？

从苏州园林的诗词意境来看，中华民族崇尚品格的养成与修炼。正因如此，苏州园林成为生活艺术化、艺术生活化的典范。如沧浪亭得名于渔夫“沧浪之水”之歌，既有生活的启迪又有诗词的浪漫，更强调人不仅要有刚直进取的精神，也要有豁达的心胸，达则兼济天下，穷则独善其身。如拙政园之名源自《闲居赋》“拙者之为政”，亦是中国文人视气节为生命的真性情的表现，以及对“真人”人格的追求。

从苏州园林的中华文化底蕴来看，它是中国文化不同时代的缩影。园林文化是中华文化的一部分，兴建于不同时代的园林都打上了时代的烙印。如宋朝文人苏舜钦以四万钱买园，筑之以亭，体现了宋朝经济发达、物质生活富足，文化辉煌，诗词、歌赋、书法、建筑等艺术等高速发展。如留园建筑年代在沧浪亭、狮子林和拙政园之后，故在园林设计方面能吸纳各园的优点，在苏州园林中是具有典型性的，也凸显了明清时期士大夫生活的繁荣景象。留园格外吸引人的是不管游人站在哪个角度，都可看到不同场景，品出古代建筑的不同韵味。现如今，苏州园林因为浓缩了中国文化内涵，无论是哪个国家的游客都无不为其惊叹不已，它在弘扬中华文化中有着至关重要的价值。

古代宏伟的军事工程——万里长城

春秋战国时期，燕赵国诸侯为了防御别国入侵修筑烽火台，并用城墙连接起来，形成了最早的长城。后经历代君王加固增修，长城因此长达几万里，故又称作“万里长城”。长城经过多次的修缮和增筑，以明代修筑工程最大。明长城东起鸭绿江，西达嘉峪关，全长约 14700 千米。现保存下来的长城，大部分是明朝遗物。

长城由城堡（域）、关隘、烽燧、城墙等建筑物组成。长城多沿山脊及险阻之处而建，尽可能结合天然地形。所用材料有夯土、石块、红柳、芦苇等。建造时将柳、苇捆扎成束，排列于地面呈框状，然后往框中填以砂石，填满后再在顶部平放柳、苇，其上再放置此种材料之框并填沙石，如此重叠而上即成边墙，经冰冻后十分坚硬。

八达岭长城

在中国历史的长久岁月中，许多封建王朝为了巩固自己的统治，曾经对长城进行过多次修筑。我国古代千千万万的劳动人民为它贡献了多少智慧，流尽了多少血汗，才使它成为世界一大奇迹，不论是巨龙似的城垣，还是生产流程和比较科学的烧制砖瓦作坊。明长城不少地方的城墙内外檐墙都以巨砖砌筑。在当时全靠手工施工、靠人工搬运建筑材料的情况下，采用重量不大、尺寸大小一样的砖砌筑城墙，不仅施工方便，而且提高了施工率，提高了建筑水平。其次，关隘的大门多用青砖砌筑成大跨度的拱门，虽然这些青砖有的已严重风化，但整个城门仍威严峙立，表现出当时砌筑拱门的高超技能。从关隘的城楼上的建筑装饰看，许多石雕砖刻的制作技术都极其复杂精细，反映了当时工匠匠心独运的艺术才华。

（根据网络资料整理）

御敌需要实力　和平更需心力

当我们抬头望向长城时，可以看到一道道城墙沿着山脉起伏绵延，壮观而伟岸，让人不由地产生敬畏之情。对许多人来说，长城首先被认为是一道隔离内外、防御外敌入侵的“墙”。然而，长城不仅是一道墙，它是一个庞大而复杂的系统，承载着中华儿女独特的情感和心理追求——渴望和平。

长城这个伟大的防御工程一直在保护着家园和国家。有人认为，读懂了长城的伟大，就读懂了中华文明。长城的存在有助于建立社会文明秩序，为中华文明的发展和延续提供了保障。因为有了长城，战争的数量大幅减少，不同文明之间的冲突问题也在一定程度上得以解决。中国 90％的长城都没有经历过战争的洗礼，即使在发生战争的地方，大部分时间也是和平的。长城自产生之始，就一直伴随着中国文明的演进。中华民族拥有几千年的延绵不断的历史记载，并形成了独特的文化脉络和体系，它是人类历史上唯一没有中断的古老文明，而长城在其中扮演着重要的角色。就长城的规模而言，无论是采用土夯筑还是用砖、石砌筑，其工程量都是非常惊人的。在古代技术相对落后的情况下，运输、采伐、烧制各种建筑材料以及劳动组织等等，都需要花费巨大的人力和物力才能完成。正是在这样艰苦的环境中，中华儿女用勤劳和智慧创造并传承了灿烂的中华文明。长城象征着中华民族自强不息的奋斗精神和众志成城、坚韧不屈的爱国情怀，已经成为中华民族的代表性符号和中华文明的重要象征。为了弘扬民族精神，实现中华民族伟大复兴的中国梦，我们需要加强长城文化价值的挖掘和文物遗产的传承保护工作，汇聚磅礴力量。长城沿线的重要城镇多以文化名镇著称，保留了民间文化庙会、市集、花会、灯会、节日庆典等特色活动，延续了长城文化的传统，留住了中华文化的基因。

尽管历史在不断向前推进，但对和平的追求却是人类永恒不变的共同心愿。长城经历了春秋战国至明朝两千余年的历史沉淀，见证了战争与和平、对抗与交融的历史进程，是一部充满史诗色彩的历史长卷。长城调控内外纷争、规范边塞秩序、祈望民族和谐的丰功伟绩在长城历史上流传至今。历经朝代更替，无论是汉长城、金界壕还是明长城，都是如此。历史上，长城本身就代表了一个共同体。尽管长城内外的农耕和游牧民族有着矛盾和冲突，但彼此相依相存，共同追求的是和平状态下的自身发展，这种符合整体利益的追求也是中华文明得以长期不间断发展的重要原因之一。在当前全球面临重大挑战和不确定性的背景下，国际社会需要通过合作与协商，建立和平、稳定、公正的国际秩序，以实现共同发展繁荣。就像长城修建者追求和平秩序一样，国际社会需要推动各方利益的平衡和协调，以建立更为稳定的全球治理体系。每个国家都有自己的独特利益和需求，但同时也必须意识到人类面临共同的挑战和责任。建立和谐、稳定、公正的国际秩序是实现共同利益和可持续发展的关键所在。在当今全球化的背景下，人类社会更需要各国相互依存、合作共赢，构建人类命运共同体，以实现全球和平与繁荣。

总之，长城的修建不仅是为了维护边境安全，更是为了维护国家稳定和人民生活，因此长城代表了多元利益平衡的理念。在今天的世界，各国之间也需要通过协商和合作来平衡不同利益，实现共同发展。

祸起卧榻侧的教训——卢沟桥

卢沟桥，位于北京市西南约 15 千米处丰台区永定河上，因横跨卢沟河（即永定河）而得名，是北京市现存最古老的石造联拱桥。

卢沟桥为 11 孔联拱桥，拱洞由两岸向桥中心逐渐增大，拱券跨径从 12.35 米至 13.42 米不等，桥身中央微微突起 93.5 厘米，坡势平缓。河面桥长 213.15 米，加上两端的引桥总长 266.5 米，桥身总宽 9.3 米，桥面宽 7.5 米。桥两侧雁翅桥面呈喇叭口状，入口处宽 32 米。桥面两侧设置石栏，北侧有望柱 140 根，南侧有 141 根。望柱间距约 1.8 米至 2 米，柱高 1.4 米。柱间各嵌石栏板，栏高约 0.85 米。桥墩迎水面为尖形，用以分散水的冲击力，而后部为方形，墩下地质为冲积砂卵石，所以打短木桩以加固。该桥不仅结构坚实，还以栏板、望柱的石狮雕刻精美、数量众多而著称。这座至今已 800 多年的古桥，曾经通过重达 429 吨的平板运输车，屹然如常，显示了惊人的承载能力。

日本军队为了占领中国，发动了全面侵华战争。1937 年 7 月 7 日夜，卢沟桥的日本驻军在未通知中国地方当局的情况下，径自在中国驻军阵地附近举行所谓军事演习，并称有一名日军士兵于演习时失踪，要求进入北平西南的宛平县城（今卢沟桥镇）搜查。中国守军拒绝了这一要求。7 月 8 日早晨，日军包围了宛平县城，并向卢沟桥中国驻军发起进攻。卢沟桥事变是日本全面侵华开始的标志，也象征第二次世界大战亚洲区域战事的起始。

（根据网络资料整理）

凤凰涅槃卢沟桥　历史沧桑永不忘

卢沟桥自古以来就是一处战略要地，是连接华北平原的重要古渡口和交通枢纽。因此，守桥夺桥之战由来已久。作为一座历史悠久的桥梁，卢沟桥见证了岁月的变迁，记录了历史的变革。它也是一座英雄之桥，吹响了全民族抗战的号角，成为中华儿女英勇抗敌的象征。

作为重要的历史遗迹，卢沟桥承载着中华儿女的爱国主义传统，凝聚着中华民族伟大的抗战精神，是中华民族不屈不挠的象征。在其不远处有一座中国人民抗日战争纪念馆，每年的 7 月 7 日，这里都会举办各种形式的纪念活动，缅怀那些为国家和民族做出贡献的英烈。时至今日，参观抗战纪念馆的人们仍然可以深切感受到当年战火燃烧岁月的艰辛。对中国来说，卢沟桥事变是全民族抗战的开端。正如晚清民族英雄林则徐所言："苟利国家生死以，岂因祸福避趋之。"在这个关键时刻，无数仁人志士毫不犹豫地投身于全面抗战的大潮，将青春和热血献给了这片他们深爱的土地！从卢沟桥事变到日本侵略者宣布无条件投降，中国的战场上发生了超过 200 场的重大战役和近 20 万次的大小战斗，这些激烈的战斗，彰显了中国人民在保卫自己家园、争取民族尊严的斗争中的英勇和毅力。抗日战争既是一场物质实力的较量，更是一场精神意志的比拼，中国人民用自己的生命和鲜血捍卫了民族的尊严与和平。抗日战争催生了伟大的抗战精神，展现了中华民族的爱国情怀，奋勇向前、宁死不屈的民族气节，不怕强敌、浴血奋战的英雄气概，以及坚忍不拔、必胜信念的顽强精神。这些精神品质不仅激励着中国人民团结奋斗，也为全世界反抗侵略、追求自由与和平的人们提供了宝贵的精神财富。

聆听和平的钟声，不忘催征的战鼓。我们应该时刻保持对和平的向往和追求，让和平的钟声在我们心中回响；同时，也不能忘记历史的教训和现实的挑战，我们应该像催征的战鼓一样，时刻提醒自己保持警觉和准备，共同守卫和平。帝国主义的侵略和罪行给中国和亚洲国家带来了极其惨痛的灾难。我们强调牢记历史，并不是为了继续仇恨，而是要通过对历史的反思和警醒，坚定我们捍卫胜利成果的决心和信念，防止帝国主义的卷土重来，维护和平稳定的国际秩序。卢沟桥事变的另一个惨痛教训是，强国才能保国安，技不如人就会受欺凌。如今，实力政治和丛林法则依然存在，斗争是维护和平的必经之路。只有拥有足够的实力，才能有效遏制战争、保卫和平。我们珍惜和平，但不是低头乞求；我们反对战争，但绝不怕战争。如同《我的祖国》中的那句警醒人心的歌词所述，"朋友来了有好酒，若是那豺狼来了，迎接它的有猎枪"，现在仍然有着深刻的现实意义。对于那些肆无忌惮地挑衅的"豺狼"，我们不能以美酒相待，只能以猎枪回应。战火早已熄灭，然而那振奋人心的旋律却仍在心头回响。从 1931 年九一八事变到 1937 年卢沟桥事变，再到今天，伟大的抗战精神一直激励着中国人民勇往直前、迎难而上，不断超越自我、不断谱写中华民族的壮丽史诗。在新时代的征程上，我们必须继承和发扬伟大抗战精神，不断增强团结协作、自力更生的精神动力，勇攀科技高峰、追求创新卓越，坚守自主创新的道路，推动中国特色现代化建设和中华民族伟大复兴的新征程，迎接更加美好的未来。

中华文明集大成——故宫

故宫博物院，简称故宫，位于北京市中心，旧称“紫禁城”。故宫的宫殿建筑是中国现存最大、最完整的古建筑群，被誉为世界五大宫之一（北京故宫、法国凡尔赛宫、英国白金汉宫、美国白宫、俄罗斯克里姆林宫），并被联合国教科文组织列为“世界文化遗产”。

故宫总面积达 72 万多平方米，传说有殿宇宫室 9999 间半，被称为“殿宇之海”，气魄宏伟，极为壮观。

故宫东西宽 753 米，南北长 961 米，周围环以 10 米高的城墙和 52 米宽的护城河（筒子河）。城墙四面各设城门一座：南名午门，北称神武门，左右为东华门、西华门，整组宫殿建筑布局谨严，秩序井然，布局与形制均严格按照封建礼制和阴阳五行学说设计与营造，映现出帝王至高无上的权威。

一条中轴贯通着整个故宫，这条中轴又在北京城的中轴线上。三大殿、后三宫、御花园都位于这条中轴线上。在中轴宫殿两旁，还对称分布着许多殿宇，也都宏伟华丽。这些宫殿可分为外朝和内廷两大部分。外朝以太和、中和、保和三大殿为中心，文华、武英殿为两翼。内廷以乾清宫、交泰殿、坤宁宫为中心，东西六宫为两翼，布局严谨有序。故宫的四个城角都有精巧玲珑的角楼，建造精巧美观。

故宫太和殿

故宫收藏有大量古代艺术珍品，据统计共达 1052653 件，占中国文物总数的六分之一，是中国收藏文物最丰富的博物馆，也是世界著名的古代文化艺术博物馆，其中很多文物是绝无仅有的无价国宝。

中华人民共和国成立后，故宫博物院的职工以崭新的精神面貌投入工作。故宫博物院制定了“着重保护、重点修缮、全面规划、逐步实施”的古建维修方针，经过几十年的努力，许多残破、渗漏、濒临倒塌的大小殿堂楼阁得到了修复和油饰，愈显金碧辉煌。院内各处高大宫殿都安装了避雷设施，又以巨额投资建设了防火防盗监控系统和高压消防给水管网，使这座古老的宫殿建筑得到了更加有效的保护。特别是改革开放后，在人民政府的大力支持下，彻底整治了环绕故宫的筒子河，更好地凸现了昔日皇城的风貌。

（根据网络资料整理）

皇宫服务皇帝　文化归属人民

故宫是目前世界上保存最完整、规模最大的木结构宫殿建筑群，其中每一处建筑、每一件文物都蕴藏着生动的历史人物和事件故事，这些故事汇聚在一起，构成了多彩多姿的宫廷历史文化。

故宫承载着中华文明，其中最为突出的特点是中华文化的多元融合，这也是故宫建筑群最为独有的特征之一。尽管故宫的空间布局以“天人合一”的秩序关系为基础，但这并非按照某种单一文化礼制建造而成的。儒家思想是故宫主要的文化元素，其中也融入了阴阳、八卦等其他思想成分及文化元素，甚至一些西方文化也在故宫建筑中有所体现。然而，这些多元文化元素在故宫中并不混乱，也不互相排斥、矛盾，而是有机地融合在一起，共同构成了一个总体上和谐的“和声”。太和殿、中和殿、保和殿三大殿中的“和”字，提炼自孔子所说的“和而不同”，是中华文化的重要特点之一，而故宫很好地展现了这一点。这三大殿中的“和”字，代表着中华文化中追求和谐、统一的精神，这也是故宫所呈现出的核心价值观之一。如今，越来越多的人关注故宫，其中许多人是因为故宫本身的独特性。故宫现存文物总量达 186 万件套，这些文物贯穿了从新石器时代到现代的中华文明史，也代表着我们文明历史中最辉煌灿烂的部分，更是故宫独一无二的价值所在。总之，从建筑到文物，故宫都是中华文明无价的见证，也是世界文化遗产的重要组成部分。

保护和传承故宫文化遗产，是中华民族传统文化的珍贵财富，更是推动中华民族伟大复兴的重要力量。故宫作为历史文化的代表，不仅承载着丰富多彩的宫廷文化，还是中华文明发展历程的重要见证。故宫所蕴含的文化和历史价值，不仅属于中华民族，更是世界文化的共同财富。然而，故宫文物的价值并不仅仅在于其历史时代的特殊性和宫廷文化的外壳，更重要的是其所代表的中华文明的精髓和内在价值。故宫中的文物不仅反映了当时社会政治、经济、文化等方面的情况，也体现了中华民族的智慧和创造力，其中不乏关于道德伦理、文学艺术、科学技术等方面的精华。同时，故宫也是中华文化和文明交流的重要场所，收藏了大量来自世界各地的珍品文物，反映了东西方文化的交融和互鉴。因此，故宫文物的价值应该从多个角度来考虑，而不能简单地将其归为“封建落后”的象征。因此，保护和传承故宫文化遗产，不仅要重视故宫的宏伟建筑和文物珍品的保护，更要推动其文化内涵的深度挖掘和传承，唤醒人们对传统文化的认同和自信，为中华民族伟大复兴注入强大的文化力量。

民族大融合的见证——沈阳故宫

沈阳故宫位于辽宁省沈阳市旧城中心，占地5万多平方米，全部建筑计300多间，共组成20多个院落。按其布局可分为东路、中路和西路三大部分。以中路为主体，东、西路为两翼。

中路建筑以崇政殿为主体，南起大清门，北止清宁宫，建于清太宗皇太极时期。崇政殿是皇太极日常处理军政要务、接见外国使臣和边疆少数民族代表的地方，又称正殿。殿内设贴金雕龙扇面大屏风和宝座，两侧有熏炉、香亭、烛台。殿前有大月台，东设日晷，西有嘉量亭。崇政殿后的院落，东有师善斋、日华楼，西有协中斋、绮霞楼，均为硬山布瓦顶。北面是一个4米高的青砖高台，有砖砌台阶可供上下。高台正南是凤凰楼，原名翔凤楼，是皇太极的御书房，也是当时沈阳城内最高的建筑，凤凰楼建造在4米高的青砖台基上，三滴水歇山式围廊，顶铺黄琉璃瓦，镶绿剪边。凤凰楼上藏有乾隆御笔亲题的“紫气东来”匾。正北面是清宁宫，清宁宫的两侧有东西配宫。东配宫有关雎宫、永福宫，西配宫有麟趾宫、衍庆宫。

沈阳故宫崇政殿

东路建于清太祖努尔哈赤时期，主要建筑是大政殿和十王亭。大政殿原名笃恭殿，用来举行大典。大政殿为重檐八角攒尖式，八面出廊。下面是一个高约 1.5 米的须弥座台基，绕以雕刻细致的荷花净瓶石栏杆。殿顶铺黄琉璃瓦镶绿剪边，正中相轮火焰珠顶。殿内有精致的斗拱、藻井和天花，殿前的两根大柱上雕刻着两条蟠龙，气势雄伟。从建筑上看，大政殿也是一个亭子，不过它的体量较大，装饰比较华丽，因此称为宫殿。

大政殿前，八字形东西排列着十座歇山顶小殿，俗称十王亭，是左右翼王和八旗大臣办公的地方。自北而南，东部依次为：左翼王亭、正黄旗亭、正红旗亭、镶蓝旗亭、镶白旗亭；西部依次为：右翼王亭、镶黄旗亭、镶红旗亭、正蓝旗亭、正白旗亭。

西路建筑建成于乾隆四十八年（1783 年）。文溯阁是西路建筑的主体，建于乾隆四十六年（1781 年），是专为贮存《四库全书》而建成的全国七阁之一，面阔六间，内部三层，外观为两层重檐硬山式，前后有出廊，阁顶铺黑琉璃瓦，镶绿剪边。阁东有一锥鞊亭，内立乾隆撰写的《御制文溯阁记》石碑，记录了文溯阁修建的经过和《四库全书》的收藏情况。阁前为嘉荫堂，阁后为仰熙斋，分别是皇帝看戏和读书的地方。

沈阳故宫是除了北京故宫之外的中国现存另一座帝王宫殿建筑群，宫内建筑物保存完好，特色鲜明，其历史价值和艺术价值仅次于北京故宫。

（根据网络资料整理）

盛京宫阙 融汇多元

沈阳故宫是中华民族宝贵的文化遗产，是中国仅存保存完好的古代帝王宫殿建筑群之一。沈阳故宫融合了满、汉、蒙、藏等多个少数民族的建筑技艺和文化艺术，为形成中华文化多元一体的格局奠定了重要的历史基础。它就像一颗璀璨的明珠，镶嵌在辽沈大地上，照耀着中华文化的辉煌历史。

沈阳故宫不仅是中国古代建筑的杰出代表，更是多民族文化交流和融合的历史见证。这座宫殿见证了中国北方民族的拓荒开疆、建功立业，承载着他们不断追求进步的信念和精神追求。如今，沈阳故宫的历史和文化价值依然魅力无穷，它是中华民族文化的宝库，代表着中国多民族文化的共同繁荣和发展，也是中华民族自信和自强的象征。相较于北京故宫，沈阳故宫的独特之处在于它呈现了满族文化和汉族文化的融合，展现了满族民俗和政治制度的特点。在沈阳故宫，人们可以了解到满族文化对于建筑、装饰和生活习俗的影响，还能通过努尔哈赤和皇太极的宫殿了解到满汉文化的差异。相比之下，北京故宫则是几千年汉文化的集大成之作。这两座宫殿的区别来源于不同的文化背景和历史传承，它们的独特之处也体现了中华文化的多元性和包容性。

“和合文化”是中华民族多元一体精神的核心。中华各族人民有着长期交往、交流和融合的历史，这种文化传统一直延续至今。不同族群、不同地区的文化相互渗透、相互影响，点滴的文化交流无声地融入人们日常生活的方方面面。我们要铸牢中华民族共同体意识，关键是要发掘、挖掘、展示现有的文化交流和融合的实例，不断创立、完善新时代话语体系，巩固各民族共有共享的中华文化符号和形象，需要在推广和传承中华文化的过程中，注重展示不同民族共有的文化元素和符号，并让这些元素和符号在各民族文化中得到广泛应用和传承。同时，也要注重挖掘和弘扬各民族特有的文化符号和形象，以促进各民族间的相互了解和交流，进一步巩固中华民族的共同体意识。在新时代中华民族共同体建设中，我们需要超越二元对立的思维模式，让结构和行动互为条件，成为关联一体的互动过程，摆脱陷入孰轻孰重的纠结。苏秉琦先生曾提出：“唯构成民族特性的传统精神，往往可世代相传。”在多民族国家中，每个民族都有自己独特的文化传统，而同时也参与了其他民族文化的学习、创造和继承。我们需要树立正确的历史观，共同为推进统一多民族国家的发展做出贡献。

中国传统家宅建筑——北京四合院

北京共保存有明清四合院 125 座。院落基本上以单进四合院形式为主，宅院端正，少有带后院或偏院的。厅房和门房都将地基的横向基本占尽，两侧的厢房嵌在厅房和门房之间。一般厅房高于门房，门房高于厢房，东厢房又高于西厢房，整个宅院空间布局合理，厅房用来祭祖和婚丧礼仪设宴，不做居室之用；门房是长辈的居室，长辈把守门户，主宰着整个院落；厢房里住着晚辈，东为上，西为下。不单四合院的形制等级有规定，四合院里的具体居住也充满了老幼、主次、上下等礼制观念。

四合院由正房（北房）、倒座（南座）、东厢房和西厢房四座房屋在四面围合，形成一个口字形，里面是一个中心庭院. 所以这种院落式民居被称为四合院。

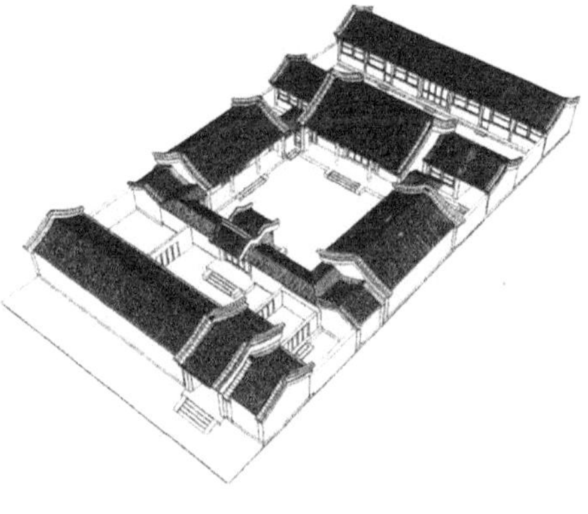

北京传统四合院布局

抗战时期，日本帝国主义侵华，使中国社会发生了很大变化。独门独户的四合院开始变成多户杂居的大杂院，四合院的居住性质发生了变化。

1949 年以后，北京传统四合院不再为昔日的贵族所占有，转而成为国家机关、学校、医院、工厂、幼儿园、俱乐部等公用住房。

北京四合院设计与施工比较容易，所用材料十分简单，不用钢筋与水泥，而是青砖灰瓦，砖木结合，混合建筑。以木结构为主体的结构形式，重量轻，如遇地震，可以防震。其他地区的四合院也与北京四合院基本相同，式样大同小异，这些四合院是中国人民的重要建筑遗产。近年来，随着大规模的旧城改造，如何解决好旧城改造与四合院保护的问题，仍是一个需要认真研究的课题。

（根据网络资料整理）

北京传统四合院内景

四合院承载家文化　新时代不忘中国魂

北京四合院作为中华民族传统家宅建筑的代表，承载了中华文化中的家族观念、礼制精神以及对美好生活的追求。它不仅是一种建筑形式，更是一种文化的象征，体现了中华儿女对家族、家庭、社会的关注和重视。四合院的传承与发展，是对传统文化的继承，更是中华民族在现代社会中传统与现代、文化与发展的结合。

北京四合院作为中华文明的重要载体，蕴含着深刻的文化内涵。中国古代哲学强调“天人合一”，即人类与自然、社会和谐统一的观念。在传统文化中，人类与自然是相互依存、相互促进的关系，而“天”也被视为自然规律和秩序的象征。北京四合院所呈现的围合式布局和与自然环境的融合，体现了中国人对自然的尊重和对和谐共生的追求。此外，四合院注重人与自然环境的和谐，具有适应性强的特点。譬如，南方的四合院以小天井为主，因为南方气候湿热，需要通风、透光，而北方的四合院则以大院落为主，因为北方气候干燥、寒冷，需要采光和保温。因此，四合院作为一种建筑形式，不仅是中国建筑文化的重要组成部分，更是人们对于环境的理解和把握，表现了中国人的包容、协调和传统的美学观念。

四合院建筑反映了中国古代的社会结构和家庭观念。四合院作为中国封建社会的产物，受到了传统文化和等级观念的影响。其房屋布局和家庭成员的居住安排都是有严格规定的，反映了传统大家庭中“长幼有序”等级观念的要求。一般来说，正房的面积比侧房大，而且高度也比侧房高，家长住在正房，晚辈住在侧房，家族内部的各个辈分住的房屋也是有明确规定的。这种安排不仅彰显了家长的地位，而且有助于维护家族内部的秩序，强化了等级观念。随着时代的变迁，家庭的观念和氛围发生了很大的变化。在这种情况下，我们有必要考虑如何改变原有的四合院中的等级秩序。这需要我们去除落后的封建观念，重视并保留四合院所代表的中华文化精髓，使其适应现代家庭的需求和变化。需要注意的是，四合院的设计理念是以家庭为中心的，家庭成员之间要团结和睦、互相帮助。院落的布局不仅考虑了居住的需要，也考虑了人们日常生活的方便，如灶房、厕所、花园等。作为中国古代家庭建筑的代表，四合院不仅体现了中国古代社会的家庭观念和生活方式，也体现了中国古代建筑和城市规划的精神。

总之，四合院反映了中华先民生产生活的智慧，而且传承了中华民族重视家庭和睦、尊重长辈、尊崇礼制的传统文化。对此，我们应该重视和尊重其中优秀的传统文化，承载永不变的“中国魂”，让它们在新时代得到发扬光大。

中国画中的古村落——宏村

宏村始建于南宋，已有近千年历史，为汪姓聚居之地，宏村汪九是唐初越国公汪华的后裔。宏村的建筑主要是住宅和私家园林，也有书院和祠堂等公共设施，建筑组群比较完整。各类建筑都注重雕饰，木雕、砖雕和石雕等细腻精美，具有极高的艺术价值。村内街巷大都傍水而建，民居也都围绕着月沼布局。住宅多为二进院落，有些人家还将圳水引入宅内，形成水院，开辟了鱼池。整个村落占地 30 公顷，枕雷岗面南湖，山水明秀，享有“中国画里乡村”之美称。山因水青，水因山活，南宋绍兴年间，古宏村人为防火灌田，独运匠心开仿生学之先河，建造出堪称“中国一绝”的人工水系，围绕牛形做活了一篇水文章。九曲十弯的水圳是“牛肠”，傍泉眼挖掘的“月沼”是“牛胃”，“南湖”是“牛肚”，“牛肠”两旁民居为“牛身”。

斗月形的池塘

宏村背倚黄山余脉羊栈岭、雷岗山等，地势较高。特别是整个村子呈“牛”形结构布局，更是被誉为当今世界历史文化遗产的一大奇迹。巍峨苍翠的雷岗当为牛首，参天古木是牛角，由东而西错落有致的民居群宛如庞大的牛躯。以村西北一溪凿圳绕屋过户，九曲十弯的水渠聚村中天然泉水汇合蓄成一口斗月形的池塘，形如牛肠和牛胃。水渠最后注入村南的湖泊，鸽称牛肚。接着，人们又在绕村溪河上先后架起了4座桥梁，作为牛腿。历经数年，一幅牛的图腾跃然而出，创造了一种“浣汲未防溪路远，家家门前有清泉”的良好环境。

村中数百幢古民居鳞次栉比，其间被誉为“民间故宫”的“承志堂”是黟县保护最完美的古民居，其正厅横梁、斗拱、花门、窗棂上的木刻，工艺精细、层次繁复、精雕细镂、飞金重彩、人物众多，人不同面、面不同神，堪称徽派“四雕”艺术中的木雕精品，此外还有古朴典雅的敬修堂和气度恢宏、西朴宽敞的东贤堂、三立堂等，同平滑似镜的月沼和碧波荡漾的南湖，巷门幽深、青石街道旁古朴的观店铺，雷岗上参天古木和探过民居庭院墙头的青藤石木、百年牡丹，森严的叙仁堂、上元厅等祠堂和93岁翰林侍讲梁同书亲题“以文家塾”匾额的南湖书院等，构成一个完美的艺术整体，真可谓是步步入景、处处堪画。

（根据网络资料整理）

一幅中国“画”　乡村文化“灯”

宏村是位于安徽南部的一座古村落，被誉为“中国画里乡村”，并以其宜人的田园风光、完整的村落形态、出色的徽派民居建筑和丰富的历史文化内涵而享誉全球。这些特点使它成为安徽南部地区最典型的民居村落之一，宛如一个隐蔽的世外桃源。

宏村是一个传统的古村落，仍然保持着上个世纪已消失或改变的乡村面貌。全村保存完好的明清古民居超过140幢，它们古朴典雅，别具风格。从古城古镇的街巷格局，到古祠堂等公共建筑，再到成片的传统民居和各种生活生产文物，这些历史遗存完整地保留了徽州历史风貌、传统文化和空间布局等特征，反映了深厚的文化底蕴和悠久的历史。村内山峦环抱，民宅依溪而建，临水一侧挑出，一级级青石台阶，一座座石桥，皆是历史的亲历者。总之，宏村的街道风格、古建筑和装饰以及配备完善的民居供水系统，都是非常独特的文化遗产。

打造地域特色，提供精神支撑。根据当地实际情况，开发和保护优秀的地域特色文化，培养深厚的乡村文化根基，宏村让居民在享受健康文明生活方式的同时，增强了价值感和归属感。成功打造了传统非物质文化遗产项目“宏村赛鸟”和“雉山凤舞”，以及持续开展的南湖书院经典诵读和徽娘浣洗等特色民俗活动，这些举措不仅传承和弘扬了徽州传统歌舞民俗，还增强了文化自信。乡村文化振兴是乡村振兴的铸魂工程，具有基础性和引领性的作用。当前推进乡村文化振兴，需要大力发展乡村文化，弘扬文明乡风，改善村容村貌，丰富村民的精神文化生活。

保护和传承历史文化遗产必须与城市发展、经济建设相融合。黟县以西递、宏村为代表，将历史文化遗产视为经济和社会发展的核心竞争力，坚持保护第一、持续利用，实现古城保护与经济发展的良性互动。该地区因此先后被评为安徽省历史文化名城、中国地名文化遗产“千年古县”和国家历史文化名城。保护历史文化遗产不仅是尊重历史、文化和生态的生动实践，也是发展文化旅游的必要条件。同时，将保护、恢复和再利用现有的历史遗址和古建筑与城市建设过程相结合，为它们注入新的生命力。在乡村建设和发展的过程中，延续乡村原有的生活方式、习俗和传统文化，使其与现代文明相融合，传承并散发出新的生命力。

晋商文化的代表——乔家大院

乔家大院始建于1756年，又名在中堂，屋主曾是被称为“亮财主”的清朝末年著名晋商乔致庸。乔家大院为全封闭式的城堡式建筑群，全院占地面积10642平方米，建筑面积4175平方米，共有6座大院、20进小院、313间房屋。大院三面临街，不与周围民居相连。外围是封闭的砖墙，高10米有余，上层是女墙式的垛口，还有更楼，眺阁点缀其间，显得气势宏伟、威严高大。大门坐西朝东，上有高大的顶楼，中间是城门洞式的门道，大门对面是砖雕百寿图照壁。大门以里，是一条石铺的东西走向的甬道，甬道两侧靠墙有护墙围台，甬道尽头是祖先祠堂，与大门遥遥相对，为庙堂式结构。

乔家大院“囍”字形布局

北面三个大院，都是芜廊出檐大门，暗棂暗柱，三大开间，车轿出入绰绰有余，门外侧有拴马柱和上马石，从东往西数，依次为老院、西北院、书房院。所有院落都是正偏结构，正院主人居住，偏院则是客房佣人住室及灶房。在建筑上偏院较为低矮，房顶结构也大不相同，正院都为瓦房出檐，偏院则为方砖铺顶的平房，既表现了伦理上的尊卑有序，又显示了建筑上的层次感。大院有主楼四座，门楼，更楼，眺阁六座。各院房顶有走道相通，便于夜间巡更护院。

综观全院布局严谨，设计精巧，俯视成“囍”字形，建筑考究，砖瓦磨合，精工细做，斗拱飞檐，彩饰金装，砖石木雕，工艺精湛，充分显示了我国劳动人民高超的建筑工艺水平，被专家学者誉为“北方民居建筑史上一颗璀璨的明珠”，因此素有“皇家有故宫，民宅看乔家”之说。

乔家大院闻名于世，不仅因为它有作为建筑群的宏伟壮观的房屋，更主要的是它在一砖一瓦、一木一石上都体现了精湛的建筑技艺。南北六个大院院内，砖雕、木刻、彩绘到处可见。从门的结构看，有硬山单檐砖砌门楼，半出檐门，石雕侧跨门，一斗三升十一踩双翘仪门等。窗子的格式有仿明酸枝棂丹窗、通天夹扇菱花窗、栅条窗、雕花窗、双启型和悬启型及大格窗等，各式各样，变化无穷。再从房顶上看，有歇山顶、硬山顶、悬山顶、卷棚顶、平房顶等，这样形成平的、低的、高的、凸的，无脊的、有脊的、上翘的，垂弧的……每地每处都别有洞天，细细看来让人赏心悦目、品味无穷。

（根据网络资料整理）

晋商言商　乔家大家

作为晋派建筑的代表作，乔家大院不仅是北方传统民居建筑的杰出典范，更是晋商文化、晋商精神的表现，它见证了山西商人的智慧与勤劳。人们常说“先有复盛公，后有包头城”，这句话充分说明了当时乔家在北方商业界的地位和影响力。可以说，乔家大院是一个具有历史价值、文化价值和商业价值的重要文化遗产，是晋商文化的重要组成部分。

乔家大院作为一座凝聚历史和文化的建筑，与当时的社会环境和文化背景紧密相连。它不仅展示了传统建筑艺术和特色文化的完美融合，也是晋商文化的瑰宝，体现了晋商精神的独特魅力。乔家大院是中国传统民居建筑的代表之一，融合了儒家伦理观念和道家自然无为思想，展现了人文与自然和谐相处的理念。然而，作为一个商业家族，乔家也有世俗追求，但他们注重礼乐观念和人本思想的结合，既保持着传统的文化和伦理观念，也注重个体的尊重和价值。因此，在建筑设计中，乔家注重居住者的体验和感受，将传统古朴风格与雅致创新完美融合，让人们在享受美好生活的同时，也能感受到历史文化的底蕴和精髓。乔家大院的建筑方式对后世的建筑设计产生了重要的影响，成为近代人本主义建筑改革的重要参考。

家国文化是晋商文化的重要组成部分，也是晋商精神的核心内容。晋商们通过长期经商过程中形成的传统道德思想和管理经验，创造了形式独特而内容丰富的晋商文化，并展现出晋商精神的特质，成为中国传统文化的重要组成部分。晋商精神不仅表现出深邃的商业智慧，更蕴涵着“心系天下”和“舍小家为大家”的家国情怀。大量的史实证明，在民族危亡之际，晋商们不仅致力于商业利益，更以振兴国家为己任，积极探索实业救国之路，他们以商救国、以商救民的行为体现了一代晋商的家国情怀。例如，渠本翘开办了双福火柴厂，全心全意、艰苦卓绝地为国家经济的发展拼搏努力，成为山西民族工业的先驱，推动了该地区的经济发展。甲午战争后，他萌生了“教育救国，兴学育人”的思想，出任清朝驻横滨领事，并担任山西大学第三任校长。他还用家族积攒的白银创办了祁县学校，得到了乔致庸等商界同人的慷慨赞助。历史告诉我们，每个人的命运和前途，都与国家、民族的命运和前途紧密相连。只有国家和民族繁荣昌盛，人民才能过上幸福美满的生活。实现中华民族的伟大复兴是一项荣耀和艰巨的事业，需要一代又一代中国人共同努力。

世界屋脊上的中华文化——布达拉宫

布达拉宫外景

布达拉宫海拔 3700 米，占地总面积 36 万平方米，建筑总面积 13 万平方米，主楼高 117 米，共 13 层，其中宫殿、灵塔殿、佛殿、经堂、僧舍、庭院等一应俱全。布达拉宫外观 13 层，高 110 米，自山脚向上，直至山顶。由东部的白宫（达赖喇嘛居住的地方），中部的红宫（佛殿及历代达赖喇嘛灵塔殿）组成。红宫前面有一白色高耸的墙面为晒佛台，在佛教的节日用来悬挂大幅佛像挂毯。

布达拉宫整体为石木结构，宫殿外墙厚达 2～5 米，基础直接埋入岩层。墙身全部用花岗岩砌筑，高达数十米，每隔一段距离中间灌注铁汁进行加固，提高了墙体抗震能力。屋顶和窗檐用木质结构，飞檐外挑，屋角翘起，铜瓦鎏金，用鎏金经幢、宝瓶、摩羯鱼和金翅鸟做脊饰。闪亮的屋顶采用歇山式和攒尖式，具有汉代建筑风格。屋檐下的墙面装饰有鎏金铜饰，形象都是佛教法器式八宝，有浓重的藏传佛教色彩。柱身和梁仿上布满了鲜艳的彩画和华丽的雕饰。内部廊道交错，殿堂杂陈，空间曲折莫测。

布达拉宫依山垒砌，群楼重叠，殿宇嵯峨，气势雄伟，坚实的花岗石墙体，松茸平展的白玛草墙领，金碧辉煌的金顶，具有强烈装饰效果的巨大鎏金宝瓶、幢和红幡，交相辉映，红、白、黄 3 种色彩的鲜明对比，分部合筑、层层套接的建筑型体，都体现了藏族古建筑迷人的特色。布达拉宫众多的建筑虽属历代不同时期建造，但各宫殿的修建都十分巧妙地利用了山形地势，使整座宫寺建筑显得非常雄伟壮观，而布局又十分协调完整，在建筑艺术的美学成就上达到了无与伦比的高度，创造了一项世界土木建筑工程史上令人惊叹的天才杰作。宫宇叠砌、迂回曲折、同山体有机地融合，这是布达拉宫给人最为直接的感受，也是它最突出的特点。

（根据网络资料整理）

多民族文化相融　大家庭命运与共

布达拉宫是西藏悠久文化的重要象征，承载着各民族交流交融的历史。它是藏族积极融入中华文化的杰出创作，是中华民族文化的重要组成部分，在世界屋脊绽放着中华文化之花的璀璨光芒。

布达拉宫是古代劳动人民的杰作，凝结着各族人民的心血和智慧。我国古代历来缺乏宏伟的石质建筑，布达拉宫不仅丰富了古代建筑的风格，而且在世界建筑史上也具有独特的宫殿建筑群特征。藏族建筑采用“依山而建”的传统方法，使建筑在山体中显得神圣而高贵。布达拉宫巧妙地将这种传统发扬光大，工匠们没有现代化的建筑设备，但他们不忘初心，以高超的技艺，利用山体结构修建了各种殿堂和宫殿，将高耸的红宫置于山顶，其他各类建筑则错落有致，构成了一个完整的建筑群。[①] 同时，布达拉宫也是汉、蒙、满各族能工巧匠的杰作。它融合了藏式传统建筑风格和中原建筑的技艺和特色，体现了藏、汉等民族文化交流和融合的历史进程。布达拉宫外墙的风格和色彩反映了西藏的制度和宗教内容，宫殿内则珍藏了丰富的文物和工艺品，是雪域文化的瑰宝。在修建过程中，各族工匠的协同努力，充分展现了各民族共同团结的精神风貌。换言之，布达拉宫既继承了藏族传统建筑的形式和结构，又吸收了汉族建筑艺术的精华，充分展现了藏、汉等民族文化交流融合的历史价值。

加强少数民族历史文化研究，铸牢中华民族共同体意识。自西藏和平解

① 魏建东:《布达拉宫是一座怎样的文化地标?》,《中国民族报》2021 年 5 月 14 日。

放以来，国家和西藏自治区高度重视布达拉宫文化遗产的保护管理工作，投入巨资进行修缮，创新文物保护方法。同时，随着布达拉宫文物保护利用工作的不断推进，越来越多的珍藏文物开始走出深闺，走向公众，布达拉宫也因此成为推动铸牢中华民族共同体意识的重要文化地标。党的十八大以来，以习近平同志为核心的党中央高度重视西藏文物保护，并在重要讲话中多次特别强调布达拉宫和万里长城等中华民族灿烂历史文化的重要地位，进一步提升了布达拉宫作为中华文化符号的崇高地位。此外，习近平总书记在中央第七次西藏工作座谈会上指出："要挖掘、整理、宣传西藏自古以来各民族交往交流交融的历史事实，引导各族群众看到民族的走向和未来，深刻认识到中华民族是命运共同体，促进各民族交往交流交融。"[①] 因此，加强对少数民族历史文化的研究，可以促进各民族文化的交流和融合，进一步铸牢中华民族共同体意识。布达拉宫作为中华文化的瑰宝，具有悠久历史和深刻内涵，蕴含着巨大的时代价值，值得深入挖掘。

① 《习近平出席中央第七次西藏工作座谈会并发表重要讲话》，中国政府网，2020 年 8 月 29 日。

活着的千年古城——平遥古城

平遥旧称古陶，明朝初年，为防御外族南扰，始建城墙，洪武三年（公元1370年）在旧墙垣基础上重筑扩修，并全面包砖。以后景泰、正德、嘉靖、隆庆和万历各代进行过十次的补修和修葺，更新城楼，增设敌台。康熙四十三年（公元1704年）因皇帝西巡路经平遥，而筑了四面大城楼，使城池更加壮观。平遥城墙总周长6163米，墙高约12米，把面积约2.25平方千米的平遥县城一隔为两个风格迥异的世界。城墙以内街道、铺面、市楼保留明清形制，城墙以外称新城。这是一座古代与现代建筑各成一体、交相辉映、令人遐思不已的佳地。2009年，平遥古城被世界纪录协会评为中国现存最完整的古代县城。2015年7月13日，平遥古城成为国家5A级旅游景点。

平遥古城

平遥古城自明洪武三年（公元1370年）重建以后，基本保持了原有格局。平遥城内的重点民居，系建于公元1840—1911年之间。民居建筑布局严谨，轴线明确，左右对称、主次分明、轮廓起伏，外观封闭，大院深深。精巧的木雕、砖雕和石雕配以浓重乡土气息的剪纸窗花，惟妙惟肖、栩栩如生，集中体现了公元14—19世纪前后汉民族的历史文化特色，对研究这一时期的社会形态、经济结构、军事防御、宗教信仰、传统思想、伦理道德、人类居住形式有重要的参考价值，是迄今汉民族地区保存最完整的古代居民群落。

平遥古城的修缮用古法保持原始风貌。平遥古城墙的特点是“外砖内土”，也就是外城墙用砖包裹、内城墙是裸露的夯土墙。作为大型露天土质文物建筑，连续强降雨是对墙体安全最大的威胁。2021 年 10 月初，平遥古城 61 处城墙发生不同程度险情后，省、市、县三级紧急联动启动了文物抢险修缮工作。“不改变原状”是古城墙修复的基本原则。此次修复古城墙难度较大，由于城墙出现裂缝或其他病害时内部无法预测，施工人员及文物本体的安全都面临极大挑战。20 世纪 70 年代修复城墙所用的土，基本都是坍塌后的旧土再利用。旧土虽然密实度可以，但防水性和抵抗自然灾害的能力不够。从 2007 年修复城墙全部采用改性夯土后，实践证明使用改性夯土非常成功，夯土的密实度、坚硬度、防水性能大大提升，为以后城墙的修复工作积累了宝贵的实战经验。为加强古城墙的保护，平遥县专门成立了平遥城墙保护服务中心，进行城墙的日常管理和险情排查，同时每年开展春冬季冻融期两次的险情普查，做好文物本体预防性保护工作。

在保护中发展，在发展中保护。依托厚重的历史文化，“十三五”时期，平遥古城累计接待游客 6162.7 万人次，旅游总收入 704.6 亿元，文旅产业成为古城最具活力和带动力的战略性产业。

2019 年以来，随着山西省晋中市平遥县持续推进“亮化”“净化”“绿化”“序化”四大工程，中外游客眼中的平遥古城风貌愈发古朴、清朗。这座古城对外亮出了更具品质的“国际旅游城市”新貌，持续散发着晋商故里的独特魅力和健康发展的无限活力。

（参见《平遥古城 61 处城墙修缮完工，曾因持续降雨受损》，《山东党报》2022 年 11 月 9 日。有改动）

千年古城丰韵在　历久弥新向未来

1997 年，平遥古城被列入《世界文化遗产名录》，这意味着它已成为一个令人惊叹的世界坐标。几千年的历史渗透着平遥古城的沧桑与艺术之美，代表着中华文明的延续。平遥古城既是静态的，又是动态的，记录着中华民族过去千年的历史，也述说着不断变化的中国故事。

历史文化遗产承载着中华民族的基因和血脉。作为中国保存最为完整的古城之一，平遥古城是明清古城的活样板、古建筑的展示地，也是晋商文化的重要发祥地，以其具有民族特色的传统文化产业而闻名。联合国教科文组织评价平遥古城“展示了非凡的文化、经济、社会和宗教发展的全貌”。平遥古城的特色在于它对汉族文化的凝聚和体现。它强调实用性，揭示对称和谐生活之美；它具有稳重、庄重的气质，体现传统文化的印记；它包括中国传统的制度观念、文化传统以及道教、佛教和儒家等文化因素。文化是软实力，经济社会的发展离不开文化软实力的支撑。作为一座有着千年历史的古城，平遥不仅要依靠悠久的历史，更要保留古镇的传统文化特色，为当地人民提供可持续发展的空间。

历史文化遗产不仅生动地讲述着过去，而且深刻地影响着现在和未来。让文物说话，告诉人们历史的智慧，以史为鉴，启发后人。如何在保护好文物的同时更好地发挥文物作用，要让博物馆收藏的文物、广袤土地上展示的遗产、古籍中书写的文字都活起来。党的十八大以来，习近平总书记本着“对历史负责、对人民负责”的态度，身体力行关注并推动历史文化遗产的保护工作。面对历史文化遗产，他一再强调保护的重要性。2022 年春节前夕，习近平总书记考察调研平遥古城，登上城墙俯瞰全貌，在听取汇报后就保护历史文化遗产、传承弘扬中华优秀传统文化发表重要讲话。习近平总书记指出：“历史文化遗产承载着中华民族的基因和血脉，不仅属于我们这一代人，也属于子孙万代。要敬畏历史、敬畏文化、敬畏生态，全面保护好历史文化遗产，统筹好旅游发展、特色经营、古城保护，筑牢文物安全底线，守护好前人留给我们的宝贵财富。”① 对此，当地相关部门明确了平遥古城的蓝图规划，其中包括编制古城保护提升规划、启动平遥推光漆器髹饰技艺传承保护立法、推动平遥牛肉文化产业园创建省级文化产业示范基地、打造“非遗文化展览馆”“特色金融文化街”，等等。总之，历久弥新的平遥古城，未来可期。

---

① 《习近平春节前夕赴山西看望慰问基层干部群众　向全国人民致以美好的新春祝福　祝各族人民幸福安康祝伟大祖国繁荣富强》，新华网，2022 年 1 月 27 日。

文化交流互鉴的集成——敦煌莫高窟

作为世界上现存规模最大、内容最丰富的佛教艺术圣地，有着1650多年历史的莫高窟始建于前秦宣昭帝苻坚时期，后历经北朝、隋朝、唐朝、五代十国、西夏、元朝等历代兴建，现有洞窟735个，其中保存完好、存有壁画和彩塑的洞窟492个，壁画4.5万平方米，彩塑2000多身。

1979年，莫高窟正式对外开放，截至2020年，已接待来自100多个国家和地区的游客2000多万人次；2015年，新建的莫高窟数字展示中心对游客开放，建立了“游客总量控制、网络预约、数字展示、实体洞窟参观”的旅游新模式，缓解了旅游开放和洞窟保护之间的突出矛盾。

在利用数字化技术建立档案、保护好洞窟文物的基础上，为了让敦煌文化“飞入寻常百姓家”，近年敦煌研究院加快与科技企业的合作步伐，让数字资源和敦煌学研究不断接轨最新科技，通过“云游敦煌”小程序等一系列的创新手段弘扬敦煌文化，不断展示中华文化的自信。

晨光沐浴中的莫高窟标志性建筑“九层楼”

自20世纪90年代开始的数字化探索，为敦煌莫高窟的保护与传承开辟了全新路径。数字技术让敦煌文物走出洞窟，跨出国门，走向“永久保存、永续利用”。

“数字敦煌”硕果累累。对于敦煌石窟保护来说，有着众多不可忽视的客观困难——光照褪色、壁画酥碱问题、进入洞窟参观游客呼出的热气和湿气，等等。想要莫高窟壁画“青春永驻”，数字化保存是一种颇为重要的手段。经过与国内外高校和科研院所合作，敦煌研究院形成了一整套适合敦煌石窟数字化保护的关键技术和工作流程，全面开展了“数字敦煌”项目。

经过30年的发展，截至2021年年底，“数字敦煌”项目已经完成敦煌石窟268个洞窟的数字化采集，164个洞窟的图像处理，45身彩塑、146个洞窟、7处大遗址的三维重建，162个洞窟的全景漫游节目制作，5万余张历史档案底片的数字化扫描，建立了超过百人的数字化专业技术团队。在这一过程中不断总结、提炼，敦煌研究院制定出石窟寺数字化全流程的国家行业标准和规范，引领石窟寺数字化行业发展，形成了一整套科学的数字化工作理念、程序和方法。

在数字化技术的加持下，敦煌这颗沙漠中的明珠，正逐步走向“永远保存、永续利用”。飘逸的飞天、端庄肃穆的佛像、虔诚的供养人……这些珍贵的人类艺术珍宝，将让每一位观众都可以不受限制地尽情领略它们的魅力。在数字化世界中，敦煌石窟熠熠生辉，焕发着新的光彩。

（参见《数字化保存 让莫高窟“青春永驻”》，《人民日报》（海外版）2022年7月20日。有改动）

数字化挖掘艺术 新技术厚载文明

敦煌在古代控制东西方向的交通方面发挥着独特的作用，同时也是古代丝绸之路通往西域的重要节点。这条贸易路线的畅通，推动了中国与中亚、西亚、北非、南亚甚至地中海沿岸国家之间的经济和文化交流。敦煌逐渐成为多种文化交汇的中心，也成为中华文明的地理坐标之一，同时也孕育了丰富多彩的敦煌石窟艺术。

敦煌文化是多元文明交流对话、相互影响的结晶。从敦煌的历史可以看出，敦煌文化并不是外来的，而是在河西文化的基础上吸收东西方不同文化而形成的新文化。丝绸之路是连接古代中国与世界的纽带，通过丝绸之路往来于中国与西方的货物在敦煌石窟中得到了充分体现。自汉代以来，位于丝绸之路主要交通要道上的敦煌，一直是多民族聚居的地方，形成了各民族和谐共处、文化交融的局面。因此，敦煌文化具有多民族文化并存的显著特征。换言之，在历史的长河中，敦煌始终以中华传统文化为根基，并不断吸纳、接受其他地域和民族的文明成果，从而成为一种享誉世界、独具特色地域文化。

文明因多样而交流，因交流而互鉴，因互鉴而发展。文明之间交流互鉴的理想状态是“各美其美，美人之美，美美与共，天下大同”，敦煌文化的开放、包容、高远、正直、谦逊、和谐等特点，就是这种状态的生动体现。2019 年，习近平总书记来到敦煌莫高窟，考察了解莫高窟的历史演变和文物保护情况。他肯定了敦煌文化保护的研究工作，强调敦煌文化是中华文明与各文明长期交流融合的结果。他指出，要铸就中华文化新辉煌，就要以更加博大的胸怀，更加广泛地开展与各国的文化交流，更加积极主动地学习借鉴世界一切优秀文明成果。① 同时，他鼓励大家加强敦煌学研究，广泛开展国际交流与合作，充分展示我国敦煌文物保护和敦煌学研究的成果，促进中华优秀传统文化的创造性转化和创新性发展，增强中华民族的文化精神、文化胸怀和文化自信。

① 习近平：《在敦煌研究院座谈时的讲话》，求是网，2020 年 1 月 31 日。

中华石窟艺术的宝库——龙门石窟

龙门石窟始建于北魏，1961年经国务院批准成为第一批全国重点文物保护单位，2000年被联合国教科文组织列入世界遗产名录。

作为龙门石窟的“名片”，奉先寺位于龙门西山南段，为龙门石窟开凿规模最大的摩崖像龛，代表了我国唐代雕塑艺术的最高成就。

奉先寺正壁主尊为卢舍那大佛，是龙门石窟中艺术水平最高、整体设计最严密、规模最大的造像，面相丰满圆润，庄严典雅，睿智的眼神俯视众生。

2021年12月，《“十四五”石窟寺保护利用专项规划》发布的同时，龙门石窟奉先寺大型渗漏水治理和危岩体加固保护工程正式启动。

渗漏水危及岩体，一直是威胁此地文物安全的主要病害。卢舍那大佛周围搭上了“支架”，套上了绿色的“手术衣”。

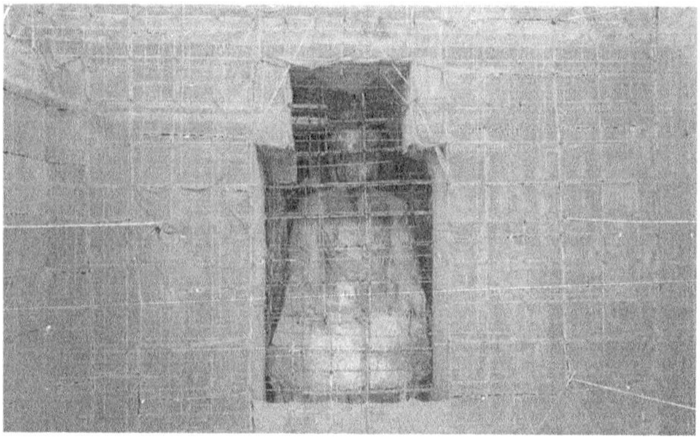

卢舍那大佛渗漏水治理和危岩体加固保护工程

在保护工程进行的228天里，所有曾经顺着脚手架贴近通高17.14米、头高4米大佛的人，到达大佛头部，都会被这脸对脸的古代工匠的视角所震撼，感慨这是50年一遇的难得机会。龙门石窟研究院邀请来的学者、艺术家登上架子后，默默地与大佛做着无声对话，有的则激动得潸然泪下。

渗漏水，于古人就是件头疼事。唐代就在龙门石窟奉先寺上方开挖“人”字形排水沟，防止渗漏水侵蚀大佛。如今，渗漏水治理仍是石窟保护工程的重点、难点。

根据奉先寺地形地貌和裂隙渗水机理，采取封堵和疏导排水相结合的措施，开具“五大药方”：利用大佛右上角的天然溶洞截断和疏导裂隙水；在奉先寺山体顶部进行裂隙灌浆封堵，铺设膨润土防水毯；对山体顶部两条规模较大的构造裂隙带进行开凿封堵治理；修整神仙洞内排水系统，把山体渗水沿自然垂直溶洞引导到伊河里；使用修复砂浆修整卢舍那大佛窟檐缺失部位，修整窟檐滴水线防止雨水倒流。五大“药方”君臣佐使，环环相扣，共同编织了龙门石窟防止渗漏水的“保护伞”。

在“抓药”上，施工人员另有玄机。使用偏高岭土类灌浆材料，这种材料近些年在龙门石窟渗漏水治理工程中被普遍使用，治水效果比较好。表面裂隙封堵材料用的也是新型修复砂浆，如用普通的水泥砂浆配出来的灌浆材料含碱量比较大，时间长了再加上雨水侵蚀容易发白，并且有盐分不断渗出来覆盖在文物表面，会对石像造成一些破坏。

科研团队运用考古学的基础理论与方法，采用多种高科技手段，为病害发育程度及成因分析提供了基础资料。报告形成后，大佛的“身体状况”将一目了然。

龙门石窟如今还保留着唯一一处唐代窟檐遗迹，有的洞窟虽然没了窟檐，但还能明显看到镶嵌窟檐的凹槽。参考历史窟檐遗迹，结合现有的窟檐防水效果，才最终确定了窟檐修复方案。龙门的年降水量超过 1000 毫米，而当地年降雨平均为 500～600 毫米，这种可逆性的临时窟檐能将雨雪有效排离文物本体，效果很好。这些窟檐有天然岩石头打磨的，也有纤维增强复合材料的，还有用 3D 打印技术来协助坍塌窟檐的修复。目前龙门石窟日常维护里增修小型排水系统 121 处，利用纤维增强复合材料修复窟檐 1296 龛，保证排水系统的通畅。

卢舍那大佛表面首次发现金、银等元素。研究人员除了在卢舍那大佛身体表面发现绿色、红色、黑色颜料外，还首次在卢舍那大佛面部检测到金、银元素存在，只是因受到风化、渗水等影响，残存很少。此外，奉先寺普贤菩萨表面保留的白色物质，厚度均匀，与岩石结合紧密。经过现场 X 射线荧光初步分析，其成分主要为铅白。

铅白是古代画图和化妆品的重要颜料，具有化学稳定性和耐候性好的特点。它不但为颜料附着、金箔黏结提供良好界面，也为后期抵御自然风化发

挥了一定作用。这意味着，龙门石窟佛像在建造之初很可能“化了妆”，不仅涂了“粉底”，还化了“彩妆”。铅白的大量发现，为龙门石窟彩绘镀金的传统工艺研究和保护材料的研发提供了资料。

（参见《龙门石窟大修：科技让国宝“芳龄永续”》，澎湃网站，2022年7月5日。有改动）

科技“活”石窟 国宝“再”芳华

龙门石窟是洛阳的文化地标，始凿于北魏孝文帝年间，已经有1500多年的历史。在国家处于孱弱状态时，珍贵的文物被列强掠夺，佛像的头身分离。如今，龙门石窟作为世界文化遗产，被联合国教科文组织评为“中国石刻艺术的最高峰”。海内外游客络绎不绝，见证了新中国的强大和伟大历史变革。同时，随着现代数字技术的发展，龙门石窟的“芳华永驻”已经成为现实，不再是梦想。

我国拥有丰富的文物古迹和文化遗产，但受到地质灾害、风雨侵蚀以及过度开发等多种因素的影响，文物保护和文化传承工作面临很多挑战。在这一背景下，“保护为主、抢救第一、合理利用、加强管理”的十六字方针为文物保护工作指明了方向。作为世界文化遗产景区，如何平衡文物保护、旅游开发和文化传承之间的关系，让“文物活起来”、“旅游发展起来”和“文化传承开来”成为龙门石窟面临的重要课题。

坚持保护第一的原则，现代化数字技术让龙门石窟“芳华永驻”成为可能。石窟内现存有2300多个窟龛、10万余尊雕像以及2800多块碑刻题记。然而，受历史和自然因素的影响，石窟内的许多雕刻和造像破损十分严重，甚至残缺流失。近年来，龙门石窟研究院加快了数字化工作的进程，广泛征求各方意见。研究院的工作人员提出了“回归历史、再现芳华”的理念，利用现代科技进行虚拟修复，还原历史的场景。这一举措让游客们可以看到观世音造像在1300年前刚开始开凿时的真实面貌。作为东传佛教重要遗存，龙门石窟具有历史、艺术和科学价值。数字化技术的开发和运用有助于实现新时代的“文物活化”和“文化传承”，并推动从“文物研究”到“科技活化”的转变。同时，实现“智慧旅游＋文物保护”的理念。通过科技手段对文物进行数字化记录和复原，建立完备的数字档案，使得文物得以精准还原并持久展示。通过利用数字化场景深入挖掘文化内涵，围绕文化遗产IP打造文创生态产业链，最终实现了增加景区经济效益的目标。“智慧旅游＋主题活动”实现了从“单一观光”到“全方位体验”的转变。运用数字化技术打造情景式场景、互动式体验和虚拟现实等多种形式，满足了游客深度体验的需求。

总之，要想让龙门石窟这个中华民族的艺术宝库代代相传，除了靠龙门石窟研究院自身的力量，还需要社会各界的参与和合作。只有这样，才能让龙门石窟真正成为传承中华文化的坚实阵地，让这颗人类文明璀璨的明珠永远闪耀下去。

天下奇观第一塔——应县木塔

应县木塔建于辽清宁二年（1056年），高达67.31米，是世界上唯一的一座大木塔。

一座超高木质塔，大风、地震、雷电无疑是最大的危险，但恰恰因为应县木塔自身的运动，成功战胜了4次超大地震和近1000年风雨雷电的洗礼，那么一座木塔怎么做到自行运动的呢？这主要得益于它刚柔并济的建筑结构。应县木塔结构的最突出成就在于它采用了“筒中筒”式结构，即由外柱一周和内柱一周形成外筒和内筒（北宋《营造法式》称作“外槽”和“内槽”），二者之间以斗栱和梁架相连，形成无比坚固的结构体系。我们可以把木塔想象成两个套在一起的竹筒。木塔每层外圈由24根柱子组成一个桶，内圈由8根柱子组成一个桶，内外两个竹筒套在一起，然后再用梁的斜撑把它们牢固地连接在一起。

内筒作为各层供奉佛像的空间，外筒边缘设置楼梯，并且留有信众环绕礼佛的回廊。木塔是明五层暗四层结构，登塔时就会看到暗层，一共要登九层楼。外筒还有一圈回廊阳台可供观景，充分利用了所有的空间，设计独具匠心，智慧的古人使应县木塔成为中国古代佛塔历史上最杰出的贡献之一。

整个木塔运用了59种斗拱，又被称作斗拱博物馆。木塔的四个暗层是塔的刚性结构，主要构建是梁斜撑造成一个八角框架，体系非常牢固，如同现在的楼房建筑中的圈梁，这是古代圈梁结构的尝试。木塔的五个明层是木塔的柔性结构，由连接明暗层之间的斗拱及柱子组成，斗拱本身就能让建筑具有良好的延展性，而木塔九层共288根柱，再加上木塔首层外圈还有24根柱，总共312根柱子，可就让建筑自身的运动更加灵活一些。木塔的内圈还有24根被包裹在泥墙里的木柱，这个就是给它预留的通风口。应县木塔每层的上层檐柱十字开口，插于下层铺座之上，叫下沿柱，收回半个柱子，形成了下大上小、逐层内收的轮廓。这种名叫X铸造的连接方式，不仅增强了木塔的稳定性，还给木塔留下了一个弹性的伸缩余地。如果遇到地震、狂风，塔身会自行调节摆动，缓冲了对木塔带来的冲击。

千年不倒的原因之一，是塔身的斗拱起到了重要作用。除了斗拱梁架等将地震带来的压力缓减，还有一个重要的原因：地基和底柱！

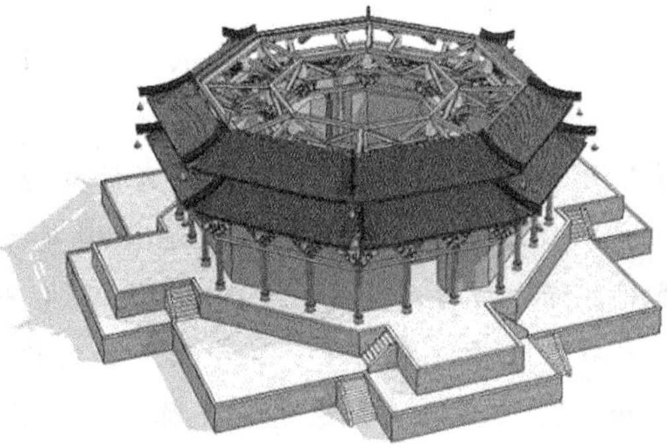

塔身的斗拱

智慧的能工巧匠们先用石料砌成深入地下 2 米、总厚度为 6.4 米的塔基。石塔基上面有 32 个圆形柱础，分布为三圈，柱子就被放置在这些柱础之上，柱子跟柱子之间，再通过木制梁枋进行连接，形成一张八角形的柱网。2600 吨的木料，所有重量都压在第一层的 32 根木柱子上（外圈 24 根，内圈 8 根），每根柱子要负重高达 80 多吨。据说这些柱子自己会按时“动”起来！

柱子下面的石础并没有窠臼，柱子的断面直接就在柱础上，并且木塔的柱子都是向内倾斜的，而它的地基是向外倾斜的，所以我们能够看到一个非常明显的倾斜角度。塔首层外围的 24 根柱会起到塔身摇摆时的支撑作用，就出现了不同的柱子离开地面的情况；外围柱子与石柱之间的倾斜角度有利于木塔摇摆时更加稳定地支撑木塔的刚性，提高整体抗力，增强稳定性；柔性层则集中发挥有控制的变形能力，增加延性，缩小水平作用力，将外界的巨大作用力抵消在木塔本身的运动之中。

方圆百十千米范围内就木塔是最高的一幢建筑物，电闪雷鸣时它便成为电击的目标。但再凶猛的闪电到了应县木塔也乖乖地消停了，这是什么原因？看看塔尖！

塔尖部分由各种法器从下至上依次组装上去，仰莲、复钵、相轮、火焰、仰月、宝珠，再加上塔刹和铁链。每当电闪雷鸣时，塔刹充当起避雷针，8 条铁链便成了将雷引下去的导雷线，木塔又是全木结构对电有绝缘的效果。木塔高 9.6 米的避雷装置也保护木塔度过了近 1000 年的电闪雷鸣，从木结构建筑的角度，确实做到了接近完美和非常科学的程度。

（根据网络资料整理）

风雨千年第一塔　中华文明肩扛鼎

如果说佛光寺是中国建筑木结构的代表，赵州桥是古代桥梁建筑的代表，那么应县木塔则是塔式建筑的代表。应县木塔的出现，向我们展示了木质建筑所能达到的高度。这座木塔究竟有什么过人之处，能与意大利比萨斜塔、巴黎埃菲尔铁塔一起被誉为“世界三大奇塔”？

人们为什么会喜欢应县木塔？或许是因为它在历史长河中留下了许多传奇，让人们从中感受到中华古文明的辉煌。总体而言，应县木塔的神奇之处在于它不会因地震而倒塌，不会因战火而毁坏，也不会因雷击而焚烧。在过去的千年中，应县木塔所在的应州曾多次遭遇大地震，导致周围的楼宇倒塌，但是木塔却始终屹立不倒。即使遭受 40 余次地震的摧残，木塔也只是出现了轻微的摆动，上面的风铃响动，而且还能恢复如初。无数次的天灾人祸以及近代战争的摧残也没能摧毁这座摩天大楼，它曾被 200 多发弹炮袭击，但仍然独善其身，屹立千年。各朝各代的帝王名士为这座塔亲笔题字，塔上悬挂着许多匾额。明朝的朱厚照亲笔题写了“天下奇观”，外观上有大小匾额共 21 块，都对这座“峻极神工”感到震撼。实际上，我国早期的佛塔虽然多为木结构，直至唐宋时期仍有不少木塔，但由于历史悠久，大多数都已经遭到了火灾或倒塌，已经不复存在。应县木塔不仅是我国现存木结构塔式建筑之最，也是世界木结构建筑的典范。2012 年 11 月，该塔被列入世界文化遗产预备名录。2016 年，应县木塔获得吉尼斯世界纪录认定，成为世界上最高的木结构塔，与意大利比萨斜塔、巴黎埃菲尔铁塔并称“世界三大奇塔”。

应县木塔融合了中华优秀传统文化精髓的科学理念、建筑技术和审美体验，集形、意、神于一身。它是我国古代科技文化和人文精神的寄托，代表了我国古代木结构建筑技术的最高成就。远观和近看木塔都非常美观，它比例适当、结构宏伟、造型完美、巧夺天工，整座塔坐落稳重、技艺精湛，外观庄严大气，具有非常出色的整体效果。虽然木塔是如此的庞大，但其大小部件却没有使用任何铁钉，而是靠斗拱柱梁的镶嵌穿插吻合。整个木塔共使用了 54 种 240 组不同形式的斗拱，这种使用斗拱的方式在国内非常罕见，是我国古代建筑中使用斗拱最多的塔，可以称之为“斗拱博物馆”。总之，在过去的千年中，应县木塔作为人们最高的信仰和最高技术的体现，同时也象征着强烈的人文精神和民族气质。它以其特殊的魅力和神秘的色彩，展示了我国古代建筑的辉煌成就。

应县木塔屹立千年不倒，是世界建筑的奇迹，也是我们古人智慧的魅力。当我们驻足塔下，仰望着这座高塔，就能够感悟到那个遥远的朝代的伟大高度，体会到古人用精神的力量筑造一座木塔的艰辛，同时也能够领略到这个王朝和整个中华文明的扛鼎之作。建筑师和工匠像沉默的英雄一样，不在乎功与名，只是将世世代代的工艺技艺传承下来，把理性、智慧和美默默地流传在历史长河中。

辉煌罹难并存的皇家园林——圆明园

圆明园是清朝著名的皇家园林之一，建筑面积达 16 万平方米，有“万园之园”之称。

圆明园始建于 1709 年，是康熙赐给尚未即位的雍正的园林。雍正即位后，拓展原赐园，并在园南增建了正大光明殿和勤政殿以及内阁、六部、军机处、储值房，御以“避喧听政”。乾隆年间，圆明园进行了局部增建、改建，在东面新建了长春园，在东南邻并入了万春园，圆明三园的格局基本形成。嘉庆年间，绮春园进行了修缮和拓建，成为主要园居场所之一。道光年间，国力日衰，财力不足，道光皇帝宁愿撤万寿、香山、玉泉“三山”的陈设，罢热河避暑与木兰围猎，但仍对圆明三园有所改建。

圆明园周围连绵 10 千米，由圆明园、万春园、长春园组成，而以圆明园最大，故统称圆明园（亦称圆明三园）。此外，还有许多属园，分布在圆明园的东、西、南三面，其中有香山的静宜园、玉泉山的静明园、清漪园（后来的颐和园就是在此基础上建造起来的）等，全园面积合计 5000 多亩。

圆明园不仅汇集了江南若干名园胜景，还创造性地移植了西方园林建筑，集当时古今中外造园艺术之大成。园中有金碧辉煌的宫殿，有玲珑剔透的楼阁亭台；有象征热闹街市的“买卖街”，有象征田园风光的山乡村野；有仿照杭州西湖的平湖秋月、雷峰夕照，有仿照苏州狮子林、海宁安澜园建造的风景名胜；还有仿照古代诗人、画家的诗情画意建造的蓬莱瑶台、武陵春色等。可以说，圆明园是中国人民智慧和血汗的结晶，也是中国人民乃至世界建筑艺术和文化的典范。

圆明园的主要建筑类型包括殿、堂、亭、台、楼、阁、榭、廊、轩、斋、房、舫、馆、厅、桥、闸、墙、塔，以及寺庙、道观、村居、街市等，应有尽有。其盛时的建筑样式，也几乎囊括了中国古代建筑可能出现的一切平面布局和造型式样：既有常见的单檐卷棚灰筒瓦屋面，朴素淡雅；又有宫殿式重檐琉璃彩瓦覆顶，金碧辉煌；既有一进两厢、二进四厢的规整院落，又有灵活多变的建筑组群。建筑平面布局共有 38 种之多，除常见的矩形、方形、圆形、工字、凹凸字、六角、八角外，还有很多独特新颖的平面形式，如眉月形、卍字形、书卷形、十字形、田字形、曲尺形、梅花形、三角形、扇面形，乃至套环、方胜等，可谓丰富无比。

圆明园于1860年遭英法联军焚毁，文物被掠夺的数量粗略统计约有150万件，上至先秦时代的青铜礼器，下至唐、宋、元、明、清历代的名人书画和各种奇珍异宝。1900年八国联军侵占北京，圆明园再遭劫难。在抗战时期，圆明园又遭到不同程度破坏。

遭焚毁后的圆明园遗址在新中国成立后开始被保护起来，1956年北京市园林局开始采取植树保护措施，1976年圆明园遗址随成立专营机构。1988年6月29日，圆明园遗址向社会开放。

圆明园遗址

（根据网络资料整理）

辉煌文明大园林　沉重罹难民族痛

圆明园是一座皇家园林，汇聚了无数精工巧匠之力，融合了国内外精美建筑景观和丰富文物收藏，以它博大精深的民族文化而著名，是中国园林艺术的瑰宝。在敌强我弱的情况下，这座被誉为“万园之园”的皇家园林被西方列强无情洗劫、掠夺、焚毁。然而，当时的中国只能眼睁睁地看着它被毁坏，最终变成一片废墟。因此，圆明园成为一部沉重的活历史，记录了中华民族经历辉煌文明和沉重罹难的历程。

圆明园曾经的瑰丽壮阔令人震撼，然而它却成为中国历史上的一道伤疤。数百年前，欧洲的传教士来到中国，不仅传播他们的信仰，也探寻这神秘的国度。他们深受圆明园宏大的地域规模、杰出的营造技艺、精美的建筑景群、丰富的文物收藏和博大精深的民族文化内涵的震撼，赞叹不已，将其誉为“真正的天堂”。传教士们的书信为圆明园这座如梦似幻的“万园之园”插上了翅膀，把它的美丽传遍了整个西方世界。圆明园的美丽绝不只是传教士口口相传，他们记录下所见所闻，出版翻译成不同语言的书籍，在欧洲掀起了一股仿制中式园林的热潮。尽管圆明园曾给人们带来了巨大的震撼和热潮，但这并未换来相应的尊重和爱护，取而代之的是惨烈的战争与掠夺。令人最痛恨的是，列强不仅发动战争，还到处烧杀抢掠，圆明园的火灾就是一个典型的例子。圆明园内珍宝无数，可移动的东西都被抢走了，而那些难以搬运的、体积庞大的东西则全部被烧毁。大火燃烧了三天三夜。当时出现了无数的爱国志士，他们想要与列强拼一拼，但由于实力过于薄弱，最终只能沦为历史的尘埃……

如今的圆明园经过修缮成为一座大型的遗址园林，它警示并激励着每一个中华儿女。自 2001 年提出应用数字技术再现圆明园的方案起，多位学者和专家 20 多年潜心努力，使圆明园在虚拟世界中得以“重生”。专家们运用现代科学技术建立数据库、构建数学模型，成功克服了诸多困难，最终让圆明园的风采在世人面前展现。事实上，圆明园数字复原工程在多个数据指标上均创下了世界园林遗址研究之最，其中包括 10000 余件历史档案、4000 幅复原设计图纸、2000 座数字建筑模型以及 6 个历史时期中的 120 个时空单元。修整过的绿树依然茂盛，部分建筑依然独特，可人们偏偏在乎的是那被毁的残垣断壁！这是因为圆明园遗址承载着民族苦难的历史记忆，是中华民族不可回避的民族伤痕。它的特殊意义在于大量的残留遗物有力地揭露了帝国主义侵略者的狰狞面目，控诉他们破坏人类文化的罪行。即便圆明园已经成为历史，即便它只是残存的遗址，但是它在世界园林史和文化史上的重要性，以及它所经历的痛苦和悲剧，将永远铭刻在每个中国人的心中。

历史是一面镜子！我们应当以史为鉴，照亮前行之路。作为遗址，圆明园历经风雨，现已破败不堪，但它是不容抹杀的历史记忆。我们要珍惜这一宝贵的历史记忆，首先要做到的是“铭记”，但铭记并非为了记恨，而是为了珍惜无数先烈抛头颅、洒热血换来的和平，更是为了提醒世人尽管我们身处于繁荣昌盛的新时代，但“落后就要挨打”的道理仍然适用。我们必须铭记，战争不曾远去，世界各地仍在上演我们曾经经历过的悲剧，许多人仍在经历磨难。只有不断振兴和发展，才能避免历史悲剧的重演，只有时刻保持民族危机感，勤奋努力，自强不息，才能实现国家的强大梦想。总之，我们必须了解历史，认清责任。圆明园的遭遇代表了中华民族曾经的贫弱、困难和屈辱历史，时刻提醒我们要以历史为鉴，不忘国耻，培养爱国主义情感，树立奋发图强的责任感，保护中华文明，承担历史赋予的重任！

古今文明交相辉映——虎丘塔

号称“东方比萨斜塔”的虎丘塔建于何时？为何倾斜不倒，连地震也奈何它不得？

虎丘塔

其实在虎丘塔的位置，历史上至少先后出现过 4 座塔。

第一座最迟出现在南朝。南朝梁陈时期的诗人张正见、江总的诗中有“洞塔耀山庄”和“宝塔据高垄”之句，江总的诗中注明“庚寅年（570 年）二月十二日游虎丘山”，这是虎丘见于记载的最早的塔。

第二座建于隋朝。隋朝仁寿年间（601—604 年），笃信佛教的隋文帝杨坚为母亲做寿，下诏在全国 30 个州郡建造舍利塔。这座塔不过花了几个月就建成了，根据当代有关专家描绘的图样，此塔是 3 层的方形木塔，有 16 米高，式样精巧古朴。

第三座唐代建造。20 世纪 80 年代对虎丘塔维修时，曾经在塔基五六十米深处发现了一块唐代残碑。后来，上海博物馆研究人员对虎丘塔底层塔砖进行年代鉴定，发现年代最早的砖是唐高宗时期的。

大约在 845 年，推崇道教的唐武宗李炎在全国范围内发起了一场“灭佛运动”，第三座虎丘塔便在“灭佛运动”的高潮时期被毁。

现存的虎丘塔，又称云岩寺塔。关于该塔的修建年份，有学者认为建于后周显德六年（959 年），到北宋建隆二年（961 年）造好。但据专家研究，虎丘塔共 7 层，高达 47.7 米，从工程量来说在这么短的时间内是不可能造出来的。专家在修塔过程中测出现存塔共用 130 万块砖，这不是一下子就能烧制出的。1984 年 12 月 23 日，修塔施工中于东南塔基处发现一块奠基砖，上面刻有“庚申岁七月羊日僧皓谦督造此寺塔”的字样，如果按此前判断的年代推算，庚申年为 960 年，建塔时间缩短为一年半，那更不可能。专家推测这里的庚申岁应再往前推一个甲子年。

专家根据现存塔内最后一个标志年代的文物——“宋元通宝”铜钱推算，第四座虎丘塔的建设时间应该是在 900—976 年之间。

据测量，虎丘塔体向北偏东方向倾斜 2.34 米，倾斜角度为 $2°49'$，其不同层的倾斜度不尽相同，其第二层倾角达最大值 $3°59'$。虎丘塔建塔之初就注定要倾斜，因为虎丘的基岩南北相差很大。虎丘塔南面，地下挖到 1 米左右便可见岩层，而塔北面挖到 11 米才可见岩层，落差 10 米。后人用土壤填平落差，并在上面建起虎丘塔。现存虎丘塔重 6000 余吨，北面的土壤层厚，因此被挤压的程度大一些，塔基便发生了倾斜。

20 世纪 50 年代，国家曾对虎丘塔进行了修缮，修缮中，塔身用钢筋水泥进行加固，这样塔身又重 500 多吨，土壤再次受压，使得倾斜的幅度增加了一些。

1981—1986 年，虎丘塔又进行了第二次“大手术”。这次以加固塔基和基础为主，在塔底外围 2～2.8 米处共打了 44 个深坑，直至岩石层。再在坑里构筑混凝土壳体基础，力图从根本上消除塔体沉降和倾斜的威胁。塔体稳定，倾斜和沉降的变化都降到了极小的范围。

虎丘塔为八边形套筒式结构，内部是一个塔，外部也是一个塔，仿佛一座小塔外面又套了一座大塔。现在很多高楼采用这一建筑方式，而先人在千年前便应用了。

塔身平面由外墩、回廊、内墩和塔心室组合而成。全塔由 8 个外墩和 4

个内墩支撑，内墩之间由十字通道与回廊沟通，外墩之间由 8 个壶门与平座（即外回廊）连通。通往塔顶的是一个木楼梯，连接在大塔内围和小塔外围的空间里。虎丘塔华丽而美观，塔内有大量的装饰彩塑，如牡丹花、太湖石等立体的灰塑图案。

同时，虎丘塔的外塔壁外面出现了平座栏杆，这就使登塔者能自由地走出塔体，扩展视野，从而改变了大雁塔那种只能从塔体门洞内往外观望的小视角状况。据了解，在虎丘塔之前的砖塔中，至今还没有发现塔体外建有平座栏杆的先例。

（参见《千年虎丘斜塔　为何不惧地震》,《现代快报》2018 年 11 月 29 日。有改动）

千年不朽虎丘塔　中国建筑之瑰宝

虎丘塔的“前世今生”体现了古代文化与现代文明交相辉映。虎丘塔是江南最古老的一座大型砖塔，也是江苏省唯一仅存的五代砖结构古塔。历经千年的沧桑，加上风雨、雷电、战火等考验，虎丘塔成了“东方比萨斜塔”，面临倾覆的危险，新中国成立后曾两度修缮虎丘塔。有人可能认为不就是一座塔，何必浪费资源？他们当知其中所蕴含的中华文化的价值与意义不同凡响。

虎丘塔的四次建造与修缮的历史，犹如中华文明的一脉相承。从第一座虎丘塔的诞生，它就承载着中华文明，不论其在历史的长河中经历过什么样的坎坷与浩劫，总能重现生机、浴火重生，延绵至今。现如今，我们通过现代文明手段来加固虎丘塔，让塔体稳定，使倾斜和沉降的变化都降到了极小的范围，尽可能保护好祖先给我们留下的宝贵的文化遗产，这就如用社会主义先进文化来挖掘传统文化，使其焕发新的生机，进而让我们的传统文化得以传承，让我们的文化根基更加稳固。

虎丘塔千年不倒，先人无与伦比的智慧与建筑技艺令我们无比自豪。虎丘塔为八边形套筒式结构，内部是一个塔，外部也是一个塔，仿佛一座小塔外面又套了一座大塔。当人们沉醉于西式建筑时，虎丘塔的存在也是在提醒我们：我们的古建筑技术是最先进的，我们建筑史是辉煌的，我们中国人有充足的理由自信自豪。直到一千多年之后的现在，很多高楼仍然采用虎丘塔的八边形套筒式结构这一建筑方式；还有，虎丘塔是至今发现的第一例塔体外建有平座栏杆的古塔，这些都足以说明我们的先人在千年前的建造技艺就已经精湛绝伦了。

同时，虎丘塔千年的沧桑，以及塔内所存有的具有标志年代的文物，也可以作为考古研究史料，具有历史文化研究的意义。应该说，虎丘塔饱受历史的风霜能延续至今，涵藏着数不尽的人文故事，承载着人类文明的足迹，是先人与我们跨越时空的对话，岂能轻易断毁？

第八部分

特色碑塔　精神永流传（碑塔工程类）

岁月难忘信念坚定——雨花台烈士陵园

1950年，为了缅怀革命先烈，南京市第二届各界人民代表会议决定在雨花台建造烈士陵园。雨花台烈士陵园包括雨花台主峰等5个山岗，以主峰为中心形成南北向中轴线，自南向北有广场、纪念馆、革命烈士纪念碑、北殉难处烈士大型雕像、北大门以及西殉难处烈士墓群、东殉难处烈士纪念亭等。陵园正门立有一对石柱，高约18米，朴素庄严，象征俄国十月革命的道路，陵园内部有宽阔的广场和花坛。

雨花台烈士陵园

巨型烈士雕塑群像是雨花台风景区的标志建筑，也是目前我国最大的花岗岩群雕。烈士群雕建于1979年，高10.03米、宽14.2米、厚5.6米，由179块花岗岩拼装而成，总重量约1300吨，主题突出，层次分明，栩栩如生地再现了九位先烈在就义前英勇不屈、视死如归的光辉形象。雕像周围松柏常青，象征着革命烈士的忠魂永垂不朽。在雨花台共有三处烈士殉难处，烈士群雕处是北殉难处烈士就义原址，是1927—1937年土地革命战争时期国民党屠杀革命烈士最多的地方；东殉难处位于东岗坡下，是反动派在中华人民共和国成立前夕杀害共产党人和革命志士的场所；西殉难处位于中岗西侧，为烈士丛葬地，国民党反动派在此杀害了众多烈士并草草掩埋。

坐落在雨花台主峰峰顶的纪念碑建于 1989 年，碑高 42.3 米，寓意为 1949 年 4 月 23 日南京解放，纪念碑由碑额、碑身、碑座三部分组成。碑额形如红旗和火炬。碑身正面为邓小平题写的“雨花台烈士纪念碑”，背面为当代书法家武中奇书写的碑文。纪念碑前立有烈士铜像，高 5.5 米，题为“宁死不屈”；底层平台两侧立有向革命先烈肃立致敬的群众石刻雕像。纪念碑前方为纪念广场，建有倒影池、纪念桥等，倒影池两端用花岗岩砌造了两面形似红旗的壁面，壁面上分别以汉、蒙、回、藏、维 5 种文字镌刻着《国际歌》和《中华人民共和国国歌》。

纪念碑的南面是烈士纪念馆。这是一组“凹”型的两层白色古典型建筑，长 94 米、宽 50 米，主堡高 30 米，建筑面积达 6000 平方米。层面为乳白色琉璃瓦，外墙是花岗岩贴面，正门上有邓小平亲笔题写的“雨花台烈士纪念馆”。横额的上方用花岗岩雕刻出日月同辉的图案，象征烈士浩气长存，与日月同辉。

忠魂亭于 1996 年 7 月 1 日竣工，由南京市 30 万共产党员缴纳特殊党费兴建。该建筑由忠魂亭、忠魂广场、《思源曲》水池、《忠魂颂》浮雕四部分组成。忠魂亭位于主体建筑群南端海拔 43 米的坡顶上，用花岗石砌成，主体建筑长、宽各 5.8 米，高 8.3 米，尖顶四门方型钢筋混凝土结构。西面亭裙刻有南京市 30 万共产党员捐资兴建的标识。忠魂广场位于忠魂亭与纪念馆之间，地面由金刚砂石铺就，突显了深沉壮烈的气氛，占地面积约 3000 平方米。《思源曲》水池在忠魂亭北坡和忠魂广场南缘间，长 20 米、宽 15 米、深 1.5 米，寓意“不忘先烈，永志纪念；饮水思源，代代相传”。《忠魂颂》浮雕立于《思源曲》水池东西两侧，长 20 米、高 3 米，由江苏省美术馆组织艺术家设计创作。

经过 60 多年的建设和发展，雨花台烈士陵园成为中国规模最大的纪念性陵园，是首批江苏省党性教育现场教学基地。

（参见《雨花台烈士陵园》，中国南京红色在线网站。有改动）

雨花台烈士陵园　岁月难忘信念坚

南京雨花台，古称石子岗、玛瑙岗、聚宝山。相传高僧神光法师在此岗设坛讲经说法，听法者数日不散，感动佛祖，天降雨花，落地为石，遂称雨花石，雨花台也由此得名。雨花台，落花如雨，是一座多么浪漫、圣洁、美丽的山岗，自古就是江南登高览胜之地。现在的群雕叠阶的雨花台，已经是烈士陵园，是中国新民主主义革命的纪念圣地，在这里，有先烈们难忘的岁月、坚定的信念。

面对雨花台纪念碑，我们不能忘记中国共产党那段艰难困苦的历史岁月。雨花英烈革命活动贯穿整个新民主主义革命时期，最主要包括两个时段：一是土地革命战争时期的1927—1935年年底；二是解放战争时期的1947—1949年。在这座园陵里，安放了无数在这两个时期里牺牲的共产党人和爱国志士的不朽灵魂。没有那段艰难困苦的岁月，就没有今天的岁月静好与繁荣昌盛。

面对雨花台烈士就义群雕，我们不能忘记雨花先烈们宁死不屈的坚定信念。雨花英烈是指新民主主义革命时期上述两个时间段的牺牲在雨花台和南京周边的共产党人和革命志士的总称，主要包括斗争在敌人心脏的南京地下工作者和在其他地方被捕后押解到南京牺牲的共产党人和革命志士，其中绝大部分为无名烈士。如果以雨花台烈士纪念馆展陈的179位雨花英烈为主要对象，人们会发现雨花英烈群体有以下特点：来源广泛；来自社会各个阶层，多数家道殷实；大多受过良好教育；牺牲时大多很年轻；大多是党的地下斗争工作者。其实，他们最根本的共同点是心中那宁死不屈的坚定信念。没有这种坚定信念，就没有今天的中国特色社会主义和全面小康社会。

面对雨花台烈士陵园，我们要永远继承和弘扬雨花英烈精神。经过60多年的建设和发展，雨花台烈士陵园成为中国规模最大的纪念性陵园，是首批江苏省党性教育现场教学基地，2000年被评为国家AAAA级旅游景区、全国爱国主义教育示范基地。其核心要素就是雨花英烈精神，即崇高理想信念，高尚道德情操，为民牺牲的大无畏精神。1996年7月1日竣工、由30万共产党员捐资兴建的忠魂亭，以忠魂亭、忠魂广场、《思源曲》水池、《忠魂颂》浮雕四部分组成的设计，既向世人展示了先烈们忠于国家和人民的雨花英烈精神，也是提醒人们要“不忘先烈，永志纪念；饮水思源，代代相传”，要继承和弘扬先烈精神。

橘子洲头挥斥方遒——毛泽东青年艺术雕塑

1925 年的深秋，凝望着滔滔北去的湘水，青年毛泽东在长沙橘子洲头挥笔写就脍炙人口的《沁园春·长沙》。

84 年后的深冬时节，橘子洲风景区毛泽东青年艺术雕塑落成，一代伟人毛泽东“重回”长沙，再次独立橘子洲头。

橘子洲头毛泽东青年艺术雕塑

飘逸的头发、俊秀的脸庞、深邃的目光、睿智的思考，坐落在橘子洲头的毛泽东雕塑，与全国各地大大小小的毛泽东雕像、塑像相比，凸显出独特个性。

设计师选择 1925 年这个节点，就是要塑造青年毛泽东对中国命运思考的独特形象。矗立在橘子洲的这座雕塑，是留给时代和后人看的，一代一代的人将从这里读懂，毛泽东当年是这样一位有志青年。他要设计出的，就是一个励志的青年毛泽东形象。

设计师查阅史料发现，毛泽东在广州时就留着这个“大背头”，从红军早期到延安都是这个“大背头”，后来才剪成短发。因此，塑造 1925 年的毛泽东形象，这个“大背头”无疑是最合适的定位。

在毛泽东雕塑创作过程中，毛泽东亲属给予非常大的关心、关注。1925年的青年毛泽东，下巴上是没有痣的。而现在的毛泽东雕塑下巴上有一颗痣。到底要不要痣？直到2007年，毛泽东儿媳邵华将军提出，在老百姓心目中毛主席是有痣的，建议做雕塑时还是加上去。邵华将军的话，与设计师的想法不谋而合，最终在雕塑下巴上加了一颗痣。

毛泽东青年艺术雕塑是2007年2月经中共中央办公厅批准后建设的。雕塑总高度为32米、长83米、宽41米，基座3500平方米，由8000多块巨石拼接而成，总重量约2000吨。这些巨石采自福建龙岩市永定县（今永定区）永定乡永定村高山，学名G696，俗称“永定红”。为何选择“永定红”？“永定红”寓意“江山永定”。

雕塑石材最初准备采用湖南本地麻石，因为它又硬又粗，可以很好地表现湖南人的“霸蛮精神”，但由于含铁较重，怕锈，只好弃用。不采用湖南麻石，还因为麻石呈灰色，灰色在高台上接近白色，如果游人和雕塑合影，将镜头对准人，雕塑就会显得发白；将镜头对准雕塑，人又会显得较黑。“永定红”正好解决了这个难题。它是一种红灰色石头，对光线照射的稳定性非常强，在阳光下呈红灰色，而下雨就会呈现饱满的红色。红色是共和国的颜色、国旗的颜色、国人喜欢的颜色，红灰色又更接近人的肤色，适合留影拍照。“永定红”还寓意“江山永定”。为了让游客与伟人“合影和谐”，湖南最终舍近求远，采用福建石材。

湖南方面经多方考察，最终在红军长征地之一的福建永定区找到了“永定红”。精选的这8000多块巨石，每块颜色、物理、化学指标几乎一致，保证了雕塑在颜色上的完美统一。

毛泽东青年艺术雕塑中心设计成“空山”，内部约有2000平方米，分两层，辟为陈列馆，采用高档、环保、富金属感的现代材料和大面积的模拟无光人造光源，以塑造震撼人心的变化空间，展示毛主席作为一代伟人的丰功伟绩。

橘子洲是闻名全国的景区，建造毛泽东雕塑只能给这方胜景再添妙笔。基于这个理念，雕塑高度的确定颇思量。有关方面想出了一个好办法，他们找来一只大型气球，从25米的高度慢慢升腾，一直到百米以上的高空，经过比较，发现在32米的这个高度，气球与周边景观最为和谐，也便于人们从不同角度观赏。因此，细心的读者不难发现，屹立江心的毛泽东雕塑，不论你在河东看，还是在河西看；不论你在猴子石大桥上看，还是在湘江一桥上看；也不论你是登高楼远眺，还是爬上岳麓山俯瞰，它都能给你以视觉上的审美愉悦。

根据设计，毛泽东青年艺术雕塑建筑结构的安全等级为一级，结构设计使用年限为100年，建筑按抗震设防烈度7度进行设计。考虑到毛泽东雕塑矗立洲头，周围没有高大建筑，为了避免遭到雷击，雕塑安装了避雷系统，100多根避雷铜棒通过尖端将电荷引入大地。避雷针的设计也非常讲究，铜棒设置在雕塑表面的转折处，游人观赏时不易察觉。雕塑上没有开凿艺术造型以外的任何孔、洞，电力、给排水、通风等配套设施的管线全部从地下穿过，确保雕塑本身的严肃性和观赏的完整性。

毛泽东青年艺术雕塑的建设，牵动许多长沙市民的心。有人担忧，倘若遇上1998年那样的特大洪水，雕塑能否可保无虞？橘子洲开发建设指挥部负责人说，经长江水利委员会批准，橘子洲完成了28.5米标高内的岸线整治。此次改造，还将橘子洲整体提高了2米，毛泽东青年艺术雕塑处在海拔36.5米以上的橘子洲头，湘江汛期不会对它构成任何威胁。

（参见《伟人伫立橘子洲头　毛泽东雕像背后的故事》,《湖南日报》2009年12月25日。有改动）

“重回”橘子洲头　“永定”红色江山

敬读毛泽东青年艺术雕塑的背后故事，不仅让人再次熟记伟人俊朗的音容笑貌、认识诗人政治家暨政治家诗人，更加怀念一代伟人年轻时的意气风发、激扬文字的壮阔与豪气。一首《沁园春·长沙》不仅抒发了他心忧天下、济世救民的壮志豪情，还成就了橘子洲蜚声中外的“天下第一洲”的名号，在这里伫立伟人雕像，再是恰当不过。

创作橘子洲毛泽东青年艺术雕塑，是矗立起伟大民族伟大时代的象征。一个伟大民族在一个伟大的时代，总会产生一个象征这个民族和时代的雕塑，橘子洲头的毛泽东青年艺术雕塑就是那个象征，雕塑作品中隐含了中华民族英雄主义精神，下巴上“一颗痣”是定格在老百姓心目中的主席英雄形象，更是深入人心的伟人的独特标志。还有 32 米的完美的视觉高度，表达了人们对毛主席雕塑艺术完美的追求，因为那是毛主席在人们心中完美英雄的形象。正如歌曲《东方红》中所唱的那样：“东方红太阳升，中国出了个毛泽东，他为人民谋幸福，他是人民的大救星”。他不仅救国救民于水火，他的思想更是指引我们前进的灯塔。

创作毛泽东励志的青年形象，是希望一代一代青年继承伟人鸿鹄之志。设计者明确表达如此设计矗立在橘子洲的毛泽东青年艺术雕塑，是想留给时代和后人的记忆，希望一代一代的中华儿女，能从这里读懂青年毛泽东——一个为中华民族崛起而思索的青年。他要设计出的就是一个艺术的、诗意的、政治家的、独特的毛泽东形象。橘子洲头励志的青年毛泽东，就是一代一代青年学习的榜样，伟人不是一天炼成的，伟人曾经也是一个“大背头”的热血青年，与一群志同道合的青年在此进德修业，独具诗人气质却奔走革命，一起思考着国家的未来，历经千帆才终成伟业。

创作毛泽东青年艺术雕塑的颜色与安全设计，更是人们对红色江山永固的期望和信心。一是毛泽东青年艺术雕塑的颜色的寓意。通过精选 8000 多块“永定红”巨石，每块颜色、物理、化学指标几乎一致，来保证雕像在颜色上的完美统一，象征中国特色社会主义红色江山永不褪色。二是毛泽东青年艺术雕塑安全性的寓意。毛泽东青年艺术雕塑建筑结构的安全等级、结构设计使用年限、抗震级别、避雷设计和防洪设计等，都是严格要求、非常讲究的，就是不仅要确保雕像本身的严肃性和观赏的完整性，还要确保雕像的安全性。这几个确保不仅表达了创作者对毛主席的崇敬之情，更是人民对守护得来不易的中国特色社会主义红色江山永固的决心。

缅怀伟人崇高风范——周恩来纪念馆

周恩来纪念馆位于淮安市淮安区桃花垠。馆区由纪念岛、宽阔的水面和湖四周环形绿地组成，总面积40万平方米，其中70%为水面，岛上建有主馆和附馆。整个建筑既考虑到我国民族传统风格和本地特色，又注意吸取当代建筑的先进技术。

周恩来纪念馆

周恩来纪念馆于1988年3月兴建，1992年1月6日落成并对外开放，馆名由邓小平题写。1998年，为纪念周恩来诞辰100周年，增建了仿北京中南海西花厅和周恩来铜像广场。2008年，为纪念周恩来诞辰110周年，增建了周恩来生平业绩陈列馆。

纪念馆主馆坐落在绿色草坪的基台上，外观庄重肃穆，与四周的清波绿水交相辉映，象征着周恩来的博大胸怀和平易近人的高尚情操。主馆分三层，底层为影视厅。二层为瞻仰大厅，厅内设周总理全身汉白玉坐像一尊。三层为观景台，可远眺古城和馆区风景。附馆造型呈“人”字形，与附馆前的牌坊形成“八一”图形，附馆为周恩来生平业绩陈列馆，里面是“人民总理周恩来”主题基本陈列。

周恩来铜像广场上的周恩来铜像高度为7.8米，其中底座3.6米，像高4.2米。基座上“周恩来同志”五个大字由江泽民题写。

仿西花厅是经中共中央批准，江苏省委、省政府向周恩来百年诞辰的献礼工程。它于1997年1月19日奠基开工，1998年3月5日周恩来百年诞辰时建成并对外开放。前客厅是周恩来当年会见外宾、举行重要国事活动的主要场所。仿西花厅院内由西向东依次为周恩来的活动室、办公室、总理卫士值班室、会客厅、邓颖超卧室、邓颖超办公室和周恩来卧室，两边厢房分别为周恩来身边工作人员、周恩来亲属和烈士子女用房。周恩来担任共和国总理27年，住在西花厅27年。从保持原样的精神出发，以原物、原样布展他的遗物和复制件，再现了周总理和他亲密战友邓颖超当年的生活和工作场景。在展出的遗物中有上海牌手表，木板床，旧沙发，一套在1956年访问苏联时穿的睡衣，缝缝补补伴随他26个春秋。

周恩来生平业绩陈列馆由立志求学、革命历程、建设伟业、晚年岁月、风范永存五个部分组成，用图片、油画、雕塑及声光电等多种展陈形式再现了周恩来光辉的一生。

（参见《周恩来纪念馆》，中国江苏网，2021年6月27日。有改动）

缅怀恩来志初心 坚定紧跟共产党

2018年3月1日，习近平总书记在纪念周恩来同志诞辰120周年座谈会上深情地说："周恩来，这是一个光荣的名字、不朽的名字。每当我们提起这个名字就感到很温暖、很自豪。"① 周总理是当今世界公认的伟人，他的博学、智慧、才能、人格赢得了全世界的尊重与敬佩。读了周恩来纪念馆的案例，心情更是久久不能平静，不禁回想起多年前瞻仰周恩来故居的情形。周总理一生与中华民族的命运紧密相连，为中国新民主主义革命和社会主义建设做出了卓越贡献，影响了整个中国现代史的进程和历史前进的方向。

"违背"周总理遗愿，淮安建馆、邓小平题写馆名为哪般？周总理在世时，淮安曾先后两次提出要修缮周家老宅，但都被周总理坚决制止了，周总理还专门作出三点指示：第一，不许维修；第二，不许动员院里的住户搬家；第三，不许让人去参观。周总理去世后，尽管邓颖超依然提出反对意见，淮安最终决定重修总理故居，邓小平也为纪念馆题写馆名，邓小平和淮安为什

① 习近平：《在纪念周恩来同志诞辰120周年座谈会上的讲话》，新华社，2018年3月1日。

么要违反周总理的遗嘱和邓颖超的意愿呢？原因很简单，出于人们对周恩来总理的敬仰和怀念之情：周恩来同志是伟大的马克思主义者，伟大的无产阶级革命家、政治家、军事家、外交家，党和国家主要领导人之一，中国人民解放军主要创建人之一，中华人民共和国的开国元勋，是以毛泽东同志为核心的党的第一代中央领导集体的重要成员。曾经立志为中华之崛起而读书的少年，关心国家命运、积极投身爱国运动的革命家，代表新中国活跃在世界舞台上的共和国外交家，为人民、为国家鞠躬尽瘁的共和国第一位总理，人民又怎么舍得我们敬爱的“六无”总理，再无处缅怀纪念之所呢？

周恩来纪念馆安放的是伟人的灵魂——周恩来精神。习近平总书记在纪念周恩来同志诞辰120周年座谈会上指出：“周恩来同志身上展现出来的中国共产党人的崇高精神，是历史的，也是时代的，将激励我们在新时代坚持和发展中国特色社会主义征程上奋勇前进。”[①] 习近平总书记用“六个杰出楷模”总结了周总理留下的伟大的周恩来精神：周恩来同志是不忘初心、坚守信仰的杰出楷模；周恩来同志是对党忠诚、维护大局的杰出楷模；周恩来同志是热爱人民、勤政为民的杰出楷模；周恩来同志是自我革命、永远奋斗的杰出楷模；周恩来同志是勇于担当、鞠躬尽瘁的杰出楷模；周恩来同志是严于律己、清正廉洁的杰出楷模。今天，我们已经迈向了新的征程，前途光明但任重道远，我们需要伟大的周恩来精神激励更多的共产党人赓续伟大的红色事业。

① 习近平：《在纪念周恩来同志诞辰120周年座谈会上的讲话》，新华社，2018年3月1日。

勿忘国之殇民之痛——侵华日军南京大屠杀遇难同胞纪念馆

侵华日军南京大屠杀遇难同胞纪念馆于 1985 年 8 月 15 日建成开放，经过 30 多年的建设与发展，已经成长为具有较高国际知名度的纪念馆。它的设计者是新中国建筑界的“泰斗”级的人物齐康。

1984 年深秋，53 岁的齐康来到位于南京江东门地区的工地，秋风秋雨中，眼望着奠基碑旁挖出的堆堆白骨，悲怆之情油然而生，“要让子孙后代永远铭记那场惨绝人寰的劫难”！

侵华日军南京大屠杀遇难同胞纪念馆

“生与死”，是齐康在设计纪念馆方案时要表现的主题，集中体现在墓地广场“场”的营造：满眼鹅卵石，几株枯树、寸草不生，充满一种毫无生命气息的苍凉之感，象征着“死亡”；鹅卵石边，绿草如茵、生机盎然，象征着“生命”。建筑是直观的，但建筑可以用环境、氛围来隐喻和比兴，留给人们深深的思考。

在墓地广场乱石中，有一尊悲伤的母亲塑像，母亲头发散乱，四顾张望。齐康设计这座母亲像，是要表现劫后的母亲在寻找亲人，可亲人已经不在了。这是发生在那个时期活生生的事实、悲惨的现实，后人永远也不能遗忘！

纪念馆所在地北高南低，齐康顺应地势设计，在向西南的土地上进行构思，“生”与“死”即在此表现。纪念广场不远，是日军大屠杀中“万人坑”遗址，被辟为遇难者遗骨陈列室。整个纪念馆一期，以残损的墙壁围合：入口处的墙上，用中、英、日三种文字雕刻着“遇难者300000”字样；通向遗骨陈列室的路上，有一段长数十米的遇难者浮雕墙，表现遇难者被侵略者虐杀的情景。

20世纪90年代，齐康继续设计了纪念馆二期方案，重点包括《古城的灾难》大型雕塑、残破的城门、十字形标志碑、遇难者名单墙等。在二期设计中，齐康力图用最简洁的建筑语言和雕塑体现造型意义，为此他选用了体块错位的手法：一颗怒目圆睁的死难者头颅，一只被活埋者挣扎的手，一截侵略者屠杀时砍断的军刀，一段弹痕累累的残破城墙……在齐康看来，历史事实是最珍贵的，建筑的语言再丰富也无法表述得尽。

矗立在纪念馆南端的巨型十字形标志碑，当年曾几易其稿，最终设计方案是一个有着南京大屠杀历史元素的大十字架，上端刻着一排阿拉伯数字：“1937.12.13—1938.1”，即南京大屠杀历史事件的6周时间。标志碑向北，是一尊巨大的和平大钟，钟架的设计一气呵成，名为“倒下的300000人”：3根黑色的三棱柱代表“3”，上部用5个褐红色的圆圈代表5个“0”，中间悬挂大钟的梁设计成一个倒下的“人”字形，寓意南京大屠杀“倒下的300000人敲响的和平大钟”。

（参见申琳:《侵华日军南京大屠杀遇难同胞纪念馆落成 设计者讲述背后的故事》,《人民日报》2014年12月13日。有改动）

勿忘国之殇　奋斗强中华

南京大屠杀惨案是中华民族的国之殇。2014年12月13日，全国人大常委会决定将其设为南京大屠杀死难者第一个国家公祭日，往后每年的国家公祭仪式都在侵华日军南京大屠杀遇难同胞纪念馆举行，因为这里是一座“记忆的空间”，它承载着中国近代史上一段惨痛的记忆。侵华日军南京大屠杀纪念馆由齐康院士和何镜堂院士分别主持设计的老馆和新馆构成，位于南京城江东门集体屠杀遗址及遇难者丛葬地，通过纪念我们民族曾经的血泪史，以示铭记国耻、抵制杀戮、维护和平之目的。

建立南京大屠杀相关的纪念设施是回应民众的意愿。第二次世界大战后，美日勾结使得日本的战争罪行逃脱彻底清算。从 1951 年把《学习指导纲要》中“侵略”中国改成“进入”中国，到 1955 年禁止教科书使用“侵略”一词，再到 1982 年审定通过了教科书删减南京大屠杀等史实，并将“侵略华北”改成“进入华北”，把南京大屠杀归咎于“遭到中国军队的激烈抵抗，日军的损失也很大，于是日军群情激昂，杀害了许多中国军人和平民”，日本一直企图通过修改教科书以美化日本侵华战争，淡化甚至否定战争暴行。日本“教科书事件”不仅遭到日本正义人士的反对，也引起了中国政府的强烈不满和中国人民的极大愤慨。中共南京市委、市政府和南京日报社等不断接到南京和全国各地群众来信，提出整理编辑南京大屠杀史料、编写南京大屠杀专史、建立相关纪念馆和纪念碑等倡议。党和国家意识到修建南京大屠杀相关的纪念设施刻不容缓：我们要对得起数十万死难同胞的亡灵、要对得起我们的列祖列宗和后代，为了中日人民间的世代友好往来，我们必须与日本右翼势力做坚决斗争，不能忘记那段惨绝人寰的历史。[①] 于是，侵华日军南京大屠杀遇难同胞纪念馆等纪念设施与史料整理编辑工作被提上日程。

纪念馆的整个设计贯彻了以人为本的宣传教育理念。因为纪念馆承载着学术研究、宣传教育等功能，所以设计者们更加重视建筑空间环境与人的心理产生的共鸣效果，充分运用了环境心理学，贯彻以人为本的理念，突出纪念馆的深刻的宣传教育的功能。不论是建筑形式与空间感受，还是材料应用与场景塑造，都是围绕“战争”“杀戮”“和平”三个主题，形成一条单向流线，遵循“罪—死—恕”的表现逻辑，使人产生“压抑—愤怒—重燃希望”的不同的递进心理感情变化，以此来警醒人们：勿忘历史、吸取教训、抵制杀戮、珍爱和平。[②] 在侵华日军南京大屠杀遇难同胞纪念馆为大屠杀遇难者进行国家公祭，就是要让每一个中国人牢记这民之殇、国之殇，坚定建设我们现代化强国的决心。

---

① 张建军：《从“回应”到记忆：侵华日军南京大屠杀遇难同胞纪念馆的筹建及功能扩展》，《日本侵华南京大屠杀研究》2020 年第 3 期，第 16～17 页。

② 陈瑾、韩润成：《环境心理学在纪念馆设计中的应用浅析：以侵华日军南京大屠杀遇难同胞纪念馆设计为例》，《城市建筑》2020 年第 17 期，第 145～148 页。

伟人栖所警钟长鸣——中山陵

1911年，辛亥革命胜利。1912年临时政府定都南京，孙中山任临时大总统。一天，孙中山到紫金山游览，看到这里山势雄伟，一览千里，就对友人说："我去世之后，希望能将我葬在这里。"1925年3月12日，孙中山在北京去世，弥留之际再一次嘱咐："吾死之后，可葬于南京紫金山麓，所以不可忘辛亥革命也……"这个嘱咐才是孙中山选择葬在紫金山的真正意愿。就是要国人不忘辛亥革命，继续努力，实现他倡导的共和国。

根据他的遗愿，孙中山葬事筹备处选择在紫金山第二峰茅山的南麓建造陵墓。

为能建好陵墓，葬事筹备处决定向海内外征集陵墓设计图。到了截止日期，一共收到40多件应征图。按照要求应征图不写真实姓名，只写化名与代号，以杜绝徇私舞弊。

到了评选那一天，除了孙中山的家属和筹备处的委员外，还邀请了几位著名的建筑师、画家、雕塑家为评选顾问。经过逐图审视、评判，最后，大家的目光不约而同地集中在一幅设计图上。这幅图的设计并不华丽，但那层层叠叠的石阶连接着陵门、碑亭，顺着山势蜿蜒而上直达山顶的祭堂，气势雄伟，给人一种"高山仰止"的感觉。更让人叹为观止的是，若从祭台前的平台往下看，则由高而低，由窄变宽，呈现一个木铎形的图案。木铎就是大铃，类似于后世的铜钟。

宋庆龄女士看后激动不已，认为孙中山先生毕生为"唤起民众"而奔波就像是"警钟长鸣"，而陵墓的木铎形设计正体现了先生的精神。她说："先生之所以要葬于南京紫金山，意在默佑共和，唤起民众，共举未竟之大业。"最后，评委一致同意这幅设计图当选。该图的设计者就是吕彦直。

吕彦直是清华大学建筑系的毕业生，在上海的设计行业中只能算是一个无名小辈。但是他有一股执着坚毅、不达目的绝不罢休的精神。为了参与中山陵设计图的角逐，他把自己关在设计室里，任何人都不见，潜心研究中外帝王陵墓的各种设计，设计出了极具特色的中山陵设计图。当他完成设计，从设计室走出来时，已是长发披肩、满脸尘垢了。

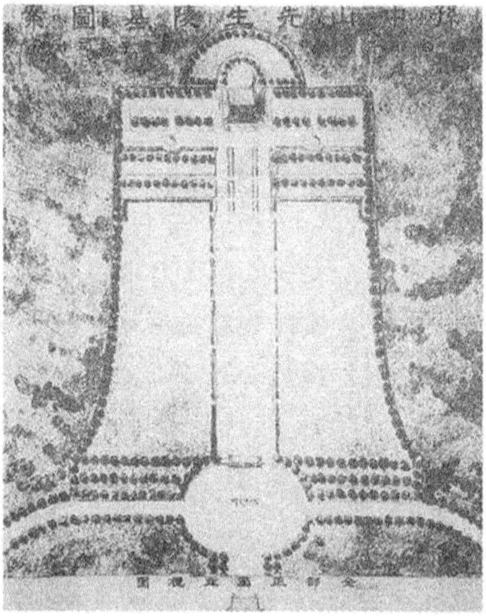

中山陵总平面设计图

在设计图当选的同时，吕彦直又被任命为陵墓工程的建筑师，负责总监工。在建陵开始不久，他就得了直肠癌，但仍抱病坚持吃住在工地，一丝不苟地检查工程质量。1929 年在陵墓主体工程即将竣工的前夕，吕彦直的直肠癌病变扩散，他倒在工地上。

为了纪念这位为建陵而献身的工程师，葬事筹备处决定在中山陵祭堂奠基室内为他建立纪念碑。

一座伟大的建筑，必须由技术力量雄厚、信誉卓著的建筑商来承建，才能确保建筑质量。另一方面，由于当时正处在北伐战争时期，军费开支浩繁，建陵经费受到限制，预算最多为白银 30 万两。这样，保证建筑质量和经费有限就成了一对矛盾，意味着承建中山陵将是一桩无利可图的工程。

招标结果，上海的姚新记营造厂厂主姚锡舟以白银 39.3 万两中标。虽然已是最低报价，但仍大大超过了 30 万两的预算。于是，吕彦直直接找到姚锡舟商量是否可以再降低一些标价。姚锡舟素来崇敬孙中山先生，所以就直言相告：“我虽然是个商人，但知道世界上还有银子买不到的东西。建造孙公陵墓，本不是为了赚钱。既然政府资金困难，我愿意将应得的车马费、监工费等捐献，作为崇拜伟大人物的表示。”这样，整个建筑工程一下子就减去了白银近 4 万两。

1926 年 1 月，陵墓工程正式动工。当时正值军阀混战，由于运输、材料加工等困难，加之当时也没有大型设备，所以困难重重，未能如期完工。直到 1929 年春，中山陵的主体工程才全部完工，但已比合同规定的期限推迟了两年多。

姚锡舟承建中山陵，不仅分文未赚，还赔进白银 14 万两，但他敬仰孙中山先生，因此毫无怨言。当时的国民政府主席林森感慨地对他说："先生这次为建总理陵寝出了力，亏了本，国民会永远记住。"姚锡舟回答说："这就够了，是 14 万银子买不来的。"

中山陵葬事筹备处决定，将姚锡舟的名字刻入"中山先生陵墓建筑记"的碑文内，永志纪念。

（参见周行：《中山陵的故事》，《老人世界》2006 年第 7 期，第 32～33 页。有改动）

伟人安息地　沉淀信仰力

被誉为"中国近代建筑史上第一陵"的建筑，是中国近代伟大的民主革命先行者孙中山先生的寝陵——中山陵，现在是全国重点文物保护单位，并入选"首批中国 20 世纪建筑遗产"名录，真正成为万众敬仰的风水宝地。说是风水宝地，却不是风水学，而是先生的信仰力量与伟大人格储存的宝坻。

孙中山先生的遗愿，让我们谨记革命的信仰。不论先生是闲聊还是弥留之际，一再选择紫金山作为自己的身后安息地，内含深意。孙中山先生一生致力于"驱除鞑虏，恢复中华，建立民国，平均地权"的民主革命，但是辛亥革命的胜利果实被袁世凯所窃取，到先生去世之前，中华民族仍是一盘散沙、军阀混战，他渴望的"三民主义""恢复中华""天下为公"的理想还没能实现。正如宋庆龄女士所说："先生之所以要葬于南京紫金山，意在默佑共和，唤起民众，共举未竟之大业。"

陵墓的木铎形设计，体现了孙中山先生继续革命的精神。陵墓的木铎形设计虽不华丽，但气势雄伟，不仅有"高山仰止"之感，其木铎形的图案，更深有寓意——"唤起民众""警钟长鸣"，因为革命尚未成功，同志还需努力。这也是令宋庆龄女士激动、专家一致通过木铎形设计方案的原因。先生安息于斯，确实激励着无数仁人志士为"共和国""天下为公"的理想继续战斗，同样也激励着中国共产党人。如今，中国共产党领导人民已经建立了人类历史上最先进的社会主义共和国，并且在社会主义初级阶段已经实现了全面小康，正在为第二个百年奋斗目标和中华民族伟大复兴而努力；同时，我们面向世界，提出了“人类命运共同体”的方案。虽然先生生前伟大梦想未能实现，但中国共产党带领人民取得的伟大成就，把先生的《建国方略》描绘的蓝图也一一在实现，足以告慰先生了。伟人一生为国奔走，信仰的力量感召天下。孙中山先生领导的辛亥革命虽然没有改变旧中国半殖民地半封建的社会性质，没有改变中国人民的悲惨命运，没有完成实现民族独立、人民解放的历史任务，但开创了完全意义上的近代民族民主革命，打开了中国进步的闸门，传播了民主共和理念，极大地推动了中华民族思想解放，以巨大的震撼力和影响力推动了中国社会变革。先生“天下为公”的伟大信仰与为之奋斗一生的品格让无数仁人志士敬仰，亦感召天下人为之奋斗。《孟子·离娄章句下》有言：“爱人者，人恒爱之；敬人者，人恒敬之”。孙中山先生爱国爱民，国不忘其功、民亦念其格。如吕彦直从陵墓设计到监理陵墓修建，殚心竭力，死而后已；再如姚锡舟敬仰孙中山先生，甘愿赔本承建中山陵，无怨无悔。

总而言之，先生安息于斯，是民众之所愿，是民族英雄之哀荣，是对革命的先行者的崇敬。

见证历史的一座塔——苏公塔

苏公塔位于新疆吐鲁番市东郊2千米处的葡萄乡木纳尔村，是一座造型新颖别致的塔形伊斯兰教建筑。它是新疆境内现存最大的古塔，建成于1778年，迄今已有200多年的历史，它是清朝时期维吾尔族著名爱国人士吐鲁番郡王额敏和卓为了恭报清王朝的恩遇，表达自己对真主的虔诚，并使自己一生的业绩流芳后世，而自出白银7000两建造的。苏公塔又名额敏塔，之所以称作苏公塔，完全是因为该塔由额敏郡主的儿子苏莱曼建造完成，故得此名。

一部影片，一个故事，一座古塔，人们就这样记住了额敏和卓和他的儿子以及他们的传奇故事。伴随着电视剧《吐鲁番郡王》的面世，人们又一次将目光锁定了吐鲁番的苏公塔，锁定了那一段尘封的历史，一个英雄人物的戎马一生和他的爱国心。

额敏和卓是一位杰出的爱国者，他的一生是维护祖国统一的一生。为了表达对乾隆皇帝的忠诚和感激之情，也为了表达他对真主安拉的崇敬之心，额敏和卓在晚年时，自费白银7000两，命子苏莱曼修建苏公塔。该塔由父子俩筹建，于额敏和卓去世之次年的1778年建成。额敏和卓病故后，次子苏莱曼子承父业，承袭了吐鲁番郡王爵，成为第二位吐鲁番郡王。因而，额敏塔被称为苏公塔。

几百年来，苏公塔一直保持着一种神秘感，正是这种神秘感吸引了无数游客的到来。2005年8月19日，由中央电视台影视部、吐鲁番地区行政行署、天山电影制片厂、湖南电视台等单位联合摄制的电视剧《吐鲁番郡王》在苏公塔下正式开机。经过剧组9个月的辛苦拍摄，2006年4月13日，电视剧《吐鲁番郡王》终于拍摄完了全部剧情的最后一个镜头。剧本较全面地表现了18世纪的新疆尤其是吐鲁番的社会状况、维吾尔族风俗以及各个层面人物的生存状态。作品以18世纪维吾尔族历史人物额敏和卓的有关史料和传说为素材，塑造了额敏和卓这个在吐鲁番各族人民心目中的英雄人物的成长过程和心路历程：他在200多年前国家民族动乱的年月选择了维护国家统一的道路，配合清政府平息了准噶尔贵族和大小和卓的叛乱，他在平息叛乱过程中屡立战功，为维护祖国统一做出了突出贡献。该剧对于反对各种形式的分

苏公塔

裂国家的行径、对广大人民群众进行爱国主义教育和维护国家统一的教育具有历史意义和现实意义。

（根据网络资料整理）

民族团结一家亲 见证历史一座塔

苏公塔是一座历史悠久的建筑，距今已有200多年的历史。它见证了200多年来新疆民族团结、宗教和顺、文化传承保护的历程。

苏公塔是一座象征着民族团结与祖国统一的塔。爱国主义一直是激励和鼓舞人们团结奋斗的强大力量，也是各族人民的精神支柱。苏公塔作为代表性的爱国主义象征，持续凝聚、亲近和激励各民族团结、和谐、协作，是实现新疆繁荣昌盛最为重要的精神动力之一。审视苏公塔，我们不仅可以看到额敏和卓家族的历史功勋，更重要的是要在新的历史起点上继承和发扬以苏公塔为代表的爱国主义精神的光荣传统，高扬爱国主义的旗帜，弘扬爱国主义精神。

爱国主义是各族人民在社会历史发展过程中形成、发展、巩固的一种对祖国极其忠诚和热爱的深厚情感，它是各族人民共同维护祖国统一的情感纽带和精神支柱。在我国广袤的疆域内，各族人民通过爱国主义精神的世世代代传承和发扬，紧密团结在一起，共同为祖国的统一与发展不断奋斗。苏公塔与古丝绸之路上的其他宗教遗址一样，成为不同民族和宗教信仰的人们内心中的纽带，它是新疆各族人民团结协作、开拓创新、共同建设美丽边疆的象征性地标，彰显着这个多民族地区的勃勃生机和蓬勃发展。

涅槃重生再写传奇——唐山抗震纪念碑

唐山抗震纪念碑建在唐山市中心新华道以南（建设路和文化路之间）纪念碑广场内。广场东西长 320 米，南北宽 170 米，占地 5.44 公顷。广场东部是抗震纪念碑，西部是抗震纪念馆。两个主要建筑坐落在东西向同一个轴线上，纪念碑和纪念馆之间设有一座大型水池，并通过红色地砖铺砌的地面使两座建筑相连。

唐山抗震纪念碑

唐山市人民政府 1986 年 7 月篆刻的碑文：

唐山乃冀东一工业重镇，不幸于一九七六年七月二十八日凌晨三时四十二分发生强烈地震。震中东经一百一十八度十一分，北纬三十九度三十八分，震级七点八级，震中烈度十一度，震源深度十一千米。是时，人正酣睡万籁俱寂。突然，地光闪射，地声轰鸣，房倒屋塌，地裂山崩，数秒之内，百年城市建设夷为虚土，二十四万城乡居民殁于瓦砾，十六万多人顿成伤残，七千多家庭断门决烟。此难使京津披创，全国震惊，盖有史以来为害最烈者。然唐山不失为华夏之灵土，民众无愧于幽燕之英杰，虽遭此灭顶之灾，终未渝回天之志。主震方止，余震频仍，幸存者即奋挣扎之力，移伤残之躯，匍匐互救，以沫相濡，谱成一章风雨同舟、生死与共、先人后己、公而忘私之共产主义壮曲悲歌。地震之后，党中央、国务院急电全国火速救援。十余万解放军星夜驰奔，首抵市区，舍生忘死，排险救人，清虚建房，功高盖世。五万名医护人员及干部民工运送物资，解民倒悬，救死扶伤，恩重如山。四面八方捐物赠款，数十万吨物资运达灾区，唐山人民安然度过缺粮断水之绝境。与此同时，中央慰问团亲临视察，省市党政领导现场指挥，诸如外转伤员、清尸防疫、通水供电、发放救济等迅即展开，步步奏捷。震后十天，铁路通车；未及一月，学校相继开学，工厂先后复产，商店次第开业；冬前，百余万间简易住房起于废墟，所有灾民无一冻馁；灾后，疾病减少，瘟疫未萌，堪称救灾史上之奇迹。自一九七九年，唐山重建全面展开。国家拨款五十多亿元，集设计施工队伍达十余万人，中央领导也多次亲临指导。经七年奋战，市区建成一千二百万平方米居民住宅，六百万平方米厂房及公用设施。震后新城，高楼林立，通衢如织，翠荫夹道，春光融融。广大农村也瓦舍清新，五谷丰登，山海辟利，百业俱兴。今日唐山，如劫后再生之凤凰，奋翅于冀东之沃野。抚今追昔，倏忽十年。此间一砖一石一草一木都宣示着如斯真理：中国共产党英明伟大，社会主义制度无比优越，人民解放军忠贞可靠，自主命运之人民不可折服。爰立此碑，以告慰震亡亲人，旌表献身英烈，鼓舞当代人民，教育后世子孙。特制此文，镌以永志。

（根据网络资料整理）

涅槃重生写传奇　生生不息永向前

唐山抗震纪念碑见证了中国人民在历经巨大灾难后所创造的伟大奇迹。地震发生时，曾有国外媒体预言唐山将从地图上消失，但勇敢的唐山人民用自己的力量和坚忍的意志，在废墟中建立了一座令人惊叹的崭新城市。恩格斯曾指出："没有哪一次巨大的历史灾难不是以历史的进步为补偿的。"① 这场灾难磨炼了唐山人民的意志，也铸就了公而忘私、患难与共、坚定不移的抗震精神，为中华民族的发展史留下了一座崇高的精神丰碑。

人无精神不立，国无精神不强。唐山人在面对大灾大难时，并没有退缩，他们靠着坚忍的意志和勤劳的双手，抹去泪水、擦干汗水，将困难、艰难和

① 《马克思恩格斯文集》(第十卷)，人民出版社 2009 年出版，第 665 页。

大难甩在身后，在最短的时间内成功挖出第一车“抗震煤”、炼出第一炉“抗震钢”，并烧制出第一批“抗震瓷”，“达到震前水平”成为那时的流行语。震后 40 多年来，唐山人民一直发扬抗震精神。历经了“十年建设恢复，十年经济振兴，十年快速发展，十年展翅腾飞”的发展历程，唐山创造了凤凰涅槃、浴火重生的东方神话。他们将新唐山建设成为一个面向世界、面向未来，具有前瞻性和发展潜力，充满科技含量和超越精神的现代化城市。唐山抗震精神在实践中得到证明，它是历史性与时代性的有机统一，是民族精神与时代精神的紧密契合，是民族精神在新的历史语境中的文化表达、诗性呈现，因而是中华民族精神的重要体现。这种精神在 40 多年前的抗震救灾和重建中发挥了关键作用，同时也成为今后实现中华民族伟大复兴的重要动力。

历史川流不息，中国精神代代相传。中国精神是中华民族历经千百年磨难、始终不改、坚忍不拔、不屈不挠的品格的结晶。中国的历史存在着洪水、地震、瘟疫等灾难的记忆，而每一次灾难都在磨炼、凝聚着我们的民族精神。伟大的抗震救灾精神是中国共产党人精神谱系的重要组成部分，是社会主义核心价值观在抗震救灾斗争中的实践体现，也是中华民族宝贵的精神财富，展现了中国共产党自力更生、艰苦奋斗的光荣传统和优良作风。当前，全球处于百年未有之大变局，经济全球化受到逆流的冲击，我国发展也存在不平衡、不充分的问题。对此，我们必须继续弘扬伟大抗震救灾精神，敢于斗争、善于斗争，勇往直前、不畏艰难，不断推动中国特色社会主义事业从胜利走向新的胜利。

独特双身并联体——二七纪念塔

二七纪念塔，地处于河南省郑州市二七广场，建于1971年，属钢筋混凝土结构，是我国建筑独特的仿古联体双塔，它是为纪念京汉铁路工人大罢工而修建的纪念性建筑物，2006年被国务院列为全国重点文物保护单位。郑州二七纪念塔为双身并联式塔身，塔全高63米，共12层，其中塔基座为3层，塔身为11层，钢筋混凝土结构。每层顶角为仿古挑角飞檐，绿色琉璃瓦覆顶。塔顶建有钟楼，六面直径2.7米的大钟整点报时演奏《东方红》乐曲。钟楼上高矗一枚红五星。塔平面为东西相连的两个五边形，从东西方向看为单塔，从南北方向看则为双塔。二七纪念塔现名为二七纪念馆。馆内共有10个塔层层厅和1个地下层厅，塔内陈列有二七大罢工的各种历史文物、图片、文字资料。

彼时的中国共产党还处在幼年时代，但并没有被敌人的屠杀所吓倒，继续领导着人民进行战斗。二七惨案后，道清路工人仍无所畏惧地支持罢工。1922年2月9日，路局动用军队封闭工会，捕走工会领袖王惟俭等4人，强令工人复工。但工人坚持了9天，有力地支援了京汉铁路的阶级弟兄。

为了纪念这次伟大的罢工运动和二七烈士，1951年，在原长春桥旧址附近修建了二七广场，当时场内建一座15米高的木制纪念塔。1971年改修成塔式。塔式新颖、独特，雄伟壮观，具有中国民族建筑的特点。塔内陈列有二七大罢工的各种历史文物、图片、文字资料。塔底层有地道穿广场与道口相通；二七纪念塔是郑州市的重要标志，也是国内外游客必游之地。

（根据网络资料整理）

二七纪念塔

二七既是一座塔 更是精神和文化

几乎每个城市都有自己的标志性建筑，它记录着城市的历史文化，反映着城市的繁荣发展，体现着城市独特的精神风貌。二七纪念塔自建成以来，一直是郑州市文化传播的先锋。许多商家将二七纪念塔作为其产品的注册商标。在二七纪念塔周边，还有了二七区、二七路、二七商圈等地，二七纪念塔成为当地的标志性建筑，也被人们视为一座精神之塔。

二七纪念塔之于郑州，是城市地标，更是一种精神，即“二七精神”。一百年前，长春桥旁的工人们高喊着“头可断、血可流，绝不开工”，以英勇就义的方式展示了中国工人阶级的斗争精神。二七大罢工沉重地打击了帝国主义、封建主义和官僚资本主义，展示了中国工人阶级大无畏的革命精神，这场斗争在中国工人运动史上写下了光辉的一页。这些革命烈士用他们的生命和鲜血谱写了中国工人阶级踏上政治舞台的新篇章，他们勇于奋斗和不怕牺牲的精神，也使我们更加深刻地意识到今天安定幸福生活的来之不易。二七事件的意义不仅仅在于它对历史的影响，更在于它对于现在和未来的启示。这场斗争告诉我们，只有坚定的信仰、不屈不挠的斗志和不怕牺牲的精神才能更好地推动社会的进步和发展。如今，在“信仰坚定、忠诚为民、勇于斗争、担当奉献”的新时代二七精神的引领下，无数郑州人为建设国家中心城市而努力贡献着自己的力量。二七纪念塔和二七精神已经成为郑州市的文化符号，代表着当地人的创业精神和拼搏精神，也成为一种鼓舞人心的力量，激励着人们不断追求进步与发展。

二七革命斗争的实践证明，中国共产党是中国工人阶级和全国各族人民利益的忠实代表。中国共产党在中国革命的各个历史时期，通过发挥工人阶级先锋队的伟大作用，领导全国人民取得了一个又一个伟大胜利。虽然地处商业区的二七纪念塔已被周围的高楼大厦所包围，但它曾是郑州的最高建筑，也是二七精神的象征，其所代表的那段历史，将永远被人们铭记在心中。推开历史的大门，重温革命工人用鲜血染红大地的英雄史诗，仰望他们以生命和热血铸就的伟大丰碑。无数人们在深切的缅怀与敬仰中，反复阅读这段壮丽的篇章，仿佛看到一盏熊熊燃烧的火炬，在黑暗中照亮着前进之路。

以少胜多成典范——淮海战役烈士纪念塔

淮海战役烈士纪念塔，位置在江苏省徐州市泉山区解放南路2号，位于凤凰山东麓。1986年10月，淮海战役烈士纪念塔被国务院批准为“全国重点烈士纪念建筑物保护单位”。2017年12月3日，淮海战役烈士纪念塔入选“第二批中国20世纪建筑遗产”名单。

淮海战役烈士纪念塔于1959年4月经国务院批准兴建，1965年落成。塔高38.15米。面向朝阳，巍然耸立。塔身正面，镶嵌着毛泽东主席亲笔题词“淮海战役烈士纪念塔”9个镏金大字。上端雕刻着由五角星照耀下相交的两支步枪和松子绸带组成的塔徽。塔座正面镌刻着碑文，两侧为大型浮雕，右侧是人民解放军一往无前的英雄形象，左侧是人民奋勇支前的壮丽情景。塔下角亭环抱的围廊里，镌刻着党和国家领导人题词及三万多名烈士名录。塔前有宽敞的平台和长250米、宽31米的十跑129级台阶，步下台阶是直径150米的园林中心广场。

祭扫纪念碑需要登上这些台阶。当夏日暴雨时，大水沿台阶流下，当时的设计角度特殊，从台阶最底端看到大水形成千米远的水帘，台阶与平台搭配构成的斜面角度是特别计量的。

淮海战役烈士纪念塔

1949年5月31日，隶属于山东省的徐州市人民政府批准建筑革命烈士纪念塔。1950 年 1 月 2 日，徐州革命烈士纪念塔奠基典礼在云龙山东麓举行。正当塔基施工紧张进行之时，因处于新中国成立之初，国家百废待兴、财政困难，3 月 15 日，徐州市人民政府决定暂停建塔，第一次建塔以暂停而告终。

1953 年 1 月，徐州市回归江苏省管辖。经过充分筹备，1959 年 4 月 4 日，国务院批复了“淮海战役革命烈士纪念塔”的建筑，并明确了工程经费、资金拨付、基建材料等问题。至此，建塔工程再次启动。

再次建塔工程全面启动不久，国家开始进入三年困难时期，国民经济受到重大影响，国家开始压缩基建规模。1959 年 12 月 22 日，时任副总理习仲勋就修建淮海战役烈士纪念塔问题向内务部转达了意见，明确指出淮海战役纪念塔肯定应该修建。

1961 年 6 月 24 日，国家计划委员会基本建设局进一步缩短全国基建战线，再次影响了淮海战役烈士纪念塔的建设进程。直到 1962 年 3 月 14 日，习仲勋并副总理李富春答复，这一工程以不同于“楼堂馆所”，“还是应该继续完成”的意见而继续建设。

几经波折，1965 年 10 月 1 日，淮海战役烈士纪念塔终于建成，11 月 6 日举行落成典礼，毛泽东、周恩来、刘少奇、朱德等党和国家领导人向淮海战役烈士献了花圈。

（根据网络资料整理）

小推车精神　人民的伟大

淮海战役烈士纪念塔历经风雨沧桑，成为纪念英烈的壮丽建筑。每当人们走近纪念塔，总会看到群众敬献的花篮整齐地排列在两侧。今天，让我们一起在回顾这座红色建筑的设计与建造历程中，重温这段百年党史中波澜壮阔的胜利篇章。

淮海战役烈士纪念塔讲述着一段属于人民胜利的故事。面对密密麻麻的名录，人不禁会停下来思考：是什么让中华儿女毫不犹豫地为之奋斗，甚至献出生命？对此，人民给出了答案。“解放军啥都不要，为咱大家拼死拼活，咱尽这一点力量是应该的。”“有我就有你，你为人民负了伤，我保证把你送到医院去养好你的伤。”这些支前民工的话语，饱含着人民的深情。赢得了人民的信任和支持的军队，是一支不可战胜的军队。在碾庄圩纪念馆里，有一个“布袋子的故事”。碾庄战役时，西沙埠村接到紧急任务，用 300 条布口袋运送 3 万斤面粉支援前线。村民们回家各自拆下棉被，赶制布袋，最终完成了任务。村民们盖了一冬天的棉絮。人民用最朴素的方式说明了他们的选择——中国共产党领导的解放军。战役中，参战部队全体指战员敢于打大仗、打硬仗，不怕敌人的飞机、大炮、坦克、毒气，冒风雪、涉冰河、架人桥、闯火阵，逐村逐屋激战、一沟一堡争夺……200 万民兵、民工，冒着枪林弹雨、风雪饥寒，千里远征、随军转战，为战役的胜利作出了巨大贡献…… 淮海战役胜利后，毛泽东同志亲笔题词“这是人民的胜利”，陈毅评价“淮海战役的胜利是人民群众用小推车推出来的”，这一切生动地诠释了中国共产党与人民群众的血肉联系，展现了人民战争的伟大力量。

淮海战役烈士纪念塔不仅见证了党和人民的光荣历史，也是激励后人的纪念碑。在该纪念塔的塔身两侧，刻有人民解放军英勇作战和人民群众奋勇支前的浮雕。淮海战役展现了中国共产党的领导决策和英明指挥，人民战争的战略战术，人民军队的信心勇气，以及人民群众的拥护支持。碾庄圩有两道圩墙，圩墙间有宽约 10 米的水壕，易于守卫，难以攻破。在碾庄围歼战中，解放军艰难地与敌人进行了激烈的搏斗。如今，碾庄村当年的圩墙已然消失，但水壕里的河水依然静静流淌，诉说着村民们幸福安宁的生活。2017 年 12 月 13 日，习近平总书记在参观淮海战役纪念馆和瞻仰淮海战役烈士纪念塔时强调，要缅怀革命先烈，传承红色基因，发扬淮海战役精神。战争的硝烟已经散去，时间的长河不断流淌，但我们对人民英雄的怀念却无法消退。那些英勇浴血的战场，如今已经变成了鲜花和绿树的海洋。我们必须珍惜当下来之不易的生活，更要明白未来所要承担的责任和使命。

第九部分

援建八方　大国有担当（援建工程类）

合作共赢的典范——印尼雅万高铁

雅万高铁，连接印尼首都雅加达和旅游名城万隆，最高运营时速350千米，是“一带一路”建设和中国、印尼两国务实合作的标志性项目，也是中国高铁首次全系统、全要素、全产业链在海外建设的“第一单”。项目建成后，雅加达到万隆的旅行时间将由现在的3个多小时缩短至40分钟。

印尼雅万高铁

雅万高铁项目设计方案几无先例可循。印尼是全球最大的群岛国家，由17000多个岛屿组成，地形复杂且多火山和地震，要在这样的地质条件上建设一条高速铁路极其困难，这在全球范围内也是罕见的。

在实地勘测中，设计团队经常需要穿越无人区。这些地区无法进入汽车，只能雇佣当地村民骑着摩托车带领团队深入雨林地区。由于这些雨林地区人迹罕至且存在危险的沼泽地，所以一不小心就会出现摩托车陷在里面的危险情况。此外，热带雨林深处的蚊虫和毒蛇也带来了不少威胁。

雅万高铁项目经理部副总经理胡先生于2016年5月抵达印尼。当时，雅万高铁项目还只存在于纸面上。尽管他在谈到项目的困难时总是轻描淡写，但对于项目的进展他却如数家珍：2017年7月15日，雅万高铁的第一条隧道终于开工，给团队带来了信心；2020年，全球疫情蔓延，中印尼之间停航，人员和材料无法来往，尽管面临如此艰难的情况，但 5 号隧道仍然顺利贯通……

还有 40 多岁上了雅万高铁项目，一下子干到了 50 多岁的肖工程师说："我们只是做了顺应时代该做的事。"作为印尼中国高速铁路有限公司（简称 KCIC）工程董事，他一毕业就在铁路上，见证了中国高铁的迅速发展。他表示，自己也没想到会见证中国高铁出海，这说明我们赶上了一个好时代。我们的技术，能够帮助对中国友好的国家，让当地的人民享受到中国高铁技术带来的便利，这让我们很骄傲。

（参见陈文文、夏丹、周旭辉：《雅万高铁通车倒计时！他们给印尼带去中国速度》，《浙江日报》2023 年 4 月 16 日。有改动）

伟大友谊的标志　合作共赢的结晶

随着"一带一路"倡议的推进，越来越多国家给予支持并响应，合作项目在各地扎根，公路、桥梁、园区相互交织，讲述着各国合作共赢的故事，勾勒出人类命运共同体的美好未来。雅万高铁是中印尼战略对接和共建"一带一路"的标志性工程，也是中国高铁首次在海外全系统、全要素、全产业链落地项目。它采用中国技术和标准，是东南亚第一条高速铁路。

采用中国标准，体现中国智慧。尽管从地质条件上看，全系统、全要素、全产业链走出国门并不容易，但是设计和建设团队采用了中国标准，并借助中国智慧使一切成为现实。雅万高铁所在的爪哇岛区域多地震和火山，而万隆则处在区域沉降段，沿线雨量极为丰沛，气候复杂多变，山川沟壑纵横，岩层地质复杂，因此施工难度相当大。为应对复杂的水文地质和施工难题，施工方采用了创新的工艺和工法，以解决隧道大变形、滑坡和涌泥等技术难题。此外，为了应对气候适应性问题，建设团队在印尼搭建了与国内相等的环境测试平台，并通过深入研究当地气候环境，结合国内先进成熟的技术经验，逐步明确了当地气候环境对动车组运行的影响因素。例如，针对沿海地带盐雾和低纬度地带紫外线强的问题，设计团队采用了耐腐蚀设计，应用新型涂层和防护技术，提高动车组耐盐雾和耐紫外线老化性能。为了应对雅万高铁沿线的高温和高湿气候，设计团队优化了动车组空调系统，开发了湿度控制功能，使旅客乘坐更加舒适，提升旅行体验。

国之交在于民相亲，民相亲在于心相通。动车组采用印尼本土文化中的红色和银色涂装，结合印尼国宝级动物科莫多龙的抽象纹理图案，被网友戏称为“红色科莫多”，引发了热烈反响。许多印尼人留言表达了对高铁的自豪和期待，称其为东南亚最好的高铁，相信高铁能给印尼人民带来幸福。“红色科莫多”引发的好评热议，充分体现了雅万高铁的深远意义。它不仅缩短了雅加达和万隆之间的通勤时间，让印尼人民对未来发展充满期望和憧憬，也拉近了中印尼两国人民的心灵距离，彰显了共建“一带一路”倡议的强大感召力和凝聚力。正如习近平主席所指出的：“中国的发展不是独善其身的发展，‘一带一路’就是要同愿意与我们合作的世界各国，实现互利共赢的发展，最终实现人类的和谐共生。”[①] 雅万高铁是由中印尼两国人民共同建设的一项民心工程。实际上，在建设期间，中方按照中印尼用工比例 1∶4 配置了工人，甚至最高比例达到了 1∶7 左右，累计为印尼当地创造了 5.1 万个就业机会。中方还持续加大对印尼员工的培训力度，通过建立培训机构、中方员工带领徒弟、现场实训等方式，支持印尼建立自己的高铁技术和员工队伍，共培训了 4.5 万名印尼员工。

中印尼打造发展中大国互利共赢典范。近年来，从中老铁路到雅万高铁，再到阿盟峰会主会场阿尔及尔国际会议中心，越来越多的“中国建造”吸引世界目光。中国在“走出去”的过程中，加快了步伐，为各国带来了更多实实在在的好处。中印尼合作既有历史渊源，也有现实需求。中印尼两国的发展阶段相似，相互之间的利益密切相连，理念和道路相通，前途和命运息息相关。早在 1955 年，在印度尼西亚举行的万隆会议以及万隆精神，为中国和印度尼西亚两个发展中国家奠定了共同发展的历史基础。作为中国高铁走出国门的“第一单”，雅万高铁对中印尼两国而言都意义非凡。它的作用不仅体现在高铁本身带给民众舒适感、速度感和幸福感的体验上，还在于它对两国开展更多基础设施建设合作方面的示范和引领作用，借此推动印尼加速经济发展、产业升级和民生改善。总之，雅万高铁是印尼与中国友谊的象征，是两国人民共同的骄傲。

---

① 《行久以致远——习近平主席 2019 年首访欧洲三国纪实》，新华社，2019 年 3 月 28 日。

共享彰显大国担当——布隆迪胡济巴济水电站

布隆迪胡济巴济水电站是中国援外在建的最大水电站项目，于2022年正式投产发电，全部投产后将为布隆迪增加约三分之一的电力供应。

胡济巴济水电站

胡济巴济水电站有布隆迪“三峡工程”之称，受到中布两国政府高度关注。布隆迪总统出席开工仪式时曾表示，电站项目将拓展布中合作领域，提升两国关系水平。建设期间，中国外交部、商务部，布隆迪水利、能源与矿业部等官员多次到现场视察，并给予高度肯定和赞扬。

胡济巴济水电站位于布隆迪首都布琼布拉市南部的胡济巴济河下游段，距布首都布琼布拉市约43千米，采用径流引水式开发，安装3台单机容量5兆瓦的卧轴水斗式水轮发电机组，装机容量1.5万千瓦，由中国电建成都勘测设计研究院勘测设计，中国电建水电十四局施工总承包。

在项目建设过程中，中国电建坚持以高标准、高要求推进项目建设，不断通过优化施工工艺来提升施工效率，克服地质条件差、新冠疫情影响等困难，稳步推进项目建设，在疫情防控和项目建设等方面都取得了较好的成绩，良好高效的履约能力得到布隆迪政府的高度肯定。此外，在电站建设过程中，雇佣当地劳工数百余人，为当地人民创造了大量的工作岗位，多次在电站所在村庄开展困难捐助等公益活动。

（参见《中国援外在建最大水电站全部投产发电 将为布隆迪增加约 1/3 电力供应》，光明网，2022 年 6 月 24 日。有改动）

援助无条件　捧心是真情

中国一直重视与发展中国家的务实合作。非洲是发展中国家密度最高的地区，位于其“心脏地带”的布隆迪是联合国宣布的世界上最不发达的国家之一，也是中国的重要合作伙伴。胡济巴济水电站是中国援建的最大水电站，被誉为当地的“三峡”。它的建立不仅缓解了布隆迪的电力短缺问题，也讲述了中国通过对外援助与其他发展中国家分享发展成果的故事。

讲好援外故事，彰显大国担当。中非合作在中非合作论坛的推动下不断取得新进展，尤其是发展合作迈上了新的台阶。中布两国是患难与共的全天候朋友和互相尊重、携手发展的好伙伴，双边关系长期保持高水平发展，在农业、基础设施建设、公共卫生、教育等领域合作成果显著。在胡济巴济水电站项目的建设过程中，建设单位一直秉承高标准、高要求的原则，始终以技术为先导，通过不断优化施工工艺提升施工效率，并克服了许多施工中的难题。同时，项目部还雇用了 300 多名当地劳工，为当地人民创造了大量的就业机会。为了让当地员工得到更好的培训和提升，他们采取了“授之以渔”的思路，多次组织当地员工技能培训，培养了一批优秀的技术工人。此外，他们还在电站周边的村庄开展困难捐助等公益活动，充分展现了中国企业“走出去”时的责任感和担当精神。

对外援助是中国与其他国家、国际组织之间开展政治经济合作的重要方面。自新中国成立以来，我国一直在力所能及地向其他发展中国家提供援助，以帮助它们应对国内的实际困难，解决其经济发展过程中的现实需求，切实推动南南合作，为人类减贫事业做出了积极贡献。1971 年，我国恢复了在联合国的合法地位，国际交往进一步深化，同更多的发展中国家搭起了对外援助的友谊之桥。自党的十八大以来，我国提出了构建人类命运共同体、共建“一带一路”等新思想和倡议，并主张正确的义利观和真实亲诚、亲诚惠容理念，使对外援助成为破解全球生存与发展困境、增进人类共同福祉的重要途径。2021 年 9 月，习近平总书记在联合国大会上提出了全球发展倡议，其中包括坚持发展优先、以人民为中心、普惠包容、创新驱动、人与自然和谐共生和行动导向等内容。这个倡议直面时代重大问题，提出了中国倡议和中国方案，得到了广泛的国际社会支持。截至 2022 年 7 月，100 多个国家表示支持该倡议，近 60 个国家加入了中方在联合国平台成立的“全球发展倡议之友小组”。从提出倡议到推动落实，仅用了不到一年的时间。这体现了中国特色大国外交的雄浑气魄，我国真正做到了使命在肩、雷厉风行。

长风破浪会有时，直挂云帆济沧海。随着国家实力和国际地位的提升，我国已经从国际社会的参与者和融入者逐渐转变为国际社会的积极贡献者和责任担当者，以实际行动践行人类命运共同体理念，与世界各国人民互利共享、风雨同舟。在当今保护主义、单边主义和民粹主义泛滥的环境下，人们仍在观望倡议是否能够最终实现。历史事实证明，一个胸怀天下的大党的承诺是经得起实践检验的。

铁杆友谊的新地标——巴基斯坦瓜达尔新国际机场

巴基斯坦瓜达尔新国际机场是“一带一路”中巴经济走廊重点项目，也是旗舰项目。瓜达尔港的配套设施建设内容包括新建机场跑道、滑行道、停机坪、旅客航站楼及公用配套设施等。

截至2023年10月，项目主体已经完工，正在进行机电设备的安装和装饰装修。10月20日，中巴两国发布联合新闻声明，同意加快推进瓜达尔港配套设施建设。

据了解，施工期间，面临洪灾带来的巨大挑战，建设团队力排众难，克服物资短缺、淡水供应不正常、极端高温天气、新冠疫情冲击等多种不利因素，加大资源投入，精心部署、合理组织、科学管理，平稳有序加快工程进展，确保铺筑质量，挽回部分工期损失，确保节点顺利完工。

由于瓜达尔的土质属于同时具有湿陷性和溶陷性的土质，岩土特性非常复杂。对施工方而言，仅在全场近70万平方米的地基特殊处理上就用了一年多时间。

据悉，援巴基斯坦瓜达尔新国际机场飞行区等级4F，跑道全长3658米，铺筑宽度60米，摊铺厚度40厘米。跑道混凝土道面顺利贯通，为下阶段助

巴基斯坦瓜达尔新国际机场

航灯光、通信导航等机场运营基础系统的安装调试提供了基本工作面，为后续校飞、试飞等工作有序开展提供了有力保障。

瓜达尔比较干旱，常年干旱缺雨。为了保证地基强夯的效果，要往地下打孔注水再进行强夯，经过反复3、4次注水，才能达到效果。

瓜达尔新国际机场项目的建成，将完善巴基斯坦综合交通运输和机场网络，有利于带动巴基斯坦俾路支省区域经济和旅游业的发展，进一步增进中巴两国间的人文经贸交流。

（参见《巴基斯坦瓜达尔新国际机场：架起地区发展的“空中走廊”》，新华社，2023年10月18日。有改动）

真心实意帮巴铁　旗舰项目润深情

巴基斯坦是我国独一无二的全天候战略合作伙伴，许多网友亲切地称之为“巴铁”。近年来，我国在建设方面向巴基斯坦提供了大量援助，不仅改善了当地居民的生活，还促进了当地经济的发展。援建巴基斯坦瓜达尔新国际机场项目是新中国成立以来资金数额最大的对外无偿援助项目，也是中巴经济走廊建设的旗舰项目，将成为带动当地经济发展的新引擎。

中国人要为“风之谷”造一双新的翅膀。在巴基斯坦的官方语言乌尔都语中，瓜达尔的意思是“风之谷”。印度洋的海风一年四季吹着这里一望无际的沙山和戈壁。与贫瘠的地形形成鲜明对比的是，这是一个不同寻常的战略要地。瓜达尔位于波斯湾的咽喉，距离全球石油过境路线霍尔木兹海峡约400千米。中巴经济走廊南起瓜达尔港，北起新疆喀什，是“一带一路”倡议的重要组成部分，贯穿巴基斯坦全境。交通对于经济发展来说是至关重要的，正如俗话所说“要想富先修路”，这在我国已经得到了证实。然而，巴基斯坦在交通方面缺乏先进的设备，这可能会妨碍该国的经济发展。为了推动巴基斯坦的经济发展，必须加强交通基础设施建设。援助巴基斯坦瓜达尔新国际机场项目就是重点项目之一。项目建成后，可带动周边城市共同发展，将成为瓜达尔地区的现代化地标。这也将进一步加强中巴两国的经贸合作，升华中巴友谊。

中国在周边外交中秉持亲、诚、惠、容的理念，倡导睦邻友好，将共同发展和安全作为中巴关系的战略目标。近年来，中巴经济走廊建设在基础设施建设取得成果的基础上，进入了以产能合作、农业、社会民生等领域为重点的高质量发展新阶段。中巴经济走廊建设的持续推进，是中方根据巴方经济发展理念和战略取向推动“一带一路”建设的体现。通过中巴经济走廊建设和中巴务实合作助力巴基斯坦社会经济发展，也是巴基斯坦社会各界的共识。总之，“一带一路”倡议为沿线国家的发展繁荣和区域互联互通注入了活力，得到了越来越多国家的认可和参与。

世界杯“金色之碗”——卢塞尔体育场

卢塞尔体育场夜景——金色之碗

2022卡塔尔世界杯赛场内外的中国元素成为人们热议的话题。其中，全球首例超大跨鱼腹式索网结构的卢塞尔体育场就是由中国企业承建的。

据了解，卢塞尔体育场制作采用的拉索均由中国企业制造，拉索的各项技术指标达到了欧洲同等技术水平，且每一根拉索都是在国内工厂制作完工的。中国技术在国际上大跨度体育场柔性索网屋盖施工领域占据一席之地，离不开国内众多企业的鼎力支持。其中包括位于天津市静海区双塘镇高档五金制品产业园的天津腾海科技发展有限公司。

凭借优良的品质与供货效率，该公司在本次招投标过程中成功拿下卢塞尔体育场50%预应力钢绞线供应项目。本次供给的预应力钢绞线都是按照GB/T 5224—2014中国标准进行生产的，公司日常生产都是按照行业最高标准进行，技术上没有什么压力。在赶制这批货物的同时，别的订单也在同时进行。强大的核心竞争力，是“静海制造”能够从容面对挑战的底气。

卡塔尔世界杯组委会秘书长哈桑·阿勒萨瓦迪说：“卢塞尔体育场承办了卡塔尔世界杯决赛，是我们最大的一座世界杯球场，可以容纳8万名观众，它有着最复杂的外立面和顶棚结构，能够顺利建成这座复杂的球场，这证明了中国企业的技术能力和服务水平。”

2016 年 11 月，中国铁建国际集团中标卢塞尔体育场建设项目。项目 2017 年动工，2022 年完工。其间，中铁建为当地提供了就业机会，培养了一批专业技术人才，助力当地经济社会发展。

中国铁建国际集团卢塞尔体育场项目给当地建筑市场创收 2.5 亿卡币，约合 4.5 亿元人民币，给当地创造了大量的工作岗位，培训当地员工 2 万余次。

事实上，不只是卢塞尔体育场，卡塔尔世界杯期间，以新能源客车、光伏电站为代表的中国建造、中国制造大放异彩，成为卡塔尔世界杯上不可或缺的“中国力量”，让很多卡塔尔人对蓬勃发展的中国心生向往。

（参见《静海企业承揽卡塔尔卢塞尔体育场钢绞线项目“天津制造”撑起世界杯“金色之碗”》，北方网，2022 年 12 月 10 日。有改动）

“中国建造”点亮卡塔尔　“绿色理念”惠及全世界

对于中国球迷而言，卡塔尔世界杯无疑是一届让他们为之骄傲和兴奋的赛事。从中超外援、执法裁判、赞助商到熊猫、小商品、体育场馆，中国元素无处不在。中国正在以一种独特的方式参与世界杯，特别是创造了六项“世界最佳”赛事的卢塞尔体育场，也是由中国建造的。事实上，这座集多项顶尖技术于一体的现代化体育场馆，不仅是中国元素、中国建筑、中国智慧的体现，也是绿色低碳发展理念的再实践。

整合优势资源，解决世界难题。对于建设者来说，卢塞尔体育场的技术难度和建设规模都是非常大的挑战。尽管如此，在巨大的压力下，他们仍然设法找到了许多最佳解决方案。他们整合了各种优势资源，其中包括巧妙地应用了许多在北京冬奥会上出现过的先进技术，比如大跨度柔性索网结构、轻型钢结构，以及一些体育转播设施的设备和技术。此外，在整个建设过程中，建设方召开了 20 多次专家论证会，邀请国家测量大师、钢结构大师等顶尖人才共同研究解决难题。他们聚合了 30 多家设计院、110 多家分包商和供应商，共同参与项目建设。在设计、采购、资金管理、质量监控的项目全流程中，采用了 BIM 技术，这在行业内是非常少见的。可以说，该项目凝聚了国内众多优秀技术，同时融合了中国铁建在技术和管理方面的优势，成功地克服了世界级的难题。

技术创新，彰显中国智慧。虽然卢塞尔体育场只是一处比赛场地，但已经成为当地居民心中的“地标”。体育场的整体设计非常独特，令人印象深刻。在设计方面，卢塞尔体育场的创新非常多：在不影响外观和功能的前提下，整个幕墙外壳缩小了一圈，但内部房间的大小保持不变；笔直的立柱被设计成香蕉形，避免立柱与房间的碰撞；中下层看台的每个座位下面都有独立的空调通风口，让球迷观赛更加舒适……这些优化设计不仅大大降低了成本，同时也提升了观赛体验。总之，无论是施工设备还是制造技术，无论是中国的设计单位还是专业施工企业，卢塞尔体育场的每个细节都体现了中国的智慧。

践行绿色低碳理念，树立绿色建筑典范。卢塞尔体育场外观呈现马鞍状波浪形膜结构，外墙由铜色圆形玻璃组成，搭配内部灯光，在夜晚更显光彩照人，宛如沙漠中的一只“大金碗”。该体育场不仅造型独特，内在美也令人惊叹。在设计和建设中，严格遵循低能耗、可拆卸、可回收的原则，大量采用节能环保技术，降低能源消耗。卢塞尔体育场是第一座获得全球可持续发展评价体系五星认证的世界杯体育场。卡塔尔承诺举办低碳、绿色的世界杯，中国企业为实现这一承诺做出了贡献，将绿色环保理念贯穿于卢塞尔体育场的设计和施工全过程。该项目采用多项环保节能技术，并大量使用可回收材料，使得卢塞尔体育场成为世界上最为节能环保的体育场之一。此外，与传统体育场建设项目相比，卢塞尔球场的建设节约了40%的淡水聚四氟乙烯，材料构成的屋面膜结构既保护球场免受风沙侵袭，又为球场草皮的生长提供充足光线，成为世界顶级足球场馆绿色建筑的典范。

在卡塔尔世界杯上，中国建造和制造的产品和服务备受瞩目，展现了中国在全球产业链中的重要地位。中国制造和中国元素已经成为世界舞台上越来越重要的力量，不断为全球发展作出贡献。可以说，中国正在向世界展示其独特的实力和强大的影响力。

“非洲屋脊”议事厅——非盟会议中心

非盟会议中心位于非盟总部所在地埃塞俄比亚首都亚的斯亚贝巴，项目总用地112669平方米，总建筑面积51877平方米，由办公楼、会议楼和辅助配套设施三部分组成。

主体建筑为高99.9米、地下1层、地上20层的办公楼。它是继坦赞铁路之后中非关系中又一历史性项目，被誉为中非传统友谊和新时期合作的里程碑。

非洲联盟会议中心的设计主题为：中国与非洲携手，共促非洲大陆的腾飞。建筑群体呈U字形，喻示中非人民的手合握一起，携手承托起非洲的未来。U字形又是原非盟总部眺望广袤非洲大陆的取景框，完成了原非盟总部轴线与新会议中心轴线的空间连接。

非盟会议中心

会议中心包括一个有2550个座位的大会议厅、681个座位的中会议厅、多功能厅、紧急医疗中心、数字图书馆等。

为把该项目建成既让中国人满意，也让非洲人满意的高质量示范工程，中国政府实施了不少在援外历史上从未有过的做法。首先是设备、材料联合封样制度。其次，对只看样品看不出效果的设备、材料，要实地考察厂家生产和技术能力。

非洲领导人十分关注非盟会议中心工程，非盟委员会主席让·平和埃塞俄比亚总理梅莱斯等领导人都曾到工地参观视察。他们对项目进度和质量都特别满意，并对中方人员说“干得漂亮，非常出色”。

2011年11月25日，大会议厅钢结构工程完工并顺利通过第二阶段中期验收。非盟会议中心项目98%的建筑和装饰装修材料来自国内，并采用中国工人1∶1带当地工人的方式培训了大量埃塞俄比亚本地的建筑工人。

2012年1月28日，非洲联盟会议中心落成典礼在埃塞俄比亚首都亚的斯亚贝巴举行，全国政协主席贾庆林出席典礼并致辞。

非盟委员会主席让·平、埃塞俄比亚总理梅莱斯和非盟轮值主席、赤道几内亚总统奥比昂在典礼致辞时共同表示：“这座雄伟、现代化的建筑寓意深远，它既是非中友好合作新的典范，也是非洲复兴崛起的标志。它重新点燃了非洲人民对非洲未来的希望，使非洲国家更加自信、团结，沿着自主选择的发展道路，在这块大陆上争取持久和平、稳定和繁荣。”

（根据网络资料整理）

“非洲屋脊”铸丰碑　“命运共同体”显神威

在号称“非洲屋脊”的埃塞俄比亚高原上，有一个壮观的环形建筑群——非盟会议中心，它展示了非洲的文明、文化和团结，也体现了中国和非洲之间牢固的伙伴关系。该建筑由中国援建，为非洲大陆的未来注入了希望。

非盟会议中心的建设是非洲和中国合作的一个典范。中国无偿援建非盟会议中心，旨在支持非洲国家的自强和一体化进程，帮助非洲实现和平、稳定和发展。非盟会议中心的建设为非洲国家提供了一个现代化、综合性的大型会议场所，使非盟首脑会议可以在自己的办公地点召开，结束了非盟借用其他地方召开首脑会议的历史。非盟会议中心的建成也彰显了中非友谊的深厚和中国在非洲发展中的重要地位。

非盟会议中心采用了先进的建筑技术和材料，体现了环保节能的建筑理念。建筑群呈U字形结构，寓意用双手共同托起非洲未来。主楼高度为99.9米，象征非洲联盟日和非洲的崛起。为了实现大会议厅椭球结构的精致和轻灵，以及环形中庭的张力和技术感，建筑采用了钢结构。建筑设计的钢梁曲线具有高度变化和韵律感，形成阶梯形采光窗，使得整个环形大厅不需要人工照明和空调。此外，除少数会议厅外，包括主楼办公楼在内的公共空间里都不设空调，也不需要人工采光，对自然风和自然光的利用令整幢大楼能耗极低。

非盟会议中心是一座符合非洲人民审美偏好的非洲建筑。这座备受非洲人喜爱的建筑，由中国建筑设计师设计，设计团队在一开始就深入研究非洲的文化背景、非盟的角色和作用等面，并邀请了在同济大学就读的非洲留学生参与方案讨论，征求他们对建筑方案的意见和建议，了解非洲民众对建筑形式和色彩的审美偏好。同时，结合对建筑功能与总体关系的进一步理解，对建筑形态进行了针对性调整和优化。最终的设计方案充分考虑了非洲的地域性特点和非洲人的审美要求，获得中方与非盟方的一致认可，并被确定为中标实施方案。这座建筑属于非洲，助力非洲发展，并赢得了非洲人民发自内心的喜爱，受到了高度评价。非盟一位当地官员曾说："建成那天，我感到非常非常震惊，我没法用语言表达我的赞美。"

现在，非盟会议中心每年都会举行国家元首和政府首脑级会议。这里是各种关系非洲未来发展的重要决策商讨的场所，见证了非盟一系列重要会议的召开和重大决议的诞生。这座现代化的建筑也是中非友好合作的新典范，寄托了中国人民对非洲发展复兴的美好祝福。中国人民正在与非洲人民携手合作，共同创造更加美好的未来。

留在加纳人民心中的作品——加纳国家大剧院

加纳国家大剧院位于其首都阿克拉市中心两条主干道的交汇处。该工程于 1985 年开始设计，1992 年竣工。建筑面积 11000 平方米，其中包括一个有 1500 个座位的观众厅、一个展览厅和一个露天剧场。加纳国家大剧院建成后，因其独特的艺术造型而成为阿克拉的标志性建筑，不仅受到了当地人民的认可和喜爱，也被用作加纳纸币上的装饰图案。

加纳国家大剧院

1985 年，在上海出差的程泰宁在报纸上看到，由中国援建的加纳国家大剧院正在面向全国招标。走出国门、走向世界，让世界了解中国建筑，了解中国建筑师，一直是程泰宁的理想，于是他毫不犹豫地打电报到北京报名。由于时间紧张，程泰宁凭借过往的经验完成了一个中规中矩的设计方案。没想他的方案竟中标了。不久之后，程泰宁就接到通知，因场地变换需要重新制定方案。这一次，他反而更来了精神，决定拿出一个令自己满意的方案。他托同事带回大量关于非洲文化的照片和资料。加纳人民热情开朗的个性，豪迈奔放的非洲舞蹈，以及颇富神秘感的壁画、雕刻等酋长制的传统文化，让程泰宁捕捉到了宝贵的设计灵感，一个全新的国家大剧院建筑形象跃然纸上。

环境和建筑物的性质是设计中考虑的重要因素，以此增强建筑物的标志性和纪念性。从外形上来看，加纳国家大剧院是由三个白色方形块加以旋转45度，然后进行弯曲、切割，塑造了一个奔放而有力度、精致而又不失浪漫、内外部空间相对统一的建筑形象。从内部而言，它是一座功能齐全的现代化剧院。大剧院的观众厅采用了无阻挡视线设计，1500座大厅，三层楼座，最远的观众视线距离也只有27米，为观众创造了良好的视觉条件。此外，建筑声学设计水平较高。剧院建成后的声学测试表明，其声学设计达到广电部规定的语言和音乐扩声系统一级标准，声音清晰度高，声场均匀，有一定的丰满度。项目验收时，加纳政府专门邀请的声学专家对剧院的音质给予了较高的评价。

（根据网络资料整理）

赠予的是剧院　承载的是友谊

位于加纳首都阿克拉市中心的加纳国家大剧院，由三个巨大的白色立方体切割组合而成。该建筑以现代主义风格和独特设计吸引了众多游客，曾入选国际建筑师协会编制的《20世纪世界建筑精品选》，并获得新中国成立60周年建筑创作大奖。该建筑外观简洁大方、线条流畅，内部设施齐备、功能完善，成为加纳文化艺术交流的重要场所，也是当地居民引以为豪的标志性建筑之一。

加纳国家大剧院是中国赠予加纳人民且体现当地文化特色的礼物。大剧院是由中国政府提供贷款兴建的。施工图设计涉及近千张图纸，参与设计的人员超过十人，其中室内设计耗时半年，由5人共同完成。这样的精益求精，使大剧院成为一座经得起时间考验的建筑。创作团队的负责人曾赞誉其“奔放而有力度、精致而不失浪漫”，传递出非洲艺术的原始和炽热情感。加纳国家大剧院是一座功能完备、区域清晰的多功能剧场，自建成起就成为阿克拉城市标志性建筑。在过去的30多年里，阿克拉市高楼林立，但国家大剧院始终是独立广场和恩克鲁玛陵园的标志性景点。早期的加纳货币中，面值为2万加纳塞地的旧版钞票上印有这座大剧院的图案，这足以证明加纳人民对这份“礼物”的热爱和尊重。这座建筑的设计和建造经历了长达数年的精心打磨，如今已成为加纳文化艺术交流的重要场所和城市形象的特色地标。

从东非高原到西非海滨，从撒哈拉大沙漠的内陆国家到南部非洲的小岛国，中国援助的铁路、港口、会议中心、体育馆、图书馆等基础设施已经成为整个非洲地区的亮丽景色，这是中非文化交流的一个缩影，展现了中国文化在非洲的魅力。60多年来，这些援助项目为当地政治、经济、社会文化以及体育事业的发展做出了实实在在的贡献，得到了当地政府和人民的认可。与此同时，中非之间的文化交流也日益加深，双方不断进行着文明对话。现在，中国文化在非洲得到越来越多人的关注和喜爱。毛里求斯、贝宁、埃及、尼日利亚等地已经建立了中国文化中心，同时“中国文化日”也已经走进了塞内加尔。此外，中国和多哥还联手举办了影视文化年，电视剧《媳妇的美好时代》在非洲多个国家热映……这些文化设施和活动加深了非洲民众对中国的了解。此外，中非两国之间的文化交流也在蓬勃发展。通过中非文化聚焦、非洲文化人士访问计划、文化高层互访、中非艺术团互访演出、中非展览互访等活动，两国人民更加亲近。

非洲是人类文明的发源地之一，中国则是世界四大文明古国之一。中非两国在文化和艺术上的交流，必将碰撞出人类文明更为璀璨的火花。同时，将中非全面战略合作伙伴关系推向更高水平，构建更加紧密的中非命运共同体，造福中非人民，共同创造人类更美好的未来。

第十部分

有建无类　基建在中国（其他工程类）

大窝凼里造“锅”——观天巨眼

被誉为“中国天眼”的500米口径球面射电望远镜，是具有我国自主知识产权的最灵敏射电望远镜。

“天眼”

中国天文学家于1994年提出利用贵州的喀斯特洼地建造大射电望远镜，这是我们中国“天眼”的最初设想。

从预研究到建成历时22年，我国老、中、青三代科技工作者克服了关键技术无先例可循、关键材料急需攻关、核心技术遭遇封锁等困难，在射电望远镜口径、灵敏度、分辨率、巡星速度等关键指标上全面超越国际先进水平。

2010年8月，在“天眼”工程开工前夕，哈尔滨工业大学反馈前期做的所有索网实验都失败了。国内顶级的应用于斜拉桥上的钢索，其标准强度是200兆帕、抗200万次弯曲，但按设计要求，“天眼”需要强度为500兆帕、抗200万次弯曲的钢索，这意味着需要将材料工艺提高到国标的2.5倍。

负责索网疲劳问题的技术团队经过一年半的艰苦攻关，完成了索网变位策略优化及疲劳性能评估工作，降低了索网的变位应力幅，并与柳州欧维姆机械股份有限公司合作研制，最终生产出满足要求的钢索。

中国“天眼”采取了轻型索支撑馈源平台方案，把馈源舱减重到30吨，覆盖天顶角是美国望远镜的两倍，并通过并联机器人二级调整，最终在降低建造成本的同时，实现毫米级高精度定位。

但可变形的反射面和可牵引运动的馈源舱又带来新问题，“天眼”信号传输用的光缆要能在5年内抗6.6万次拉伸、信号衰减小于0.1 dB，而国家标准仅为1000次、0.2 dB，国外相关技术又被封锁。

参与研制光缆的是烽火通信科技股份有限公司和北京邮电大学。经过多次试验，花费4年时间，最终用在“天眼”上的动光缆可经受反复弯曲、卷绕和扭转等机械性能和恶劣自然环境考验，满足了设计需求，但项目预算的研制经费只有300万元。

还有很多参建企业和科研单位，都首先从社会责任出发支持大科学工程，把经济效益放在其次。

“天眼”工程是一套复杂的系统工程，除了反射面、馈源舱和接收机等核心系统，还包括庞杂的综合布线工程和数据处理系统。“高灵敏度”“更多来自宇宙的讯息”，也意味着海量数据存储和复杂的计算要求。

中国“天眼”作为射电天文学界的重要突破，其对数据存储与计算的需要同样也是“天文级”的。短期内“天眼”的计算性能需求至少需达到每秒200万亿次以上，存储容量需求达到10 PB以上。而随着时间推移和科学任务的深入，其对计算性能和存储容量的需求将爆炸式增长。

由曙光公司打造的超算中心的接入，就像是给“天眼”连接上了计算“大脑”，将其探测到的未知信息处理成人类可解读的内容。超算系统将以更高效能的数据存储、分发、计算和分析全力支撑“天眼”高灵敏度、高性能的天文观测。

中国“天眼”的研制和建设，体现了我国自主创新能力，由最初不到5人的研究小组发展到上百人的团队，工程建设凝聚了国内100多家单位的力量，实现了我国大科学工程由跟踪模仿到集成创新的跨越，将为我国射电天文多个研究领域和自然科学相关领域提供重大发现的机会。

（参见《“天眼”工程里的中国创造》，新华社，2016年9月26日。有改动）

中国“天眼”　民族脊梁

中华文明成为世界上唯一没有断层并持续数千载不衰的文明，不是没有原因的，而是有着其他文明所不可比拟的优势，那就是天人合一的宇宙观和拥有这种宇宙观的人。中国社会科学院考古研究所的研究，揭示了古代先民在天文学领域取得的突出成就，在理论与实践方面初步建立了中国天文考古学体系，为上古宇宙观的探索提供了全新的思路。可以说，我们中国人从来不乏对宇宙和星辰大海的研究，我们应该充满自信。我们有能创造的人，我们不仅有中国制造，我们还拥有中国创造。

在天文学领域，中国自古有奇迹。我们古有甘德、石申及《甘石星经》（《天文星占》和《天文》的合称），今有南仁东、大窝凼里的星空守望者们和我们的“观天巨眼”——FAST。FAST 究竟有多大？有记者为此亲身测试，在 FAST 的环梁上走上一圈，大约需要 40 多分钟。FAST 的容积有多大？按照数据测算，如果在这口“大锅”里盛满水，全世界每人可以喝四瓶。[①] 能想象出来是什么样的中国创造吗？FAST 运行和发展中心也曾有人从一开始觉得 FAST 工程是科学家天马行空的想象，直到亲眼见证平塘县的覆盖着茂密植被的大窝凼，从一个天坑一步步被建设成为复杂程度超乎想象、影响世界的大工程时，亦变身成为星辰大海的守望者。这里也因此成为中国乃至全世界搜寻外星智慧生命的前沿阵地，也是现今人类了解和认识宇宙的窗口和先锋。中国“天眼”能看到 130 多亿光年的区域，作为世界最大单口径、最灵敏的射电望远镜，不仅对促进我国天文学实现重大原创突破具有重大意义，也大大拓展了人类视野。由此中国创造又有了一个奇迹。

从古到今，中国不乏挺起民族脊梁的人。中华民族之所以能延绵至今，是因为每当民族危机来临，总有人能挺起民族的脊梁。在近代史上，我们出现了世界科技史上的赤字。从南仁东提出建设 FAST 到 FAST 进入运行，有许多认为建设 FAST 是天马行空的建设者和旁观者，也经过了一个从怀疑逐渐走向坚信与自豪的历程。但是南仁东等科研“铁军”终究托举起了大国重器，他们将让中国在射电天文领域领先世界 20 年。近代以来，我们从跟跑到弯道超车，再到领跑，中国不断崛起的科技力量的背后正是有南仁东这样的科技英雄，他们是真正的中华民族的脊梁。“天眼”完工更加验证了中华民族是一个拥有勇于创新、善于奋斗、敢于胜利特质的民族，她是一个具有坚实脊梁的民族。

---

① 何星辉、周泓汛、张华：《观天巨眼 FAST：让中国射电天文领先世界二十年》，《科技日报》2021 年 5 月 27 日。

“筑”力中国制造——长兴岛造船基地

2021 年第一个工作日，被国家发改委列为重大建设项目的中国船舶长兴造船基地二期工程在长兴岛开工建设。这一国家级的重大工程遵循“总体规划、分步实施”原则，选址在上海长兴岛南岸沿线，整体建设面积 431.8 公顷；第一阶段建设面积为 214.6 公顷，建设项目主要包括研发设计楼、船体联合车间、曲面分段装焊车间、舾装件模块中心、涂装车间、1# 室内船坞、2# 露天船坞、港池、舾装码头等，规划建筑面积 46 万平方米，计划于 2023 年底建成。

长兴造船基地二期工程鸟瞰效果图

面向深海，挺起船厂的“钢铁脊梁”。船体联合车间和涂装车间的主体为钢结构，施工之初的首要任务便是建造其“钢铁脊梁”，而这绝非易事。

长兴岛作为沿海地区，有着多风多雨的气候特点，使得基础钢结构吊装“凭空”增加了几道工序。在风雨天气之前，要做好构件的加固和缆风措施；等到天气晴好之后，已安装的构件有可能存在位移偏差，需要及时校合、复测。

起吊和安装这两个动作看似简单，却要花费四五个小时方能完成，而且全程都需要各方的密切配合，一刻都不能松懈，非常考验工程师的测量水平和能力。

此外，地上还有很多精细复杂的多跨钢结构等待施工。工程项目主要为船厂单层多跨钢结构厂房，最大建筑高度为 20.85 米，主厂房屋面钢梁跨度最大达到 39 米，屋面钢梁吊装属于超危工程。一旦厂房受力超过结构承受的最大范围，钢结构就会发生弯曲、变形、移位、扭曲等情况，使得对网架安装精度要求十分严格。

作为中国最大造船基地，未来入驻于此的都是大型机械设备，为了给这些“大家伙”们的安装工作提供好平台，项目在整个厂区地下搭建约 800 个钢筋混凝土台。为了确保所有设备基础在同一水平面上，同一区域内误差不得超过 2 毫米，使得其预埋件安装精度要求极高，施工难度大。

针对预埋件安装精度问题，项目部经过多番研究讨论，结合工程实际，终于找到最优解——让作为“双腿”的角钢在预埋件两侧支撑固定，用水平尺检查同一区域内预埋件是否在同一水平面上，再分两次浇筑混凝土底板，首次浇筑 400 毫米固定预埋件的支架，二次预埋件平面精度复核后浇筑剩余混凝土。

施工过程中，施工单位力克地质、气候等多重考验，确保工程建设顺利推进，“筑”力中国制造的特种船舶驶向深海大洋。

（参见《中船长兴造船基地二期完成首台大型设备主体结构吊装》，央广网，2022 年 11 月 2 日。有改动）

“筑”力中国制造　安家深海大洋

看到长兴造船基地二期工程安家深海大洋，不禁让人想起我国造船发展史，它似乎与国家发展的兴衰有着无尽的关联。

中国造船业的兴衰也是国家兴衰的缩影。在历史长河中，我国造船业一直都在世界上有着举足轻重的地位，秦汉时期就拥有先进的造船技术，尤其是宋代的造船就已经开始使用船坞并运用了滑道下水的方法，它比以前更具特色：船高大、结构更坚固合理并开始使用指南针导航。明朝的造船技术和工艺出现了新的飞跃，登上了中国古代造船业发展的顶峰。郑和下西洋加强了明朝的对外贸易往来，促进了明朝的经济繁荣，提高了中国的国际影响力，也为世界造船技术做出了重大贡献，但明代海禁政策却使得中国的造船技术走向了衰败。清朝闭关锁国，更是让我国航海和造船技术一蹶不起。自从鸦片战争开始，清政府丧权辱国，中国沿海口岸和内河航道，只能任凭外国轮船横行，而我们自己几乎没有造船和航海事业。19 世纪 60 年代开始，洋务派本着“自强”“求富”开始了清朝统治的自救运动，洋务派兴办的江南制造局与福州船政局开始了对外国轮船的模仿试造，从某种意义上说，中国自强的努力也是从造船开始的。1894 年甲午中日海战，北洋海军全军覆没，这标志着历经 30 多年的洋务运动终归走向了破产，也使中国的造船与航海事业濒临绝境。直到新中国成立，我国的造船和航海事业才得到恢复和发展。

长兴造船基地二期工程安家深海大洋，是实现船舶工业高质量发展、建设海洋强国的重大举措。现如今，中国最大的造船基地的建设，正是推动在沪船舶企业布局优化调整和转型发展，深入贯彻落实海洋强国、科技强国、制造强国等国家战略，推动我国船舶海工产业高质量发展的又一标志性工程。基地面向深海，施工单位竭力攻克地质、气候等多重考验，挺起了船厂的“钢铁脊梁”，精益求精，打造出优秀船舶之家，确保“筑”力中国制造的特种船舶驶向深海大洋。这一工程实现了造船核心能力的跨越式提升，更好地履行中国船舶集团“引领行业发展、支撑国防建设、服务国家战略”的使命，也践行“精益求精、创新超越”的企业精神，成为“十四五”中国船舶工业科技创新、转型发展的新能级和新亮点。可以说，中国船舶航海事业的发展在新时代新征程中，开启了走向更大更多胜利的大门。

强核报国守初心——浙江三门核电站

三门核电工程坐落在浙江省台州市三门县健跳镇猫头山半岛，有序整洁的厂房拔地而起，源源不断地向千家万户输送着清洁能源。

三门核电二期工程开工

三门核电依山傍海，占地3000亩。进入厂区，造型独特的圆柱体建筑十分醒目，这就是三门核电一期的1号机组和2号机组，于2018年并网商运。截至2022年8月底，三门核电一期工程累计发电量670.16亿千瓦时，相当于减少燃烧标准煤2027.2万吨，减少排放二氧化碳5311.7万吨，相当于造林18.3万公顷。

2022年6月28日，三门核电3、4号机组正式开工建设。2022年9月19日，直径近40米、整体起吊重量达811吨的三门核电3号机组钢制安全壳底封头顺利完成吊装，这是3号机组核岛反应堆厂房吊装的首个大型模块，拉开了三门核电二期3号机组核岛（核反应堆）厂房建造高峰的帷幕。3、4号机组建成投产后，三门核电总装机容量将达到500万千瓦，每年可为社会提供约400亿千瓦时清洁电力，相当于减少排放二氧化碳约3000万吨。

三门核电依托一期项目建设，按照“引进、消化吸收、再创新”三步走的战略，自主化、国产化水平稳步提高，完成了百万千瓦核电机组压力容器、蒸汽发生器、堆内构件、控制棒驱动机构、汽轮发电机组等一系列关键设备、材料的国产化工作。三门一期项目两台机组商运后，三门核电2019年组建了国产化工作领导小组，从设备、材料、工器具、技术等方面联合国内高校、高新技术企业，通过产研一体的模式开展国产化研究，与核电业内同行共同推进核电设备、技术国产化工作，保障中国核电产业自主可控。正在火热建设中的三门核电二期工程，设备供应商就遍布全国各地，核能产业链保障能力全面提升。

三门核电培育自主知识产权，主动向高校院所借力借智，陆续与多家科研与生产单位开展合作，打造协同创新联合体。

提起核电，公众尤为关心安全问题。三门核电围绕“零事故、零伤害”安全目标，持续开展安全管理创新和实践，不断推动三门核电安全管理水平和绩效提升。近年来，三门核电安全管理领域先后获得了中国企业安全文化建设示范单位、中国企业安全生产新纪录、全国“安全生产月”活动先进单位等高水平荣誉。对于每一个三门核电人来说，安全是生命线、是一切工作的重中之重。

三门核电的平稳运行离不开保障核电安全运行的主力军。有扎根一线的“90后”巡行值班员，现场的每一个阀门和管道都留下了他“抚摸”过的印记。有全国技术能手，他自主完成全球压水堆首台爆破阀检修，节省关键路径工期7天以上，等同经济效益7000万元以上……在三门核电工程现场，这样默默无闻扎实奋斗的人还有很多，他们以科技创新自立自强，严守安全底线，让拥有300多千米海岸线的三门，从资源“优等生”变为全省清洁能源产业“佼佼者”。

三门核电全面落实中核集团“三位一体”发展战略和中国核电“建设具有全球竞争力的世界一流清洁能源服务商”发展目标，立足“三新一高”发展要求，提出了“四最一优”（最少的组织机构人数、最少的生产外委项目、最少的库存、最低的运行成本、最优的大修工期）管理期望，推动效率变革、

实现降本增效，努力构建“机构简单、能力高强、环境美丽、气氛和谐、业绩优秀”的“幸福三门”。

（参见杨群、李超：《三门核电：凝聚高质量发展“硬核”力量》，《浙江日报》2022年9月22日。有改动）

清洁能源佼佼者　绿色发展聚动能

浙江是我国核电事业发展的摇篮。作为第三代核电先行者和拓荒人，三门核电站传承我国核工业的理想信念，为我国从核电大国向核电强国迈进贡献三门智慧和三门力量。

三门核电人坚定安全至上的信念。三门核电坚持贯彻总体国家安全观，落实“理性、协调、并进”的核安全观，秉承“安全是核工业的生命线”的理念，按照国家“积极安全有序发展核电”的总体要求，围绕“零事故、零伤害”安全目标，持续开展安全管理创新和实践，创造了属于三门核电人的独有气质——“充分准备、一丝不苟、万无一失、一次成功”核安全文化价值理念，始终把安全放在首位，努力将三门核电工程建设成为优质工程、精品工程、标杆工程，推动三门核电高质量发展。毋庸置疑，国家安全是全方位的，我们需要推进国家安全体系和安全能力现代化建设，其中必然包括能源安全和核安全在内，就是因为三门人坚定安全至上的信念，才能保证我们国家的核安全的万无一失，实现核能源和核安全的“自由”。

三门核电积极践行“强核报国、创新奉献”的新时代核工业精神。依托三门核电一期项目建设，积极践行创新发展理念，按照“引进、消化吸收、再创新”三步走的战略，主动向高校院所借力借智，陆续与多家科研与生产单位开展合作，打造协同创新联合体，以产研一体的模式开展国产化研究，使自主化、国产化水平稳步提高，培育自主知识产权，让我们的核能产业链保障能力全面提升。三门核电将在保障能源安全、助力浙江省经济、绿色生态发展等方面发挥重要作用，以创新打造核大国核强国，以清洁能源奉献国家、服务人民。

三门核电人让我们看到了新时代改革创新的未来。三门核电站有一群爱较真的人，他们是保障核电安全运行的主力军。许多技术能手，以科技创新自立自强，严守安全底线，让拥有300多千米海岸线的三门，从资源“优等生”变为全省清洁能源产业“佼佼者”，他们真正成为新时代改革创新的生力军，让我国核工业实现高质量发展后继有人。他们玩转了全球首台 AP1000 核电机组，把三门核电打造成为“技术一流、人才一流、管理一流、业绩一流”的示范工程，引领民族核电高起点发展！这将助力中国经济绿色发展。

自主创新新典范——秦山核电二期

2002 年 4 月 15 日，秦山核电二期 1 号机组提前 47 天投入商业运行，成就了中国核电事业国产化道路上的又一次历史性的跨越，成为我国核电打好基础、掌握核心技术、全面研发创新三个阶段中承上启下的重要一环，为自主设计、建造百万千瓦级核电机组打下了坚实基础。

秦山核电站

秦山核电二期工程 4 台机组累计发电超过 3045 亿千瓦时，机组 WANO 综合指数连续保持满分，运行业绩处于世界核电行业先进水平，为助力“碳达峰、碳中和”作出积极贡献，走出一条我国核电自主发展的路子。

1986 年 1 月，国务院决定建设秦山核电二期两台 60 万千瓦压水堆核电机组，这是“九五”期间我国开工建设的四座核电站中唯一采用“以我为主，中外合作”方式建造的核电项目。

在讨论设计建造路线时曾犹豫过，是按照“秦山模式”的“自主建设”为主还是按照“大亚湾”的“技术采购”引进国外技术为主。如果选择“大亚湾”模式，虽然时间短，但技术始终不是自己的。最终，秦山核电二期选择自主创新的“秦山模式”，决定自主设计。

秦山核电二期的设计参考大亚湾核电站，冷却剂回路由三环路改为两环路，使得反应堆厂房设计、土建结构设计及计算等均需重新考虑，这就给设计带来很多新课题。另外，还面临设备接口复杂、工业基础薄弱、建造经验不足等问题，在管理水平及认识深度方面与国际同行也有差距，这也增加了秦山核电二期设计建设难度。

秦山核电二期艰难开启了消化吸收再创新的自主设计之路。当时设计过程中也遇到资金问题，连向国外咨询的50万美元费用都拿不出。核电站的设备采购进度也停了下来。设备不确定，资料不充分，图纸出不来。不仅施工现场着急，中国工程院院士、秦山核电二期总设计师叶奇蓁也着急。

叶奇蓁带着1000多位年轻的核电站设计者，通过对核电站300多个系统、20多万台设备、上百万张设计图纸的研究、实践，取得了包括核心技术在内的300多项技术创新和改进，从而在核电国产化道路上取得了跨越式发展。

最终，秦山核电二期1号机组提前23天并网发电、提前47天实现商业运行，实现了由引进先进技术并消化吸收到自我研制，大幅提高自主研制能力，国内大型核电站的设计能力、设备制造能力、工程建造与监理能力、自主调试与运行管理能力，都有了质的飞跃。

同样的创新改进不胜枚举。秦山核电二期1号机组反应堆穹顶重达173吨，按照原有吊装施工技术存在延误进度计划的隐患，为此，秦山核电二期决定采用穹顶整体吊装技术，这在国内尚属首次。此外，还自主开发控制棒驱动机构欧姆焊机及切割机，成功应用于工程安装，并首次将曲面悬臂模板用于反应堆安全壳预应力钢筋混凝土的施工，不仅有效缩短了工期，也为后续核电工程建设积累了宝贵的技术经验。沿着自主创新的道路不断前进，秦山核电二期最终成为国内核电行业中唯一获得中国工业大奖表彰奖的工程项目。

现在秦山核电二期的运行业绩证明，我们走自主创新的路子是对的。秦山核电二期为后来的核电站建设奠定了基础，培养和锻炼了一大批我国核电自主设计人才，像我国自主三代核电技术“华龙一号”总设计师以及“华龙一号”设计团队的很多骨干当时都参与了秦山核电二期设计工作。

（参见《聚焦秦山核电二期安全运行20年：树起我国核电自主创新的一面旗帜》，《嘉兴日报》2022年4月15日。有改动）

自主建秦山核电　自信走创新之路

自主创新新典范——秦山核电二期让人们看到了中国核电工业从引进、消化、吸收到自创的心路历程，以及我国核电从起步到适度发展的阶段。秦山核电二期工程首次实现了我国大型商用核电站的自主设计、自主建造、自主管理、自主运营，标志着我国核电在适度发展阶段的自力更生、艰苦创业获得重大胜利。

核工业作为高科技战略产业，在现代化进程和民族复兴大业中极为重要。它是国家安全的重要基石，是国家综合实力的重要体现，也是大国竞争的战略必争领域。核工业科技创新是强化国家战略科技力量的重要支撑，加快推进核工业科技创新对全面建设社会主义现代化强国、推进中华民族伟大复兴意义重大。

秦山核电二期坚定不移地走核电自主化的道路。我国核工业的创建发展史就是一部自主创新的奋斗史。当时，秦山核电二期是唯一采用“以我为主，中外合作”方式建造的核电项目。为了拥有属于自己的核心技术，秦山核电人选择了“自主设计”，但这面临许多设计建设难题，秦山核电人依然是“明知山有虎，偏向虎山行”，开启了消化吸收再创新的自主设计之路。秦山核电二期总设计师面对资金短缺、设备不确定、资料不充分、图纸出不来的窘境，始终高擎核电国产化旗帜，带领千人团队开启了核电站几百个系统、几十万台设备、上百万张设计图纸的研究与实践，终于取得了包括核心技术在内的几百项技术创新和改进，使我国在核电国产化道路上取得了跨越式发展。

不仅如此，秦山核电自主化还为我国核工业培养了一大批核电自主设计和管理人才，锻炼并打造出我们的核电建设队伍，为我国核电建设积累了科研设计、建筑安装、工程监理、设备制造、调试运行及工程管理等一整套核电国产化的宝贵经验。也因此，后续核电事业发展，包括我国《“十四五”现代能源体系规划》提出的积极安全有序发展核电的规划，有了人才和技术保障，我国核电事业也将迎来更新更好的发展。

涅槃重生建筑群——重庆洪崖洞

洪崖洞，原名洪崖门，是古重庆城门之一，位于重庆市解放碑沧白路。房屋建筑依山而建，洪崖洞地区居住着400多户人家，居住条件较差，古老的吊脚楼摇摇欲坠。上世纪，重庆实施危旧房综合改造工程，洪崖洞被列入了重点保护对象。然而，危旧房综合改造，并不能从根本上改善居民居住环境、确保居住安全。因为居民更担心的是山坡顶部那条长600多米的崖壁。崖壁上经常有石块掉下来，对人们的生活和房屋建筑构成严重威胁。

洪崖洞曾被列入“禁建区”

洪崖洞能不能开发建设？2001年6月，重庆市渝中区危旧房综合改造工程指挥部，委托重庆市地勘局208水文地质工程地质队渝碚地质工程勘察院对洪崖洞传统民居风貌区进行建设用地地质灾害危险性评估。然而对被列入“禁建区”的洪崖洞进行地灾危险性评话，谈何容易。洪崖洞危岩带位于嘉陵江南岸河谷凹向岸坡，上部发育有42个危岩块体，可能崩塌的有26个，可能破坏规模1.48万立方米；中下部为居民区，坡脚为滨江路和嘉陵江。在这种条件下，对危岩进行勘察，困难大、隐患多；科学作出危险性评估更难。为了摸清危岩带，他们大胆创新，对42个危岩块体分别测试，并对每个危岩块体的分布位置、空间几何形态、结构特征等进行分析，总结出危岩带的7

种变形破坏模式。精心勘察，科学分析，对洪崖洞地灾危险性评估作出的结论是：洪崖洞危岩“通过综合整治，可以适当开发建设”。

洪崖洞

结论得到了各有关部门专家的认同。专家们说，危岩勘察清楚了，治理就有办法。

洪崖洞建设用地地灾危险性评估提出“通过综合整治，可以适当开发”。禁建解除了，“综合整治”怎么搞？承担勘察的重庆渝碚地质工程勘察院认为，地灾综合整治是一项系统工程，必须采用动态设计，信息化施工，对每个危岩块体都提出整治方案。建议被业主采纳。2004年，综合整治工程按时完成，顺利通过有关部门检查验收。

洪崖洞，通过建设用地地灾危险性评估，盘活了土地；总投资3.85亿元兴建的占地面积4.6万平方米传统民俗风貌区，以最具有巴渝传统建筑特色的吊脚楼为原型，利用地形，配合建筑的高低错落，依山就势，通过分层筑台、吊脚、错叠、临崖等山地建筑手法，精心打造出集巴渝传统文化、山地民居的建筑文化、码头文化为一体的沿江吊脚楼。

提起打造洪崖洞传统民俗风貌区的效益，项目有关负责人表示，一是进

行危岩综合整治，改善和保障了洪崖洞及嘉滨路、沧白路的环境和安全；二是以民俗风貌为主题的传统民俗风貌区的建成，改善了市区旅游环境，构成了重庆一道亮丽的风景线，成为一张独具重庆魅力的“城市名片”；三是提高了土地利用率，危旧房改造拆除房屋面积30720平方米，400多户居民拆迁安置，居住环境明显改善。

（参见《洪崖洞背后的故事》，重庆地矿微信公众号，2019年3月8日。有改动）

洪崖洞的新生　昭示马克思主义行

作为一座网红城市，重庆凭借其独特的丘陵地貌创造了许多建筑奇观：前有依山就势的洪崖洞，后有“单轨穿楼”的李子坝，再有“高铁穿楼”的沙坪坝，这些是重庆获得“魔幻之都”称号的缘由。在此，我们带大家了解一下依山就势的洪崖洞是如何涅槃重生的。

中国特色社会主义让洪崖洞重生。从涅槃重生的洪崖洞的故事中，前后两张照片形成了难以想象的对比：一张是洪崖洞被列入“禁建区”，另一张是现在的洪崖洞，前者是惨案频发的险涯断壁，后者是人间宫阙。同一个洪崖洞，怎生得如此天壤之别？我们看看两张照片的时间点就知道原因了。第一张照片是开发建设之前拍摄的，似乎在诉说着旧中国近代史上的衰败。第二张照片是2006年开发建设之后拍摄的，展现着新时代的繁荣与昌盛。所以说只有社会主义才能救中国，只有中国特色社会主义才能发展中国，洪崖洞在中国特色社会主义大道上不仅重生了，而且已经妥妥地变身“凤凰窝”了，如她的民俗风貌区被评为国家AAAA级旅游景区，被列入“成渝十大文旅新地标”和“重庆市第二批历史地名保护名录”。

洪崖洞的前世与今生，证明中国化时代化的马克思主义是真的行。自改革开放以来，中国逐步建立了中国特色社会主义理论体系，确立实现全面小康、共同富裕的目标。重庆市委市政府积极贯彻科学发展观，始终坚持发展的根本目的是为了人民，把最广大人民的根本利益放在第一位，通过严密勘察、科学分析、综合规划整治，进行适当开发建设，同时通过多次现场调研，明确洪崖洞开发定位，集中力量和投资，坚定地领导洪崖洞走向全面小康、奔向共同富裕的幸福大道。洪崖洞人民通过挖掘最具有巴渝传统建筑特色、传统民俗风貌资源，转变经济发展方式，以“投资民心工程”“旅游精品重点工程”为抓手，以风貌区、城市阳台、洪崖洞段沿江河岸休闲水岸等为平台，精心打造出集巴渝传统文化、山地民居的建筑文化、码头文化为一体的沿江吊脚楼风俗，形成了“一态、三绝、四街、八景”的经营形态，实现了快速发展。这不仅改善和保障了相关地带的环境和安全、提高了土地利用率、改善了人们的居住条件，还创造了独具重庆美丽的“城市名片”。洪崖洞的变迁，扎扎实实地印证了中国特色社会主义道路真的好，中国化时代化的马克思主义真的行。

一张白纸出品牌——东海大桥风电场

在东海大桥风电场项目之前，中国的海上风电基本是一张白纸，而在项目中标之后，技术团队才真切感受到这一点，他们面对的是国内“四无”的局面。没有标准，没有设备，没有具有施工经验的队伍，没有产业链。一句话，国内要做海上风电的基础就是白纸一张。

东海大桥风电场

当时中标方也找了不少国外的主机厂家。海上风电是高风险项目，国外的厂家即使有意，但开出来的条件却让人无法接受。有一个知名厂家，当时开出了几个条件：价格要提高，要求有经验的设计单位来设计，有经验的施工队伍来施工，对中方人员的技术培训要等 5 年之后，甚至还有一些股权的要求。所以，技术团队决定自己干，让这个示范项目从头到尾打国产牌。

海洋工程高风险跨专业，一定要有第三方的船级社认证，国外的船级社一听是示范工程做第一单，而且是全部国产，都拒绝为项目认证。国外专家的一句“你们中国人能力真强，东海大桥都能建起来了，这个放在我们国家就不行”让技术人员脑洞大开——东海大桥能做海上的桥墩，海上风机的基座不也是桥墩吗？大桥的桥墩无论设计还是建造，我们都有把握、有能力，把它和海上风电的特点相结合，问题迎刃而解。

造基座也是一项创新，国际上通行的海上风机的基座有几种模式，但由于海况和装备条件，这些都不适合东海的实际。技术团队就自己设计了一个八爪鱼式，单个桩国内没有那样的锤，就按自己的能力，打下 8 个直径 1.7 米的桩，牢牢地锲在了海底。

主机造好了，怎么安装就成了摆在面前的难题。要在百米的高空中，完成 96 个螺栓与主机轮毂的无缝对接，需要出动巨型吊车才能完成。而海上作业难度更大，主机叶片安装好后，还要在海上直接整体吊装到基座上。难度之大可想而知。高空只要有一度的晃动，到下面就可能有几米的移动，几百吨的风机就像一个巨大的重力锤，一旦发生硬碰撞，肯定是毁灭性的。

技术团队创新出了一套缓冲系统，也是目前重点保护的专利技术。这套缓冲系统就像有一个东西把它吸住，在牵引过程中还有防撞击的保护，半小时内就能完成安装。

虽然我们的海上风机已经冲到了世界前列，但是我们还要清醒地认识到，我们的主机还不是世界上最好的，我们虽然能建设、运营大风场，但部分核心关键技术和部件尚未实现国产。而且近海海域有限，搞了风场，这片海域别人就不好用了，比如通航、渔业等，技术团队还想再做一次示范、一次先锋，到远海去做深远海风场。

从零起步，自主创新。东海大桥风电场既是中国海上风电的起跑线，也是中国海上追风的第一座高峰。同时，这个项目也引领中国的海上风电建设进入加速跑时代。

（参见《东海大桥风电场：从一张白纸到打出中国品牌》，《深圳特区报》2019 年 7 月 15 日。有改动）

中国品牌靠打造　中国命运靠自己

上海东海大桥 10 万千瓦海上风电项目是中国第一个国家海上风电示范项目。它虽然是中国海上风电的起跑线，却让我们做成了中国海上追风的第一座高峰。该项目的运营，相当于每年节约燃煤 10 万吨，每年减排二氧化碳 20 万吨，这是我们中国真正落实 2030 年碳达峰目标的举措，是我国贯彻新发展理念、发展新能源的决心和实际行动。

东海大桥风电场带你感受中国力量与中国速度。东海大桥风电场使我国海上风电建设从填补空白、到引领中国的海上风电建设进入加速跑时代的历程。在此历程中，东海大桥海上风电场在我国风电场建设史上创造了多项“第一”，让我们作为海上风电领域的大白跻身到大功率风电机组装备及海上承载平台制造、安装的世界先进行列，让我们再次见证了什么是中国力量和中国速度：一种自主创新、敢闯敢试、一往无前的力量；一种日新月异、追风逐电、奔逸绝尘的速度。当我们收获这样的中国力量和中国速度时，我们更应该思考的是这种力量和速度的动力是什么？可以说，伟大的创造精神和伟大的奋斗精神是我们中国人攻坚克难、发展进步的强大精神动力；伟大的团结精神是中国人齐心协力、众志成城、共克时艰的精神纽带，能形成磅礴伟力。但归根结底是中国精神的时代精华——习近平新时代中国特色社会主义思想，指导着并支撑着我们项目建设者创造了中国海上风电的力量与速度。

东风大桥风电场也告诉我们，我国的发展还不平衡、不充分。正如案例中所述：“虽然我们的海上风机已经冲到了世界前列，但是我们还要清醒地认识到，我们的主机还不是世界上最好的，我们虽然能建设、运营大风场，但部分核心关键技术和部件尚未实现国产。”这就需要我们在面对成绩时，必须保持清醒的认知：我国虽然拥有最完整的工业体系，但是我们国家还处于社会主义初级阶段，人们对美好生活的向往与发展不平衡、不充分的社会主要矛盾是现实存在的。虽然，我们填补了一项又一项的空白，但是随着百年未有的大变局对全球化进程的影响，我们真切地感受到以内循环为主的双循环新发展格局的建构迫在眉睫。我们必须实现全面发展，切实不断提升我国高质量发展的水平，全方位实现人无我有、人有我优的供应链，不再出现被人掐脖子的境遇。只有这样，我们才能做到发展自由、实现中华民族伟大复兴的中国梦。

包容和谐显魅力——新疆国际大巴扎

新疆国际大巴扎占地面积 39888 平方米，总建筑面积 10 万平方米。新疆国际大巴扎是新疆商业与旅游繁荣的象征，也是乌鲁木齐作为少数民族城市的景观建筑，又是一座标志性建筑。以传统磨砖对缝与现代饰面工艺相结合的处理手法，不作舞台布景式的建筑语言堆砌，体现空间和光影的变化，在涵盖了现代建筑的功能性和时代感的基础上，重现了古丝绸之路的商业繁华，其浓郁的民族特色和地域文化对中亚及中东地区的辐射极具亲和力。

新疆国际大巴扎

广场中心矗立着新疆第一高塔——丝绸之路观光塔，塔内分布着古丝绸之路 36 国及新疆特色民俗文化的经典景致，通过立体浮雕绘画及实物展陈的方式呈现，让拾级而上的游客能够身临其境地感受到“千里不同风、百里不同俗”的民俗风情地貌。此外，登上塔顶可俯瞰乌鲁木齐城南掠影，感受乌鲁木齐现代与民族文化的完美融合。

观光塔外墙部分除了工艺砌砖的花饰外，还有表现新疆风格的大型浮雕，使得它在大巴扎建筑群中形成了一个有统领作用的制高点，更是整个大巴扎建筑的核心与灵魂。在这里，可以触摸千年历史，感悟神秘丝路。

（根据网络资料整理）

包容与和谐的魅力　古丝绸之路的繁华

乌鲁木齐国际大巴扎是新疆维吾尔自治区的标志性建筑之一，也是丝绸之路经济带建设的重要组成部分。作为一个融合了旅游、购物、餐饮、文化体验和民俗展示的大型商业综合体，它在开业初期就受到了国内外游客的广泛关注，并快速成为乌鲁木齐的一颗璀璨明珠。

国际大巴扎的魅力在于包容与和谐。当外地游客逛大巴扎时，他们常常会被这里琳琅满目的商品所惊艳，同时也会感受到这里包容与和谐的氛围，感到非常震撼。大巴扎的包容与和谐主要体现在以下两个方面：一方面，商户之间的互助。大巴扎内各民族商户之间互相帮助、合作，共同维护市场的秩序和经营利益。这种互助关系不仅在商业领域体现出来，也在文化和社会领域得到了体现。另一方面，不同民族的和谐共处。在大巴扎内，不同民族的商户和游客和平相处，互相尊重、互相理解。这种和谐的氛围也在一定程度上促进了不同民族之间的文化交流和了解。乌鲁木齐国际大巴扎是国内外游客来新疆必去的地方之一，其内部每个角落都充满了包容与和谐的氛围，这也是吸引游客前来参观、购物和体验民俗文化的重要原因之一。

多民族和谐相处，多种文化尽情展示。在新丝绸之路的历史发展和演变中，乌鲁木齐国际大巴扎已经成为一个超大型文化旅游目的地，展示了新疆多元民族文化、四大文明交汇、丝路商贸繁荣的特色。这个集市不再是传统意义上的市场，而是一个文化交流平台，展现了新疆的多元文化和民俗特色，并体现了民族文化的包容。它吸引了游客前来体验维吾尔族、哈萨克族、回族等多个民族的文化，增进了不同民族之间的了解和沟通。这里的和谐共处也成为新疆各民族同胞和谐共处的一个典范。总之，国际大巴扎不仅是新疆民族特色文化的重要展示和传播平台，同时也反映了各民族之间和睦相处、亲密无间的美好生活状态。

平移搬家现神力——张园石库门建筑群

张园是上海现存规模最大、保存最完整、建筑风格最丰富的石库门建筑群，也是上海中心城区首个“留改拆”城市更新试点项目，采用“征而不拆，人走房留”的方式，保建筑顾民生。张园地面众多历史建筑林立坐落，大大限制了其地下空间的开发，导致处于周边的南京西路站轨道交通2、12、13号线三条线路相互孤立，只能采取出站的方式进行换乘。因此，张园地下空间的开发更新刻不容缓。

专家团队经缜密论证后，形成了“分阶段、分步骤对历史建筑进行平移，逐块开发，再行回迁归位”的建设方案，平移单位上海先为土木工程有限公司项目经理周爱鹏介绍说，这就好比对张园地面建筑进行一场大型“华容道”腾挪游戏，尽可能在局促的空间、高难度的历史建筑保护前提下，腾出场地对地下空间进行开发更新。

张园平移工程现场

由于上海是软土地基，再加上地面老建筑保护要求，张园二期建设比常规工程挑战更大、整体施工难度更大。如此规模体量的成片风貌保护区实施修缮和地下空间同步更新的做法，在历史建筑风貌区平移及修缮历史上尚属首次。

根据张园二期建设规划方案，静安置业集团计划在张园东区设置办公、住宅、酒店，并新建文化展示中心，确保商业、艺术文化片区相互渗透。同时，计划建设8万余平方米的三层地下空间，以此解决停车、轨交连通问题，并新增地下大型综合性商场等功能。

2022年8月，张园东区（38#～43#）和北区（18#～20#）共计9幢建筑开始平移施工的准备工作。同年12月29日，上海先为土木工程有限公司对其中的北区（18#～20#）3幢文物建筑率先进行平移。平移施工启动后，每栋房屋在10台150吨双作用液压千斤顶的同步发力下，由PLC同步控制液压系统下达精确指令，将建筑物沿既定的平移路线，顶推至临时存放位置。

未来，张园业态分布将以“东静西闹、沉浸无界”为核心框架，与周边交通、商圈形成互联互通、立体纵贯的格局，把南京西路地段真正贯通、融合，使其得到综合提升，在尽最大可能保留保存城市风貌和历史建筑的同时，留存拓展公共服务的民生功能，让空间更有温度、更富活力、更好彰显城市魅力。

（参见《张园北区3幢文物建筑顺利平移至中间址临时位置方便文物建筑原址地下空间开发更新》，《新民晚报》2023年1月5日。有改动）

保护城市元记忆　平移搬家显神力

虽然将老房子“搬家”在建筑行业内已不算新奇事，过去十几年全国已有数百个案例，但每当相关视频在国内外流传时，仍会吸引一大批观众。张园作为上海现存规模最大、保存最完整、建筑风格最丰富的石库门建筑群，承载了上海这座城市独特的历史记忆和文化底蕴。有人担心这些“脆弱”的历史建筑能否承受挪动，也有人质疑为什么要将它们暂时搬迁？

为了满足城市发展的需要，张园老房子进行了“搬家”。建设者指出，城市更新的重要目标是在严格保护历史城区的前提下，推动城市更新和环境提升，以保护整体历史关系和空间肌理格局。一种解决方案是，在历史建筑或风貌区的周边或底部“向下”发展，拓展地下空间，从而满足历史价值的传承，同时满足区域功能转型、交通和经济发展的需求，不断延伸城市建设的深度和广度。如果直接在历史建筑下部开挖空间，可能会导致破坏。因此，老建筑进行暂时“搬家”，等地下工程结束后再进行平移并恢复原位。可以说，这是一场大型的“华容道”游戏，需要在有限的空间和高难度的历史建筑保护等前提下，完成地下空间更新。

数字技术提高城市开发的科学性。近些年，我国在数字技术方面取得的进步，提高了城市开发的科学性。尽管我国的设计理念还有待成熟，但是我们在开发地下空间的老建筑移位技术方面却走在了前列。如何更加科学和合理地开发城市地下空间，与行业是否拥有创新和成熟的开发技术息息相关。在过去的十年中，我国的建筑物整体移位、纠偏、托换、加固和改造技术取得了突破性进展。上海在这方面更是在加速发展，成为全国一线城市的先行示范。据了解，上海最早的老建筑移位是在 1993 年出现的。当时，建于 1844 年的外滩天文台为配合外滩二期改造工程，整体平移了 22.4 米。十年后，上海音乐厅也为配合延安路高架的拓宽建设，整体被抬升了 3.38 米，这是当时国内建筑中抬升最高的一次移位，所采用的技术是国内建筑移位行业的一次创新突破。

在智慧技术的加持下，传统技术的精细度明显提升。上海之所以屡创纪录并非易事，恰恰是因为具有挑战性。专家称上海的历史建筑大多建于近代，结构多为砖木、混凝土框架或混合结构。经过 100 多年，墙面老化、零部件损坏，导致整体建筑状况不佳。上海软土地基问题也容易引发沉降，加剧建筑二次损坏。张园二期综合性保护开发工程面临施工挑战，因为其规模庞大的风貌保护区实行了历史建筑修缮和地下空间同步更新，这在该区域尚属首次。建筑工业化和技术经验为建筑移位提供了可能。外滩第二立面的更新开发采用了历史建筑数字孪生和智慧感知监控技术，为历史建筑更新和地下空间再生提供了技术支持。施工环境得以拓展，采用了“压入法沉井”，并引入水下机器人和小型化机器人等多种机器人，解决传统沉井施工存在的困难和弊端。

总之，活化利用是对历史建筑最好的保护方式。城市文化和历史底蕴应该融入高品质的城市公共空间中，实现商业、艺术和文化之间的相互渗透，以打造卓越城市地标为目标而不断努力。在修缮保护优秀历史建筑时，我国一直致力于使用先进的科技手段和传统的匠心技艺，最大限度地进行保护和修缮，并为城市更新探索之路注入新的生命力，使老建筑焕发新的活力。

铁拳反腐彰法治——秦岭违建别墅

秦岭是中国南北地理分界线，自古便是八百里秦川的一道生态屏障，具有调节气候、保持水土、涵养水源、维护生物多样性等诸多功能，其周边地区的项目建设，一直以来都受到从中央到地方各级政府在建章立制方面的重点规制。

然而，从2000年起，秦岭北麓违建别墅的问题层出不穷，并经历了长时间的“禁而不止、假禁真建”。其间，既有中央级媒体的报道监督，又有陕西省和西安市两级政府的多次整治。然而，直到2018年习近平总书记做出第六次批示之后，在中纪委的直接进驻之下，针对秦岭违建别墅的专项整治才得以推进，从“禁而不绝”走向了“令行禁止”。在此过程中，陕西官场也掀起了整治风暴，许多干部受到问责追究或因违纪违法被立案调查。

秦岭北麓违建别墅群

2014年7月，调查小组向市里反馈：违建别墅底数已彻底查清，共计202栋。事实上，秦岭违建别墅远远不止202栋，由于陕西省和西安市严重的形式主义和官僚主义，导致一千多栋的违建别墅在当时被漏报。

2014 年 10 月 13 日，习近平总书记又作出第二次重要批示，但陕西省和西安市还是没有真正重视。

从 2015 年 2 月到 2018 年 4 月，习近平总书记又针对秦岭违建别墅作过三次重要批示指示。其中，2016 年 2 月，在对祁连山自然保护区和木里矿区生态环境综合整治作重要批示中，就专门提到秦岭北麓西安境内圈地建别墅问题，并且强调“对此类问题，就要扭住不放、一抓到底，不彻底解决、绝不放手”。但是，从 2015 年 2 月到 2018 年 7 月的近三年半时间里，陕西省委共召开 151 次常委会、50 次专题会，省政府共召开 73 次常务会，没有一次专门研究怎样做到“不彻底解决、绝不放手”。

2018 年 7 月，习近平总书记对秦岭违建别墅作出第六次批示：“首先从政治纪律查起，彻底查处整而未治、阳奉阴违、禁而不绝的问题。”

2018 年 7 月 31 日起，专项整治行动在秦岭北麓西安境内展开。秦岭违建别墅，位于秦岭北麓西安段，圈占基本农田 14.11 亩、鱼塘两处逾千平方米、狗舍面积达 78 平方米。截至 2019 年 1 月 10 日，清查出 1194 栋违建别墅；其中依法拆除 1185 栋、依法没收 9 栋；依法收回国有土地 4557 亩、退还集体土地 3257 亩。

巍巍秦岭，违规建筑一目了然，破坏生态人尽皆知，再深挖一步，就是权钱交易，一些党员干部违纪违法。

整件事其实并没有非常复杂，问题都是显而易见的，但却耗时 4 年，竟要习近平总书记作出六次批示指示，最终要由最高纪检部门派驻敦促整治，由中纪委副书记、国监委相关负责人亲自坐镇督察。

（根据网络资料整理）

反腐龙卷风　定力为未来

秦岭违建别墅曾野蛮生长、随处可见，不仅破坏了生态环境，也是腐败问题的重要表现。如今，通过禁而不绝到令行禁止的整治行动，秦岭的违建别墅问题得到了有效遏制，山川恢复了原本的青山绿水。这次整治行动是保护生态环境和建设美丽中国的具体行动，更是针对形式主义和官僚主义的一次决胜战。

习近平总书记对秦岭违建问题的整治，不仅在具体事件之外具有深远意义，对一些地方和部门长期存在的形式主义和官僚主义顽症，更是一记响亮的警钟。政治生态的好坏直接反映在党员干部的精神面貌上，因此各方面工作的成功必须建立在良好的政治生态之上。秦岭违建别墅问题的整治不仅推动了生态环保工作，还将问责和惩处一批违纪违法的领导干部。2018 年 11 月，习近平总书记主持召开中央政治局常委会会议，强调要加强党的政治建设，坚决维护党的政治纪律，克服形式主义、官僚主义，反对空谈、倡导实干，扎实推进党风廉政建设和反腐败斗争。

中国式现代化是人与自然和谐共生的现代化，注重同步推进物质文明建设和生态文明建设。自党的十八大以来，以习近平同志为核心的党中央将生态文明建设纳入中国特色社会主义事业总体布局，中国的生态文明建设发生了历史性、转折性和全局性的变化。过去十年中，中国的天空更加蓝、绿色覆盖面不断扩大、绿色经济不断发展、能耗和物耗不断降低、雾霾得到有效控制、黑臭水体明显减少、城乡环境更加宜居，美丽中国建设正迈出坚实步伐。“绿水青山就是金山银山”的理念已经成为全党和全社会的共识和行动。让我们共同建设生态文明，走绿色发展之路，为中华民族伟大复兴和美好未来做出历史性贡献。

生命至上神速度——火神山医院

2020 年 1 月 23 日下午，武汉市城乡建设局紧急召集中建三局等单位举行专题会议，要求参照北京小汤山医院模式，在武汉职工疗养院建设一座蔡甸火神山医院。1 月 23 日 13 时 06 分，国机集团中国中元公司收到了武汉市城乡建设局的求助函。78 分钟后，修订完善的小汤山医院图纸送达武汉。同时，技术专家组在京组建，小汤山医院曾经的设计团队时隔 17 年再次集结。2020 年 1 月 23 日下午，中信建筑设计研究总院（简称中信设计）接到武汉火神山医院的紧急设计任务，迅速组建起 60 余人的项目组，当晚即投入设计工作。中信设计在接到任务 5 小时内完成场地平整设计图；24 小时内完成方案设计图；经 60 小时连续奋战，交付全部施工图。1 月 23 日 17 时，中建三局召开应急医院施工筹备会。1 月 23 日 22 时，来自中建三局和武汉建工、武汉市政、汉阳市政等企业的上百台挖掘机、推土机等施工机械紧急集合，通宵进行场平、回填等施工。

2020 年 1 月 24 日凌晨 1 时，中建三局在施工现场召开抗肺炎应急工程建设领导小组第一次会议，成立应急工程建设现场指挥部。医院建设指挥部已调集了 35 台铲车、10 台推土机和 8 台压路机抵达医院建设现场。

2020 年 1 月 29 日，火神山医院建设已进入病房安装攻坚期。现场 4000 余名工人，近千台大型机械，24 小时轮班继续抢建。场地平整和回填全部完成，板房基础混凝土浇筑完成约 90%；300 多个箱式板房骨架安装已经完成，约 400 个场外板房完成拼装；水电暖通、机电设备等材料全面到位，同步开始作业。1 月 29 日晚，中铁重工收到武汉市政集团支援火神山医院建设通知。1 月 30 日 8 时，援建队伍奔赴火神山医院施工现场抢工期。

2020 年 1 月 30 日凌晨，中铁十一局集团公司接到通知，在最短的时间组织了近百人的专业团队，自带电焊机具 20 多台，赶赴火神山医院施工现场。1 月 30 日凌晨 2 时，中铁重工接到建设任务，仅用 23 个小时高效地完成了援助任务。1 月 30 日凌晨，继紧急驰援雷神山医院建设之后，中冶集团中国一冶接到紧急电话，37 名突击队员仅用了 21 个小时圆满完成任务。1 月 30 日上午 8 时 30 分，中建科工受命协助开展火神山医院 ICU 病房钢结构焊接工

火神山医院施工现场

作，不到30分钟组建了一支由党员带头的12人先锋特战队赶赴现场。

2020年1月31日下午，在火神山医院电力施工现场，4台环网柜和24台箱式变压器的送电工作正式开始。1月31日23时49分，经过国家电网施工人员五天五夜的奋战，火神山医院全部通电。1月23日晚，中国铁塔湖北分公司主动请命，随火神山医院同步推进移动通信网络覆盖，会同当地三家运营商一起努力，确保移动通信网网络设施与医院同步交付使用。

2020年2月1日，火神山医院顺利通电。

2020年2月2日上午，火神山医院举行交付仪式。

2020年2月4日9时许，火神山医院开始正式接诊新型冠肺炎确诊患者。

火神山医院集中收治新冠肺炎患者。医院总建筑面积3.39万平方米，床位700～1000个。

截至2020年1月24日晚，火神山医院累计平整全部场地5万平方米，内转土方15万立方米，足以填满57个游泳池，碎石回填于除夕夜（2020年1月24日）完成。

2020年1月25日，中国电信率先开通火神山医院5G网络。此时距中国电信24日晚开通火神山第一个5G基站——张家渡5G基站，仅用时一天半。

仅用10天时间，火神山医院就拔地而起，凝结着广大建设者的心血与汗水，彰显了生命至上的价值理念。

（根据网络资料整理）

争分夺秒火神山 生命至上神速度

2020年的春节，一场突如其来的疫情，让每一个中国人都不得不走出自己的小确幸。火神山医院仅用10天就建成，中国速度再次展现世间，其中的艰辛和力量远远超出我们的想象。事实上，在危机和压力中，建设者用中国速度与疫情赛跑，哪有什么基建狂魔，只有争分夺秒的“生死时速”。

中国速度是每一个环节高效叠加而成的奇迹。在武汉知音湖畔的5万平方米滩涂坡地上，7500名建设者和近千台机械设备与时间赛跑，响应紧急命令，向全体国人和倍受煎熬的武汉市民立下军令状。北京专家只用了78分钟就将17年前小汤山医院的图纸全部整理完毕，并毫无保留地交给武汉。60名设计人员和数百名BIM设计师24小时内给出了设计方案，60个小时内完成了施工图纸。各种建材、水电暖器具、电子设备和医疗仪器都在精确到分钟的时间节点内及时到位；国家电网24小时持续供电，通讯企业36小时内实现了5G信号覆盖。最后，所有工作都按时交付。值得一提的是，这其中有一部分建设者是从网上看到消息后自愿报名参加的。同时，各地的救援物资源源不断地运往火神山医院。总之，不管你需要什么，总会有人能够及时提供；即使你没有想到，也会有人提供，这就是大国速度。不需要无谓的“震惊、喝彩”，只要坚定不移地咬牙坚持、屏息忍痛，这些怀揣着爱心的龙的传人，在火神山展现了行业速度的新标杆。

只要中国需要，中国的建设者们便会逆流而上。因此，没有什么不可思议的速度，只有匹夫之责的信念和担当；没有史诗级的工程奇迹，只有众人拾柴的惊人力量。微薄的匹夫之力，创造了足以让世界惊叹的“中国速度”。而中国速度，恰恰体现了“天下兴亡，匹夫有责”这八个字的精髓。当危机来临时，它驱使怀揣匹夫之志的中国人放下碗筷、离别亲人，义无反顾地书写着这些既渺小又伟大的感人故事。这些故事值得被时代铭记，其中温暖的情感更值得我们细细品味、深深感悟，向他们致以敬意。因为只有这样，大时代的灰烬才不仅是沉重的负担，而是能够激发“人类明天会更好”的向上豪情。

亨利·基辛格曾在他所写的《论中国》中说过一句话："中国总是被他们之中最勇敢的人保护得很好。"中国的"基建狂魔"们创造了一个又一个奇迹，但实际上无数奇迹背后都是建设者们用生命在拼搏，而保障他人生命是他们的不竭动力。在火神山医院的建设中，我们可以看到建设者勇敢地与死神作斗争的智慧和斗志。"中国速度"和"世界奇迹"的背后，是"听党号召、不畏艰险、团结奋斗、使命必达"的"火雷精神"。

壮丽灵动中国红——天安门广场上的“红飘带”

位于天安门广场的“红飘带”景观高16米，主体为S形，曲线主体全长212米，直线长度185米；重3000吨，却没有地基；它虽是钢结构，在广场上施工却没用电焊，中部双向拱曲，结构跨度75米，外悬挑12米，拱底最大高度7.7米；最高处约16米，最低处5.0米；最大厚度约7.8米，最小厚度约3米。

“红飘带”钢结构

“红飘带”装置由两个单体飘带组成，沿城市中轴线左右对称布置，单侧被广场东西副路分为两区，中部向上拱起，结构跨度大，外悬挑数十米。“红飘带”最高处与最低处相差11米。

由于装置尺度巨大，曲面形态复杂，项目在深化设计过程中遇到了海量的技术难题。设计团队运用参数化设计工具与一系列相关技术保证了项目的设计深化、加工运输、现场搭建过程的顺利完成。

这两个庞然大物是如何建造起来的？

按设计，“红飘带”景观由四部分组成，广场外东西两侧有两个单元，里面镶嵌着大屏幕；广场内东西两侧还有两个单元，落在草地上，是主体。主体中间挑空部分像一座蜿蜒的桥，跨度72米，距离地面最高处7.2米，还向外飘出去10米。

施工方案采用全装配式建造，全冷连接。全装配式建造，把结构拆分成若干模块，在场外组装完成后再进场拼装，压缩了场内施工时间，在广场展览结束后还可移他地再建。在现场全冷连接，避免了使用电焊带来的火灾隐患。

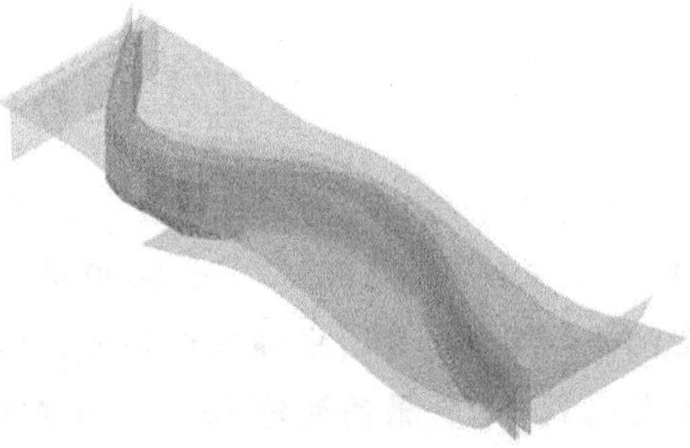

“红飘带”参数化建模

在进入天安门广场前，项目组在大兴基地进行了整体预拼装，预拼装成功后正式进场。这些大吊装单元的运输场面也十分壮观：每天后半夜，公安和交管部门开辟特殊通道，一辆辆大型特殊构件运输车，装载着如恐龙骨架般的吊装单元，鱼贯进城，一辆车一次只能运一件，仅运输就持续了20多天。

现场施工难度也不小。钢结构塔柱最高16米，没有外防护，全靠安全绳。在结构内部设计了特殊的安全防护系统，基本上每个塔架一立起来，防护自动到位，工人靠安全绳防护操作，远看好像在飞檐走壁。

如此体量的钢结构，自重就达到3000吨，如何固定？如何防风？工程采用了浮搁方式，在结构内部做钢托盘，在托盘上加配重，四个单元共配重5900吨，经测算，刮十级大风都没问题。

（参见《天安门广场上的红飘带竟能扛十级大风？中国好故事》,《北京日报》2019年10月11日。有改动）

红色基因红文化　永远灵动中国红

“红飘带”从人民英雄纪念碑中心的天安门广场向北延伸，不仅象征着红色基因和红色文化的传承，而且有着连接历史、现实和未来的含义。它表达了中华民族追求伟大复兴的决心和继往开来的精神，也象征着中国革命在党的领导下从胜利走向胜利的辉煌历程。因此，飘带的颜色选用了“国旗红”，高度凝练了庆典活动所要传达的精神和寓意。

“红飘带”这一概念来自设计团体一次次的思想碰撞。[①] 为了更好地满足庆典活动的需求，设计团队专门研究了中国共产党历史和国家历史，并提炼出了关键词。在这个过程中，著名作家魏巍于 1987 年创作的长篇小说《地球的红飘带》给设计师们留下了深刻的印象。“中国英雄们的长征，是中国人民的史诗，也是世界人类的史诗。这部史诗是中国人民和中国共产党人用自己的脚步和鲜血镌刻在我们这个星球上的。它像一支鲜艳夺目的红飘带挂在这个星球上，给人类，给后世留下永远的纪念。”这段话是《地球的红飘带》的卷首语，也成为清华大学美术学院广场景观设计团队的灵感来源。“红飘带”景观雕塑巧妙地融合了历史和人文元素，为广场带来了灵动、欢乐的氛围，同时突出了其思想性和艺术性。“红飘带”作为连接中国历史、现实和未来的象征，其外侧呈现五十六个民族载歌载舞的欢乐场景，体现各民族共同庆祝共和国生日、共祝祖国繁荣富强的美好形象；内侧则呈现山水长卷，象征着山青水绿、美丽祥和的盛世图景，其中心的一行鸿雁寓意着全国人民在党中央领导下，齐心协力向着民族复兴的伟大梦想奋力前行。综上所述，“红飘带”不仅传达了吉祥喜庆的寓意，同时也表现出庄严热烈的氛围，是人民群众熟知的传统节庆元素，也是红色文化中不可或缺的视觉标志。

集多种功能为一体的“红飘带”是集体智慧的成果。对清华大学美术学院广场景观设计团队的师生而言，在接到庆典设计任务后的一年时间里，“红飘带”的设计已成为他们工作和生活中最为重要的组成部分。这个由 43 人组成的设计团队的平均年龄只有 30 多岁，其中有“80 后”和“90 后”的党员学生。他们发扬艰苦奋斗的意志品质和奉献精神，在接到庆典设计任务后的 1 年时间里，承担了外联、文案、创意、作图等大量工作，不辞辛苦、任劳任怨，克服了重重困难。设计方案的实际落地过程需要不断试错、探索。每个设计作品都是集体智慧的结晶，每个创意都是多方面碰撞出来的。例如，为了实现逼真的艺术效果，并且不受天气等因素的影响，设计团队采用了打孔的方法，手工调整凹凸度，以呈现图案中的每一个细节。这些孔的大小从几厘米到仅有 6 毫米不等，一条“红飘带”上的山水画至少需要打 315 万个孔。

“红飘带”不仅寓意美好、外形美观，还具备实用功能和人文价值。每条

---

① 王小宁:《盛典解码|“红飘带”是如何设计出来的》,中央纪委国家监委网站,2019 年 10 月 1 日。

飘带的两侧均设置了3块LED大屏幕，以保证在国庆当天，城楼、长安街以及广场内的观众可以看到整个庆典的盛况，同时满足阅兵、游行和彩车的互动需求。值得一提的是，这些大屏幕在国庆结束后仍可继续为公众提供服务，为人们的日常活动提供信息和娱乐。它们不仅是庆典期间的工具，还是一项长期的公共设施，为城市的文化生活增添了色彩。与此同时，人民的庆典终究是国庆大典的主题。两条“红飘带”从南侧的人民英雄纪念碑开始，穿过广场，一直延伸至北侧长安街。“红飘带”就像平滑的曲线一样，将人民英雄纪念碑、人民大会堂、国家博物馆、天安门广场和长安街串联在一起，形成了一个稳定而开放的空间结构，使它们之间形成场地感。由于“红飘带”的引入，整个天安门广场可以更好地吸引人气，在国庆期间真正成为人民的广场。

昔日垃圾今生态——长生桥生态公园

长生桥垃圾填埋场位于重庆市南岸区茶园新区，主要承载5个主城区的生活垃圾，于2003年7月投用，高峰时期日处理垃圾约3000吨，2016年5月关停。随着重庆主城区面积的逐渐扩大，长生桥垃圾填埋场的环境污染问题给周边群众的生产生活带来较大影响，对其进行污染控制及治理建设迫在眉睫。

2018年4月，中铁十七局承建的重庆长生桥生态修复工程正式挂牌成立，项目践行“城市双修”发展理念（即生态修复、城市修补），通过在周边配套建设渗滤液处理厂及有毒有害气体处理厂，以打造生态主题公园的形式，全程做到污染影响最小化，改善周边空气、地下水、土壤的质量，有效提升城市发展潜力，增加人民生活幸福指数。

垃圾填埋场治理中，有毒有害气体对施工人员带来的生命健康威胁是施工的一大挑战。项目组织专家论证、研究同类案例，有针对性地编制了“作业环境保护方案”，组建成立专项工作小组，强化安全防护、压实管理责任，实现“生态保护”“安全生产”两手抓、两手硬。

项目在为作业人员配备齐全正压式呼吸机、防毒面具等专业防护用具的基础上，还在现场设置智能检测仪器，实时检测、记录、反馈现场作业环境中有害气体的类型、浓度，为技术人员根据实际情况进行机动预警处置提供科学依据，保障施工生产平稳有序推进。

为防止垃圾堆体产生的渗滤液影响施工正常开展，项目组成立技术攻关小组，通过采取优先修建渗滤液导排盲沟的施工方案，将液体集中汇集到处理站或临时调节池，进行无害化过滤处理，有效降低了对环境的次生污染，为高效施工奠定基础。

建设过程中，建设者通过一系列新工艺、新方法，优质高效完成垃圾堆体整形、填埋气体收集处理与利用、垃圾体初期绿化等施工任务，不堪重负的垃圾填埋场真正实现变“毒土”为生态“净土”的修复目标。该项目总结形成的“大型运营状态下城市垃圾填埋场生态修复综合施工技术”被中国铁建科技成果评审专家组评为国内领先水平，为全国生态修复技术的进步提供

长生桥生态公园

了可参照的央企方案。

（参见《全国最大垃圾填埋场生态修复工程全面竣工　中铁十七局承建》，国务院国有资产监督管理委员会网站，2023 年 1 月 11 日。有改动）

“城市双修”新理念　垃圾埋场变绿洲

随着城市规模的不断扩大和垃圾处理技术的成熟，我国的卫生填埋场正在逐渐关闭。这些关闭的垃圾场需要一种后续处理措施，长生桥垃圾填埋场生态修复工程采用“城市双修”发展理念（即生态修复和城市修补），为全国卫生填埋场的生态改造提供了一个理想的借鉴方案。

全国最大垃圾填埋场变身生态主题公园。随着重庆主城区不断扩大，长生桥垃圾填埋场的环境问题给周边居民带来了严重的影响。为了控制和治理污染问题，该填埋场进行了生态修复和城市功能恢复的工程，旨在将其转变为生态主题公园，并实现城市土地的循环再利用。对现有的垃圾堆体进行整形和封场覆盖，对渗滤液进行处理以控制地下水污染和收集处理有毒有害的填埋气体。在环境和安全监测工作完成后，填埋场进行绿化，最终变成一个园林景观，实现从“毒土”到“净土”的转变。这座曾经全国最大的垃圾填埋场，如今变身为环境优美、空气清新的生态绿地。这个变化不仅实现了城市土地的循环再利用，同时也为城市生态修复和功能恢复提供了一个可供借鉴的成功案例。

力推“城市双修”发展理念，完善城市功能。“城市双修”是住房和城乡建设部于2017年推广的全新发展理念，指的是生态修复和城市修补，是治理“城市病”、改善居住环境、改变城市发展方式的有效手段，有计划有步骤地逐渐修复被破坏的山体、河流、湿地和植被。长生桥垃圾填埋场生态修复工程的开工建设标志着“城市双修”发展理念的实施落地。该项目在周边建设了渗滤液处理厂和有毒有害气体处理厂，并通过打造生态主题公园的形式全程最小化污染影响，改善了周边空气、地下水和土壤质量，有效提升了城市的发展潜力。“城市双修”的实施有效缓解了城市病，保护和修复了城市生态空间，明显改善了城市的功能和景观风貌，提高了城市的生态宜居性和可持续性，让人民群众获得更多的幸福感和满足感。

垃圾污染给我们带来了什么样的挑战？如今，人们制造垃圾的速度惊人地增长，仅仅依靠填埋处理垃圾已经不适应当前的经济社会发展形势。实际上，最好的减少垃圾的方法是从源头减量。在日常生活中，减少使用奢侈过度的包装，尽可能少使用塑料垃圾袋。从18世纪第一次工业革命以来，我们以环境为代价换来了经济的发展。环境受到了前所未有的破坏，没有对比就没有伤害。我们应该以环境污染为警醒，认识到环保与每个人都有关系。让我们行动起来，为子孙后代留下一个美丽清洁的家园，让我们的家园变得更加宜居。

橡胶厂房变“书房”——天津市第四橡胶厂

天津巷肆创意产业园区旧址兴建于清朝，抗战胜利后，在此成立的橡胶厂改称“南洋橡胶厂”，此后一度用过“永红橡胶厂”的名称，最终改组为原天津市第四橡胶厂。

原天津市第四橡胶厂老照片

随着工业转型发展，橡胶厂退出历史舞台，曾经繁忙的厂区被闲置。

为更好地保留城市记忆，2012 年天津市河北区相关工作人员会同中意两国设计团队反复商讨、拟订方案，挖掘老厂房的文化内涵，决定在原址建设创意产业园。在保持原有建筑结构、形态和风格的基础上加以改造和创新，既能留住城市的“DNA”，也赋予它全新的功能和定位。

巷肆创意产业园利用城市再生理念，在保持厂房原有结构、形态和风格的基础上加以改造和创新，既延续了人们心目中的城市记忆，又赋予其新的功能和定位，使老建筑重新焕发出了新的生机与活力，是老厂房改造提升的典范之作。

改造后的天津巷肆创意产业园

2013 年，转型升级后的园区重新向公众开放。再次整装出发的园区有了新名字——“巷肆”，不仅与原天津市第四橡胶厂的简称“橡四”一脉相承，也蕴含幽静雅致的文化气息。

问津书院坐落于园区内，是人气颇高的网红打卡地。位于书院一层的“巷肆书吧”，是天津市首批开放的十家城市书吧之一，藏书总量数万册，免费向市民开放。

“问津”在《论语》里是问路的意思，引申为“探求、探索”。书院在天津，起名“问津”，也有探索研究天津之意。希望书院的设立，能促进天津历史文化资源的抢救、发掘、保护、宣传，同时推广全民阅读理念、营造书香社会。

（参见《打卡工业遗存丨橡胶厂变“书房”，你爱上了吗？》，新华网，2021 年 5 月 6 日。有改动）

老旧厂房变身　新的地标再现

老城区中的旧厂房见证了城市曾经的发展历程。虽然许多老厂房已经逐渐淡出历史舞台，但它们的辉煌仍铭刻在城市的记忆中。如今，许多老厂房通过改造成为文化创意产业园区，焕发出新的生命力和活力。改造提升老城区中的旧厂房，不仅可以为城市的发展拓展新空间和激发新动力，还可以彰显城市的温度和人文魅力。

旧厂房变身新地标，焕发出新的生命力。党的二十大报告提出，实施城市更新行动，加强城市基础设施建设，打造宜居、韧性、智慧城市。从城市发展的角度来看，产业核心的迭代升级是城市高质量发展的核心动力。老工业片区作为特色城市空间资源，见证了工业历史，传递了工业文化，展现了产业变迁，是城市更新不可或缺的组成部分。近年来，天津作为拥有深厚工业基础的城市，抢抓城市更新的新机遇，对老工业片区进行改造再利用，充分挖掘其价值，注入新动能、导入新产业，让“工业锈带”变身为“创新秀带”。随着工业重心战略东移，老工业区进行了换道转型、华丽蝶变，成为面貌一新的陈塘科技商务区，并逐步发展为以设计产业为主导、总部企业纷纷落户、各类创新要素完备的产业聚集区。同时，在打造设计文化体育创意园区的同时，加强了便民体育设施建设，拓展了辖区内体育消费空间，建设以体育为核心，集主题运动、群众文化、设计联盟、健身培训、大众赛事于一体的城市中心特色创意园区。这一转变旨在由工业记忆转向文化创意，由旧空间转向新地标，实现跨时代文化交融碰撞，推动产业的进一步发展，打造区域文化名片。实际上，随着经济发展和产业转型，老厂房换新颜在天津不是个别案例，越来越多的老旧厂房都在变身升级，一批批“城市记忆”正被赋予新的功能和定位。

延续历史文脉，打造美好家园。一座城市的历史沉淀了岁月的痕迹、文化的遗产和人们情感的寄托。城市更新的重要使命和目标之一是保护和延续城市历史文脉，让城市保留记忆，让人们感受文明，让城市成为人们想象中的诗意居所。随着天津城市化的不断推进和产业结构的升级，许多老厂房失去了原有的功能。在“保留”与“拆除”以及“延续”与“创新”之间，如何平衡新旧矛盾是一个重要问题。一座厂房、一台机器、一间仓库……这些工业遗产承载了工业发展的历史足迹，同时也展现着工业文化的独特魅力，是城市历史文脉的重要组成部分。重获新生的工业遗存不仅见证了经济社会和城市发展的变迁，也承载着延续城市独特历史文化的特殊使命。工业遗存的“前世今生”蜕变故事揭示了工业遗存如何通过保护性开发成为城市地标和“网红打卡地”的秘密。如今，天津市通过“原貌保护、保留改造、再利用改造”等方式有机地结合新老建筑，实现了产业升级和空间载体更新，让废弃的老厂区重获新生，巧妙地解决了老厂区的延续与创新之间的矛盾。

党的十八大以来，新发展理念深入人心，城市产业转型升级步伐不断加快，一些不再适应城市发展需求的工业企业纷纷进行转型、外迁或退出，留下大量工业建筑、机械、厂房、仓库等工业设施。这些工业遗存曾在国民经济发展中发挥过巨大作用，具有极高的历史价值，然而并未被“一拆了之”，各地积极探索其经济、社会和文化价值，通过保护性开发和功能再造，使其焕发新生。

废弃矿坑变奇观——南京牛首山佛顶宫工程

牛首山位于南京南郊，自然资源禀赋得天独厚，佛教文脉传承悠久，自古风光秀丽，“牛首烟岚”是清金陵四大胜景之一，素有“春牛首”之美誉。但长达21年的铁矿开采，牛首山西峰整体被削平并下挖形成深坑，导致“双峰并峙、宛如天阙”的特色景观荡然无存，还留下了地质结构不稳定、山体滑坡频发等安全隐患。

南京市秉承“生态修复、文化修补、再现奇观、再造奇迹”的指导思想，在遗留的矿坑基址上对山体进行地质加固，充分利用牛首山优越的自然条件和厚重的历史文化资源，通过巧妙设计，建造以佛教文化为主题的佛顶宫。围绕佛教主题，打造佛顶宫、佛顶塔、佛顶寺等当代文化景观，实现了生态修复、历史展示和文化景观塑造的有机统一，并在自然山水间有机呈现。“补天阙、藏地宫”，再现了历史上牛首双峰的景观意象。

牛首山佛顶宫工程规划设计方案主要包括三个部分：一是“补天阙”，修复自然山体生态景观，恢复牛首双阙；二是“建地宫”，利用天然矿坑建成地宫（即佛顶宫），供奉佛顶骨舍利；三是“现双塔”，修建“佛顶塔”，与现有弘觉寺塔相互呼应，再现双塔奇观，打造成为南京乃至江苏文化旅游、艺术建筑领域的精品项目、传世之作。

工程开工前，工作人员花了近4个月抽水、清淤，使得矿坑全貌得以展现。矿坑直径200余米、深60多米，坑内积水深达30多米，底部沉积20多米厚的淤泥层，边坡最大深度150米，最大坡度70度。佛顶宫项目是国内外首个在废弃矿坑建造大型公共建筑的项目，其边坡加固既要保证施工期安全及稳定性，又要满足建成后使用期的长期稳定和抗震稳定性。建设单位会同设计、施工、监理单位，组建了由3位中国工程院院士领衔的7个专业技术攻关小组，经过一年多反复论证、十多次调整完善，最终确定将佛顶宫设计成一个椭球形建筑。建筑主体由矿坑底部支撑，但和周边山体保持较大间距，以确保建筑结构的安全和稳定。

佛顶宫动工前，施工人员在两侧护坡打下500多根防滑桩，使用长达150千米的锚索固定山体，并在佛顶宫东侧设置了净高超过36米的下沉庭院空间，解决了深坑建筑的观景、采光、通风等难题。同时，在边坡加固基础上采用玻璃纤维增强混凝土模仿自然山石，制作树池，种植乔灌木，恢复山体生态。

为修复牛首山西峰生态原貌，设计人员在佛顶宫西侧设计了一处大穹顶，以自然的弧度曲线，贴合山体的走势，将西峰缺失的山体轮廓修补完整。佛顶宫镂空铝合金大穹顶跨度220米，为当今世界第一。施工人员安装曲面铝合金板时，采用了高空散装、吊装、整体滑移技术。“废弃矿坑边坡塑石假山生态恢复覆绿施工技术”被评为省部级工法。

随着难题被一一攻克，一座占地面积5.9万平方米、建筑面积13.6万平方米、总高度89.3米且分为地上3层、地下6层的深坑建筑佛顶宫恢宏亮相。

牛首山佛顶宫

斯里兰卡驻华大使在参访牛首山时表示，“牛首山是我所见到的第一个在当代文明条件下，融合了现代建筑科技、时代艺术审美、传统工匠技艺建设而成的佛教文化场所，无愧于‘世界佛教文化新遗产、当代艺术建筑新景观’的荣誉。而且，这样的艺术精品在短短的3年中完成，非常了不起！”

（参见《南京牛首山佛顶宫，曾经是废弃的矿坑，如今成为世界级佛教圣地》，搜狐网，2022年10月12日。有改动）

牛首山佛顶宫　生态文明铸高地

斯里兰卡驻华大使卡鲁纳塞纳·科迪图瓦库博士在参访牛首山时认为牛首山无愧于“世界佛教文化新遗产、当代艺术建筑新景观”的荣誉。那么，为什么废弃矿坑能成为世界奇观？南京牛首山佛顶宫工程的建设历程告诉我们其中的秘密。

佛顶宫的世界奇观是因为有科学的指导思想。南京市秉承“生态修复、文化修补、再现奇观、再造奇迹”的指导思想，才有了“补天阙、藏地宫、现双塔”的规划设计方案，才实现了生态修复、历史展示和文化景观塑造的有机统一，从而再现了历史上牛首双峰的景观意象。

佛顶宫的出现是坚定不移地发掘并弘扬中华优秀传统文化的成果。南京为中国四大古都之一，是中华文明的重要发祥地，有“六朝古都”“十朝都会”之称。因此，南京不仅有“牛首烟岚”等清金陵四大胜景，更是拥有无尽厚重的中华文化底蕴。牛首山佛顶宫的奇观，就是按照“兴佛寺、弘文化”的设计理念，以保护牛首山历史文化遗迹、打造生态自然景观为宗旨，[①] 发掘了牛首山是牛头禅的开教处和发祥地、自古便是中国的佛教文化中心的历史文化积淀。中华文化博大精深，它是我们民族的文化血脉与基因，我们需要传承，才能真正实现中华民族的伟大复兴；也要发掘创新并弘扬中华优秀传统文化，才能不断创造出第二个、第三个以至无数个“牛首山奇观”，才能在当代文明条件下，融合现代文明、时代审美、传统文化于一体，创造更多的文化奇观，给人类文明做出更大的贡献。

佛顶宫的建设让我们为“中国速度”深感自豪。正如案例中斯里兰卡驻华大使在参访牛首山时表示的那样：“这样的艺术精品在短短的 3 年中完成，非常了不起！”的确，不仅佛顶宫的建设速度，还有许多中国速度让我们不能不感叹。有中国速度，是因为有许多大国工匠，以“铁人”般不眠不休的奋斗和精益求进的精神来创造的。如为修复牛首山西峰生态原貌，设计人员在佛顶宫西侧设计了跨度 220 米、当今世界第一的大穹顶，施工人员采用了高空散装、吊装、整体滑移技术安装曲面铝合金板，利用“废弃矿坑边坡塑石

---

① 王珍程:《南京牛首山文化旅游区佛顶宫开发策略研究》,《西部旅游》2021 年第 2 期,第 19～22 页。

假山生态恢复覆绿施工技术”进行生态修复，无不显示出大国工匠追求卓越的精神。是他们用智慧、勤劳，让人与自然、人与历史、人与文化建立了联系，创造出了佛顶宫这样无上的禅意空间、人间的艺术珍品。

参考文献

[1]《工程地质手册》编委会.工程地质手册[M].5版.北京:中国建筑工业出版社,2018.
[2]《建筑创作》杂志社.2007—2009中国建筑设计年度报告[M].天津:天津大学出版社,2010.
[3]《建筑施工手册》编写组.建筑施工手册[M].5版.北京:中国建筑工业出版社,2013.
[4] 本书编写组.毛泽东思想和中国特色社会主义理论体系概论[M].北京:高等教育出版社,2021.
[5] 本书编写组.思想道德与法治[M].北京:高等教育出版社,2021.
[6] 伯施曼.中国建筑[M].北京:中国画报出版社,2021.
[7] 蔡燕歆.中国建筑[M].北京:五洲传播出版社,2018.
[8] 党的二十大报告辅导读本编写组.党的二十大报告辅导读本[M].北京:人民出版社,2022.
[9] 冯慧娟.中国建筑[M].长春:吉林出版集团,2015.
[10] 李程.传统文化精神与大学生思政教育[M].北京:光明日报出版社,2013.
[11] 刘国彬,王卫东.基坑工程手册[M].北京:中国建筑工业出版社,2009.
[12] 刘未鸣,张剑荆.新中国往事:超级工程[M].北京:中国文史出版社,2019.
[13] 卢文良,季文玉,许克宾.桥梁施工[M].北京:中国建筑工业出版社,2018.
[14] 吕洪波.图说中国建筑艺术[M].北京:中国书籍出版社,2018.
[15] 罗永峰,贺明玄,陈晓明.钢结构制作安装手册[M].3版.北京:中国建筑工业出版社,2022.
[16] 钱正坤.新中国建筑艺术史[M].长沙:湖南大学出版社,2007.
[17] 秦强.新时代金句[M].北京:人民日报出版社,2019.
[18] 汝信.全彩中国建筑艺术史[M].银川:宁夏人民出版社,2002.

[19] 萧默.凝固的神韵:中国建筑[M].北京:北京教育出版社,2013.
[20] 杨维菊.中国当代建筑大系:绿色建筑[M].沈阳:辽宁科学技术出版社,2013.
[21] 于建荣.大思政:大国复兴的精神之钥[M].上海:东方出版社,2022.
[22] 张占斌,薛伟江.以人民为中心:中国治理的核心密码[M].北京:人民出版社.
[23] 祝晓峰.中国当代建筑大系:文化建筑[M].沈阳:辽宁科学技术出版社,2013.